老子！感恩有你，
让板结的土地和心田，生长出自然灿烂之花！

老子思维

Thinking of Lao Zi

钱旭红 著

厦门大学出版社
XIAMEN UNIVERSITY PRESS
国家一级出版社
全国百佳图书出版单位

图书在版编目（CIP）数据

老子思维 / 钱旭红著. -- 厦门：厦门大学出版社，2023.8

ISBN 978-7-5615-9043-0

Ⅰ. ①老… Ⅱ. ①钱… Ⅲ. ①《道德经》-通俗读物 Ⅳ. ①B223.1-49

中国版本图书馆CIP数据核字(2023)第119574号

出 版 人	郑文礼
责任编辑	林　鸣
责任校对	郑鸿杰
美术编辑	李夏凌
技术编辑	许克华

出版发行　*厦门大学出版社*

社　　址　厦门市软件园二期望海路39号
邮政编码　361008
总　　机　0592-2181111　0592-2181406(传真)
营销中心　0592-2184358　0592-2181365
网　　址　http://www.xmupress.com
邮　　箱　xmup@xmupress.com
印　　刷　湖南省众鑫印务有限公司

开本　710 mm×1 000 mm　1/16
印张　20.25
字数　269千字
版次　2023年8月第1版
印次　2023年8月第1次印刷
定价　98.00元

本书如有印装质量问题请直接寄承印厂调换

厦门大学出版社
微信二维码

厦门大学出版社
微博二维码

自 序

横跨中和西，纵跃几千年

道是中国文化、中华文明的第一原理。而老子所明确的"道"，则是这一原理内涵的主流与核心。

但是，人们常常看不懂老子的五千言，越注释越看不懂，越注释似乎离原意越远，如同绕进了不确定、测不准的量子状态。笔者希望老子的五千言（本书采用《老子五千言》，只在不能改变原出处的地方标为《道德经》）易于被当代人所理解。所以，本书没有采用通常的古文比对注释、单一观点投影分析的方法去解析，而是用"横跨中和西，纵跃几千年"的多元全面视域，即"无影灯"的方法聚焦，返朴归真地去理解老子原意。希望这短短五千言能成为亿万人每天的必读书。

中国有许多远古神话传说，与古希腊神话类似。也许正因如此，我们古人自称中华为神州大地！五千年中华文明史，贡献给人类文明和全世界的最伟大思想之一，就是《老子五千言》。

老子是中华哲学的起源。2500多年前，《老子五千言》在那个时代引发了在认知、思维、精神、灵魂领域的"大爆炸"，如同巨型核爆炸，并一直影响至今。老子的五千言开启了中华民族在精神世界、灵魂世界的宏大建设和超限制造，构建了中华民族在精神世界和灵魂世界的基石。21世纪第二个十年，处于动荡世界的我们，为了人类的福祉、每个人的幸福，就更需要在老子及其道德善信慈爱等信念指引下，开展服务全人类精神世界、灵魂世界的新拓展新探索。

东汉班固在《汉书·艺文志》中指出：老子出于史官，历记成败、存亡、祸福、古今之道。今天看来，《老子五千言》，既是它之前2500多年人类历史的经验总结，也得到了这2500多年的实践和验证，其同样也将是今后几千年乃至今后几万年有关人类言行举止的箴言。老子的箴言，不仅对领导管理者有启发，对从事各行各业者也有启发，对芸芸众生的为人处事更有启发；老子的五千言，不仅具有历史价值，也具有现实价值，更具有未来价值；老子的思维，不仅对中华文明有意义，也对西方文明有意义，更对未来人类文明的走向有意义。

就笔者本人安身立命的专业而言，我写这本书，易被人们视为不务正业。但多年来一种自驱的使命感，让我欲罢不能、废寝忘食、矢志不渝。因为我实在不忍心眼看着2500多年前老子早已给出了"文明的解药"，而现实中许许多多的人却"无药可治"。他们被无边无际的欲望之海无情吞没，也许在最后一刻觉醒，但连绝望的呼喊声都无法发出，也根本不知道这世上竟然早有老子炼好的解药。如此，他们不仅失去了创造的能力和享受幸福的能力，有的甚至失去了生活的信心和生存能力，如同不知目的地的一叶扁舟在风雨中漂泊。

我身边一切"道"的语言和2500多年前老子的绕梁余音，一直回荡在我的灵魂深处，提醒并促使我写下这本书：一是为了表达对老子的崇高敬意；二是以写书来践行"道"的德行。笔者秉记《老子五千言》的教诲：对每一个人而言，最好的人生旅程，就是寻道、悟道、用道；对自己关爱者、尊敬者的最好馈赠，就是送礼不如送道！

首先申明，本书不是一本有关老子及五千言的专业性的严谨学术著作，而是一本阅读《老子五千言》的个人随笔感想，至多算某种形式的科普写作，或者算是一种闲谈杂记，仅仅是为了启发人们对《老子五千言》的理解。并在此郑重声明，笔者不是哲学家、历史学家，只是一个具有人文思考的工程科技研究者和资深的大学管理者。数十年的科学研究与教书育人生涯，数十年的管理经验积累，六十年的社会人生阅历感悟，我用一辈子来读懂、悟透老子及其五千言，并发自内心地感恩《老子五千言》的教诲！此书依据个人理解、社会阅历而写成。书中定会有不少谬误，望读者阅读时去其糟粕、取其精华，放过知识、留意思维，略去细节、关注框架。如阅读此书，让读者劳神费力了，还请诸位原谅。

2022年初，俄乌战争带给世界极大振荡，上海因新冠肺炎疫情肆虐而丢失了春天。在此氛围和背景中，我得以再次静心思考、提炼、表达老子思维，希望这些感悟能对每个人重新思考世界、国家、机构、群体、个人及其存在价值有所启迪。笔者力求通过对《老子五千言》的多角度理解，通过2500多年来众多人、事、物的历史例证，通过当代最新的科学技术和社会科学的事实，来揭示老子理念、思维的深刻含义及其现代性、未来性。

本书与过去和现当代有关老子的书有所不同：①不局限于对五千言的字面理解，尤其关注其"不学""绝学"的地方，关注字里行间的含义，特别是老子的思维方式；②不局限于某时某地某国某人对五千言的理解，而是涉及上下2500多年的众多国家、朝代和人们，关注跨越时空、跨越国家、跨越文明的多角度、多样性的理解、应用、影响与效果；③不局限于人文艺术、哲学社会科学领域对五千言的字面理解，更是从自然科学、技术与工程角度展现对五千言的理解、应用、影响与效果。

本书的主体框架部分，有关老子思维、思想、观点的描述部分，及参考文献等，均以宋体字呈现；有关辅助读者理解《老子五千言》的人、事、物等具象描述部分，均以楷体字呈现。文中圆括号及其中的数字，意指语句或者大意源自《老子五千言》通行本的所在章节。为便于初读者理解，阅读可以从第二章开始，然后再涉及其他章节。每章可以独立阅读。为便于加深理解《老子五千言》，各章之间文句表述可能不一样，涉及的内容可能会有所重叠。

此书的源头，倒推至2015年11月21日，我应邀兼任上海科普作家协会理事长，当时我作了一个涉及《老子五千言》的报告，时任上海科学技术文献出版社社长的梅雪林先生对我理解老子的方式很感兴趣，鼓励我抽空写下来交由他出版。我感动于梅社长的鼓励和邀请，2016年开始广泛阅读，收集资料。但随后我忙于中国工程院"全球工程前沿"战略咨询项目等，2018年1月又调任华东师范大学，就再也抽不出空，也就忘记了写书这件事。

2022年疫情再次爆发，封控中笔者有了些时间。动笔写作此书时，好不容易联系上梅雪林先生。我试探着问他是否还记得我们曾经的约定，因为我估计他早就忘记。当然如果忘了则更好，我就可顺水推舟将书稿交我们华东师范大学出版社出版。不承想，梅先生说，从没忘记，天天念叨着，就是不好意思催我，知道我忙。当天早上他还想起这件事情呢。他已从原出版社卸任，现兼任厦门大学出版社顾问。他的一席话让我羞愧难当，当即表示，为兑现承诺，一定在今年完成此事，并交由他安排出版。

2022年伊始，笔者开始写作此书，这是难忘的颠覆性的一年。这一年笔者年届花甲、外孙女出生、冬奥举办、俄乌冲突、东航空难、校园疫情、上海静默、台海危机、党的二十大召开……众多非常之事交织在一起，2022年人们一再见证历史。这一年也成了我再次集中所有业余时间和精力研究《老子五千言》的一年。很高兴在写作此书的过程中，2022年诺贝尔化学奖授予了夏普莱斯等人，而他是第二次获得此奖。几十年来，他对老子的思想和思维方式理解颇深，令人敬佩。他认为《老子五千言》中的"有之以为利，无之以为用"，就是他获奖成果"点击化学"的哲学内涵。

感谢中国工程院院士、西北有色金属研究院院长张平祥研究员，中国科学院院士、上海交通大学樊春海教授，上海第二工业大学副校长徐玉芳教授，华东理工大学李忠教授，上海科学技术文献出版社原社长梅雪林先生，华东师范大学传播学院的武志勇教授、哲学系的朱晶教授、学校办的李彦垒博士，感谢他们认真阅读了此书的文稿，并提出了许多宝贵的修改意见。此外，本书在写作过程中，参考了多位专家学者的研究成果，在此一并致谢。

过去帝王将相、财主富豪梦想千秋万岁，可是事实上，人生不过天年。在可以展望的未来，人类自然年龄也无法超越天年。但如果我们能回溯过去、明白历史，就能更好地处理好当下，憧憬好未来。如果明晰了五百年的历史并汲取经验教训，一生知足或者功成身退，就相当于增寿五百年；明晰了千年、万年的历史并汲取经验教训，一生知足或者功成身退，就相当于增寿至千岁、万岁。所谓圣人，大致如此。所以，了解老子，了解其五千言及其思维在东方、西方的影响力和传承创新，在几千年历史上各行业、领域、学科、专业的影响力和传承创新，就相当于让我们每个读者增寿几千年。

老子历经天下苦难，宣扬大道，倡导"德善信慈爱"，为后世留下了永世的指路明灯！笔者不禁感悟老子的教诲：

  上善若水，上德若谷，俭朴若石；

  处下虚静，敦信如婴，敬天爱生；

  大道如一，有无如一，荣辱如一；

  去贪知足，地无弃物，世无弃人；

  辅天而为，慈怜悲悯，不战而胜。

  对社会和读者而言，笔者写这本随笔的最终目的，是希望请老子来输水灌溉植菌种肥，让板结的土地和心田，生长出自然灿烂之花！

  就这样我从年初写到年底，又将新年。

钱旭红

2022 年 11 月 28 日

目 录

第一章　万里悟老：尊崇老子的现当代西方贤哲　001
　一、两获诺奖的夏普莱斯：非锐、无锋、守拙　001
　二、罗素访华及对老子的感想　003
　三、汤因比访华及对老子的感想　006
　四、李约瑟访华及对老子的感想　008

第二章　老子犹龙：历史典籍、民间传说和生平演义　011
　一、玉女破腹，老子出生　013
　二、童年仗义，拜师常枞　015
　三、频遭灾难，悟道讲传　025
　四、柱下守藏，静观纷争　034
　五、贬后访鲁，初遇孔子　040
　六、回都复任，孔子来访　042
　七、担责被免，孔子再访　045
　八、再次复任，孔子两访　050
　九、辞官隐修，收徒立说　057
　十、西行出关，尹喜求书　067

第三章　永恒老子：走向我们，走向未来　070
　一、人中之"神"：跨越时空和文明的影响　072
　二、轴心首杰：人类文明的第一作家　075

三、宇宙真理：与当代科学的类近性　　077

四、超越生死：多重递增的人生意义　　079

五、天地有灵：时空自然和谐共生　　081

六、无为善治：治理的道德与良心　　087

七、反战善战：先胜后战，哀兵哀仪　　090

八、消解贪婪：权力财富利益归一　　092

九、永恒不死：道德的崇高和深邃　　096

十、修身养心：物我两忘，天人合一　　097

第四章　永恒困境：人性的妄欲贪婪不知足　　102

一、人类的需求、欲望与满足　　103

二、人性最大的祸殃是不知足　　107

三、瞬息快乐刺激与长久美好幸福　　113

四、人性之恶：妄欲贪婪与卑劣不可测　　118

五、人性光辉：善良与感恩及爱智慧　　124

第五章　永恒大道：古今中外几千年的人事物例证　　132

一、道的本体：第一原理和量子视角　　132

二、道的运动：虚静反向弯曲循环　　143

三、老子道论：后世名家的继承、同鸣、契合　　149

四、治业治身：道本、德容、善行、信果　　161

五、社会治理：无为无不为，无为无不治　　168

六、皇帝宝典：历代的尊崇或秘笈　　176

七、大道泛在：音体美、建筑、医药　　179

八、大道百家：老子学说与其他学说　　186

第六章　道观德观：宇宙、世界、人生、价值　　198

一、老子心中天道人道的异同　　199

二、无极与无有相生的宇宙观　　203

三、太极与阴阳和生的世界观　　206
　　四、神仙与返朴归真的人生观　　209
　　五、平等与剔除价位的价值观　　215
　　六、老子何以能观大道及运动　　218

第七章　老子思维：打开人生上限，进入时空无限　　221
　　一、老子思维起源　　222
　　二、大道永恒思维　　223
　　三、无有相生思维　　228
　　四、虚无静极思维　　230
　　五、刚柔转化思维　　232
　　六、非常逆反思维　　234
　　七、无为善为思维　　236
　　八、不争善胜思维　　241
　　九、大道数字思维　　243
　　十、以道化育思维　　245
　　十一、道观天下思维　　250

第八章　老子道法：超能善成，玄妙之法　　252
　　一、积极心理，超能善成　　253
　　二、圆通玄达，"神仙"凡人　　256
　　三、以水近道，善行无迹　　258
　　四、大制不割，大道至简　　261
　　五、勇于不敢，哀兵必胜　　262
　　六、敏于未动，治于未乱　　264
　　七、大成若缺，自驱永续　　265
　　八、先舍后得，出神入化　　268
　　九、万邦自律，天下无事　　270

第九章　老子修炼：超越生死、物我平等与养生　274
　　一、修炼步骤与依据　274
　　二、观水悟水的修炼　277
　　三、冥想返朴的修炼　278
　　四、绵拳、绵掌与修炼　280
　　五、感恩静心的修炼　282
　　六、合于道德的修炼　285

参考文献　289

附　录　293
　　一、源自《老子五千言》的成语　293
　　二、《道德经》校核本　294
　　三、《金人铭》　304

后　记　307

第一章

万里悟老：尊崇老子的现当代西方贤哲

从现当代西方著名人物的角度回看万里之遥远、几千年之古老的东方老子，对理解和把握老子的思维会有很大帮助。尽管这些理解不一定全面完整系统，但其是来自2500年前老子心声的另一种回响。

一、两获诺奖的夏普莱斯：非锐、无锋、守拙

卡尔·巴里·夏普莱斯（Karl Barry Sharpless）于1941年4月生于美国费城，是不对称催化和点击化学两个重要领域的开拓者和奠基人，分别于2001年和2022年获得诺贝尔化学奖。

夏普莱斯是21世纪第一位"两次诺奖得主"，他非常喜欢中国文化，其英文名字"Sharpless"，直接翻译的意思就是"非锐""无锋"，颇有点中国道家哲学"守拙"的意味。如同老子说："揣而锐之，不可长保。"（9）夏普莱斯非常尊崇老子，也十分欣赏老子的一句话："故有之以为利，无之以为用。"（11）他认为这句话道出了"点击化学"中的哲学真谛。他的高足董佳家研究员，当初收到了夏普莱斯有关实验结果的英文感想，在查阅核对资料后，才知道那是源自中国老子的原话，不禁十分感慨并深受启发。

早在2016年，夏普莱斯就与中科院上海有机化学研究所签约

非全时研究岗位。《文汇报》当时报道，他的化学研究已进入哲学境界，他能帮助人们认清什么才是真正的原创思维，将会给人们带来深刻的影响，从而鼓励人们敢于大胆否定自己过去的成就，启发人们在被普遍忽视无视、被认为不可能的和没有意义的地方，寻找出能改变世界的新发现。若干年前，大家都认为他很可能第二次获得诺贝尔奖，而这在 2022 年果然成为现实。

当夏普莱斯于 2001 年获得诺贝尔奖时，人们认为他已功成名就。可实际上，他早在 1998 年左右就改变了学术方向，向无人问津的"无人区"开拓推进，历经许多坎坷和误解，2001 年终于在主流学刊上发表了其新开拓领域的第一篇论文，并起名"点击化学"，从此一发而不可收。尽管是一篇来自年届 60 岁的诺贝尔奖获得者的论文，投稿时也是命运多舛、一波三折，一开始被 3 位盲审专家全部予以否定，幸亏主编力排众议才得以发表。当时少有人看到这篇论文的伟大意义。此后近 20 年，他是孤独的，少有人跟随他做研究，人们认为这一领域不吸引人，没有希望，再加上他年岁已大，研究经费很少，最困难时几乎没有研究助手；但他乐此不疲，终于花费 20 年，又一次获得了诺贝尔奖。新成果的意义更显著、影响更广泛、作用更深远，除了推动化学，同样推动了药学、材料学等的跨越式发展。

在 1998 年开始的新领域开拓过程中，夏普莱斯从老子的五千言中寻找共鸣，曾经每天读一小时《老子五千言》[1]，玩味其中对他产生深刻影响的哲理。他将"万物生于有，有生于无"（40）这句话的中文印在文化衫背面，在研究组聚会时，让每个教授、研究生都穿着这件文化衫。他非常喜欢中国文化，如团结众人、壮大力量、多事善成的家族理念。他喜欢强调"连自己的观点都应质疑，更何况别人的"。所以，他明确不喜欢也不理解中国文化中论资排辈的习惯，担忧年轻人的想法容易被位高权重者、资历深厚者所扼杀。

二、罗素访华及对老子的感想

伯特兰·阿瑟·威廉·罗素（Bertrand Arthur William Russell，1872年5月—1970年2月），英国哲学家、数学家、逻辑学家、历史学家、文学家，分析哲学的主要创始人，剑桥大学教授，1950年获诺贝尔文学奖。一百多年前他访问中国，获得非常礼遇，成为轰动全国的事件，他说："此前我一直不晓得，一个有教养的中国人会是世界上最有教养的人。"

1920年5月至6月，罗素访问苏联一个多月，其间突然接到了北京大学的邀访电报，蔡元培、梁启超等邀他前来中国讲学一年。罗素读过《道德经》和《庄子》，对中国文化有所了解。同年8月，罗素在勃拉克女士陪同下，乘客轮漂洋过海于10月来到中国。在上海、杭州、南京、长沙、北京受到了各界名流的热烈欢迎。

罗素百年前的访华，是探索之旅，目的是为探索如何跳出一战阴影，思考如何解决欧洲纷乱和解救西方工业文明。当时国内军阀直皖战争爆发，李大钊在北京建立第一个共产主义小组，中国处于百年未有的动荡时期。国人对罗素的访问同样充满期待，无论是激进派还是保守群体，都希望能从他那里找到更多的救国良方。

孙中山先生认为罗素是真正理解中国的人："伟大的哲学家罗素……有着很远大眼光，他一到中国来，便看出中国文化超出于欧美，并赞美中国。"罗素去长沙演讲，题目是"布尔什维克与世界政治"，协助赵元任、杨端六翻译的书记员及参与公开发表文稿整理的是毛泽东。1920年10月31日，长沙《大公报》刊登了一篇《和罗素先生的谈话》，署名"杨端六讲，毛泽东记"。

罗素于1921年回国，1922年写成并出版了《中国问题》。他的书在西方社会引发"中国热"。书中说，其他国家国民思考十年后的事情，而中国国民考虑百年后的事情。中国国民是世界上忍耐性最强的国民，本质上是不灭的国民、不急不躁的国民。中国人发现了会使全世界幸福的生活方式，并且已经实践了许多世纪。[2]

1920年罗素在华访问期间，极其惊奇赞叹于老子在几千年前就具备的前瞻性、超越性认知，而这些认知对第一次世界大战后满目疮痍的欧洲有重要意义。"没有为占有而进行的生产，没有自以为是所主张的行为，没有无奈受压被支配的发展"，就是罗素对老子"生而不有，为而不恃，长而不宰，是谓'玄德'"（10）的深刻理解。

老子的理念，以抑制自我妄欲与调和冲突为核心。老子指出大道高德铸就了"天道"的特性，也是"人道"所应该遵循的，如此能缓和人类社会冲突，而无休无止的冲突源自普通个人的贪欲、统治阶层的妄欲"有为"。老子揭示"无为""质朴""无欲""谦退""不争"等概念，以冲抵人类的占有冲动。老子的"为""生"等概念，并非什么也不做或者固守现状，而是强调：生而不据为己有，做而不居功自持（2）。老子的观念是爱养众生，悲悯救世。在五千言里，反对战争和力劝慎杀的语句出现多次，反复强调多点"德、善、信、慈"，多些"爱"。

罗素认为，小灾难来自固执，大灾难来自狂热，"医治百病的灵丹妙药、毕其功于一役的社会革命"是人类一直以来的幻想，并给人类带来最大、最多的灾难。人类社会受占有欲的驱使，世世代代各种有形、无形的争夺冲突从来没有停止过。罗素还进一步指出，欧洲人与中国人不同，欧洲人的生存方式中有强烈追求斗争、榨取、多变、不满、破坏的行为，这些充斥着人类的文明史，其中尤为惨烈的是战争带来的杀戮及屠城，牺牲了无数善良天真的无辜人类；这些如同最可怕的病毒，是由个人意气和统治者贪婪的野心所致。擅长破坏的上述效率主义，恐怕要到人类灭亡时才能终结。如果西方继续轻视东方智慧，西方文明将使人类走向彻底毁灭。

罗素认为，西方文明是有缺陷的文明，虽然在科学领域占有优势，但是在人生的终极目标和意义的洞察方面，远不如中国深刻，老子的"道论"便是明证。中国人只追求正义和自由，娴静而优雅。在服务人类追求幸福方面，中华文明比欧洲文明更出色。中国当时正发生着年轻改革家们的强劲运动,如果再给他们点时间,将能使中国重新焕发生机。比起西欧人标榜的、像已经磨损的研磨机那样的机械文明,中华将创造出不可预测的更为伟大的文明。他认为西方文化并不比中国文化优异,他写道:"中国的不幸在于,中国文化缺失科学这一面。在艺术文学、礼仪风俗方面,中国至少可以同欧洲等量齐观……是科学才让西方人与中国知识分子在知识观念的比较中显现出有所区别。"笔者不禁感叹,在百年后的今天,中国科学技术已经相当发达、工业规模已居于全球前茅,此时再回味罗素当年的观点,不得不敬佩他目光的深远、精准和透彻。

罗素认为,老子这类中华文明的传统智慧,能够救赎西方文明,因为西方早已染上了"信仰进步"和"产业主义"的病毒。百年前,罗素离开中国时,给出了当时中国的救世药方:一是防止全盘西化,不要陷入西方浮躁好斗的漩涡,因为工业化和军事化正折磨着这个不幸的星球;二是防止丢弃自己的文化,对外来的可以借鉴、吸收但是不能放弃原有。百年前的罗素认为,中国的未来发展将会受到美国阻挠,因为美国人相信自己的文明才是最完美的。罗素提醒中国要警惕日本的野心,日本保守而激进,喜争而好阴,须处理好对日关系。罗素访华后一个世纪所发生的史实,已经充分证明了他预言的准确性,正在发生的新世纪大变局,也进一步证明了其预言的前瞻性。

罗素认为,中华文明以"宽容与友好"为基本特性,西方文明以"占有、主张自我、支配"为基本特性。罗素相信,未来的一两个世纪,美国会变得更重要,但随后将转至中国。"我认为,这将是美国非常担心的","中华若要保持自己的文化独立,服务于人类的福祉,就一定将建成与近代西方的物质文明不同的全新文明"。罗素坚信,1000年后的未来人类,求真的智慧和悲悯的大爱将大行其道,生命应该像河水一样流过,世界充满了活力与幸福。他的观点与老子的"上善若水"(8),非常吻合。

百年前的罗素访华,他对老子的崇拜、对中国的过去和未来及人类未来的认知，于当代的我们而言充满了启迪意义。他坚信老子的睿智将救赎西方文明，人类的希望在中国。此外，罗素评价黑格尔对中国的认识："对于中国，他（黑格尔）除了知道有这个国家之外一无所知。"

罗素认为，人性隐含着罪恶，世界常发生灾难。他对人类苦难的同情心支配了他的一生。他忠告，幸福的秘诀是尽量扩大你的兴趣范围，对感兴趣的人和物尽可能友善。幸福的生活就是指安静的生活，只有在安静氛围里才会产生真正的人生乐趣。放弃某些自己想要的东西，是追求幸福生活不可或缺的。

罗素认为，这个世界的问题是聪明人充满疑惑而傻子们坚信不疑。在如何避免愚蠢方面，罗素见解独特：①亲自观察；②检查信念是不是有充足的证据；③了解与你不同的观点，削弱你的偏见；④想象着与论敌辩论，检查自己的论据；⑤经常提醒自己：天外有天，人外有人。

人们希望他给千年后的人们留下感悟，他回答：很简单，就两点，一是智慧，二是道德。关于智慧，永远问自己，事实是什么，真相是什么。不要被自己更愿意相信的东西所蒙蔽。对事实了解得越少，越容易动感情。恐惧是迷信的根源，也是造成残忍的主因之一，智慧始于征服恐惧。关于道德，他认为，爱是明智的，恨是愚蠢的，必须学会容忍他人，因为总会有人说出我们不想听的话，如果听到相左的意见就发怒，表明你的看法理由不充分。

三、汤因比访华及对老子的感想

阿诺德·约瑟夫·汤因比（Arnold Joseph Toynbee，1889年4月—1975年10月），历史学家。汤因比坚信研究历史可以增长智慧，他用27年时间写作出版了12卷巨著《历史研究》，覆盖人类6000年的21个文明的起源、生长、衰落、解体和灭亡。他批判"种族决定论"和"环境决定论"，反对宿命论，被誉为"近世以来最伟大的历史学家"。他于1929年和1967年曾两次访问中国,对中国有着极高的评价。

在中国国力孱弱和经历混乱内乱之时,他预言中华文明将引领世界。当时他能作出这样的预言,可见其胆略和眼光独特。他从纷扰、复杂、漫长的历史图卷中提炼总结出规律:分裂终将灭亡,统一才能长存,西方国家一直走在分裂的路上。他甚至认为西方经济繁荣是"一夜暴富",并通过战争的不断扩张而实现,其可以一时处于领先,但这种繁荣缺乏文化底蕴的支持,最终将被中国超越。

1968年,日本创价学会会长池田大作问汤因比:"您希望出生在哪个国家?"汤因比回答,他希望出生在"公元1世纪佛教已传入时的中国新疆"。1931年,他出版了《中国纪行:从旧世界到新世界》。他将中国喻为"新世界",将欧洲大陆喻为"旧世界"。1973年,汤因比告诉池田大作等人:"西方文化行将就木,人类的希望的确在东方,但不是日本","东方的希望在中国,中华文明将一统全球"。与罗素的看法相同,汤因比认为,19世纪属于英国,20世纪属于美国,即将到来的21世纪将属于中国。这些观点收录在《展望21世纪》一书中。

汤因比极其推崇中国的文化。他反对"西欧中心论",他把"中国模式"与"希腊模式"并列,认为这两者是理解一切人类文明的关键。希望将两种模式的重要特征融合,创造出以"中国模式"和"希腊模式"为基础的通用标准普适性文明模式。"希腊模式"符合各大文明的早期阶段,"中国模式"符合各大文明的后期阶段。人类社会在起源、生长、衰落和解体的过程中,其中最基本的节奏就是"阴阳交替"。汤因比极其赞赏中国太极阴阳之说,称其是"充满了智慧的形象"。

他认为,西方不能引领人类未来文明。西方历史发展的主线是民族主义和民族国家,思想狭隘,利益冲突导致灾难与灭亡。从罗马帝国分裂后,一直并一再四分五裂,就再也没形成过永久和平整合模式的"天下主义"国家。过去的几百年间,西方列强独立或联合对世界进行武力征服,西方价值凌驾于各方之上。西方用经济和技术影响征服了全球,却留下政治上民族国家林立的超级难题。因利益追求造成的人类社会灾难与灭亡在所难免。他甚至认为:仅依靠国家间、地区间、社会间的民主协调去解决问题,只能导致人类社会陷入无尽的争端中,并最终走向衰落,雅典就是实例。要解决这一灾难,唯有走向"世界国家",而这一使命是西方社会无法完成的。这个真空将由中华文明来补足。尽管中国历史漫长,也有过混乱和解体,但分久必合、合久必分,中国总体完整地守护了一个超级文明,通过文化、文明、情感的纽带,融合成一个天下主义的文明型国家。

汤因比强调:人类必须不断克服自身的弱点,努力适应宇宙万物的自然性,将自我奉献给宇宙万物,实现自我与"终极存在"合体为一。"终极存在"不是宗教的人格神,而是自然存在,中国称其为"道";这也就是道家的"天人合一"。汤因比认为,中国道家思想对宇宙和人类的深刻、前瞻的认识,超越其他任何民族,其人与自然和谐相处的卓越伟大理念,为人类文明的永续发展提供了节制性与合理性发展的哲学基础,符合新世纪人类社会整合的需求。他在《人类与大地母亲》一书中评价:在人类生存的任何地方,老子的道家哲学都是最早的一种哲学。[3] 如此的人文主义价值观,与新世纪人类社会的整合需求不谋而合。

有关人类的明天会怎样?汤因比在其回忆录中讲了一句话:"人类和量子一样,拥有同样的任性与不稳定性。"汤因比认为,创造了"道"的老子,具有一种"奇妙的智慧"。所谓"一"非常强烈地表现于政治理论和道家形而上学中,汤因比称中国古代寻求统一的思想,是博大精深之"道"。汤因比甚至把世界的希望寄托于中国。

四、李约瑟访华及对老子的感想

李约瑟(Joseph Needham,1900年12月—1995年3月),生

物化学和科学史学家,剑桥大学教授。他先后四次访问中国,可以说是继马可·波罗和利玛窦之后,又一位全面探路中华的开拓者,从而让20世纪的西方对中华文明和科技有了深刻了解和全新解读。他逝世时,联合国为他降半旗以示哀悼。

他的第二任妻子是中国学者鲁桂珍,李约瑟受到她的影响极大。鲁桂珍,金陵女子大学本科毕业,后在北平协和医院深造,从事临床试验研究,后来担任上海圣约翰大学讲师讲授生理学和生物化学,并兼职在上海雷士德医学研究所从事生化营养研究。她的未婚夫是空军军官,抗战中牺牲在日军炮火之下。三十三岁的她伤心欲绝,决心独身。此时,她获得李约瑟等人组织的英国基金会的资助,于1937年8月到达英国剑桥大学生物化学系学习。李约瑟晚年在夫人莫伊尔去世后,与鲁桂珍结婚,那时两人皆过了八十五岁。三人去世后先后葬在剑桥大学校园内紧挨着的同一处。

1937年,李约瑟的夫人成了鲁桂珍的导师。在此期间,鲁桂珍向两位英国导师讲述了诸如麻沸散、气象仪等中国古代发明,激起了李约瑟对古代中国科技与文明的好奇心,进而开始学习中文和汉字。鲁桂珍与李约瑟合著了生物化学以外的多部关于中国科技与文明的专著,对李约瑟转向中国科技史的研究起了决定性的作用。

抗日战争中,鲁桂珍家乡南京的沦陷和她的哭泣,深深地感染了李约瑟。1942年,他亲自押送英国公益组织善款物资到中国前线。1943年,李约瑟查访了战乱中不断搬迁的河南大学图书馆,初识5485卷的《道藏》浩繁经典,其包含大量公元4世纪以来的炼丹术等道家著作,令他惊叹不已、大加赞赏,从而更深入地沉醉于道家学说。河南大学李俊甫教授向他介绍了《道藏》,给李约瑟留下了极为深刻的印象,促使他转向中国古代文化研究,"这些不仅是中国的,而且也是世界的文化瑰宝。"

他自起译名并姓李,因为老子姓李。他给自己起了一个道味十足的名字"丹耀",别号十宿道人、胜冗子。他发觉道家"无为"的思想与他的看法和认识非常相似。许多当时的科学萌芽都能在道家思想中找到影子。他的胚胎学研究也在老子"一生二、二生三、三生万物"（42）中找到了契合点。李约瑟惊讶，早在几千年前，中国人就认知到了宇宙的无限，只是用不同于西方数理几何的方式去描述，而当时的西方竟然认为宇宙是个水晶球。中国古代无数材料、医药的贡献超出了他的想象，强大的冲击促使他放弃生物化学研究而转向研究中国科学技术及其历史。1954 年，他的《中国科学技术史》第一卷著成，一经发表便获得巨大反响。到 1986 年 11 月为止，他曾先后四次访华。李约瑟在此书中描绘：中国人格中许多最吸引人的因素都源自道家思想。中国如没有道家思想，就是一棵某些深根已烂的大树。道家对中国科学史具有头等重要性……道家对自然界的推究和洞察，完全可与亚里士多德以前的希腊相媲美，而且成为中国整个科学的基础……道家思想既是宗教和诗人的，也同样是方术的、科学的、民主的，而且在政治上是革命的。[4]

　　李约瑟在研究中明确了道家在中国科技史上的主要地位，发现了其思想的世界意义，高度赞扬其思想，极力宣扬其科学民主精神，对道家文化的世界传播起到重大作用。因此，他于 1968 年获得国际科学史和科学哲学联合会授予的"乔治·萨顿奖章"，1973 年获得法兰西文学院"儒莲奖"，1994 年获得联合国教科文组织"爱因斯坦金奖"，1995 年获得中国国际科学技术合作奖。

第二章

老子犹龙：历史典籍、民间传说和生平演义

回溯遥远的春秋战国时代，去了解2500多年前老子的人生经历，会让人们对老子思维有更深刻的理解与把握，也能明白为什么他的思维具有穿越历史时空和跨领域的影响力。

由于年代久远，再加上记载不全，包括《史记》在内的历史文献中有关老子的描绘，也是残缺不全甚至相互矛盾的。所以，老子的生平经历，让人感觉扑朔迷离。有关老子身世的许多传说，带有明显的神话色彩，再加上《老子五千言》本身超越了从古至今绝大多数人的认知极限，因此，老子的生平故事如同神仙飞天，让人充满遐想又实在难以信服。

笔者在此就根据自己阅读收集的有关老子的众多历史文献和著作，通过熟悉有关老子的传记、故事、民间采风、传说、电影电视剧本等，进行分析归类、逻辑推理、删减整理（具体参照的主要资料见本书参考文献），依据五千言内涵，对老子可能的人生经历、经验进行推想，写出老子的一生，供读者阅研、讨论、补充和纠正，以便人们从他的人生经历中更好地理解老子思维。这些权可当作一种有一定依据的文学艺术再创作，主要目的是便于人们更容易理解老子思维和五千言。仍需特别说明并提醒，笔者的这些描述，无法也不能代替历史研究、历史史实，真实的有关老子生平的原貌和原委，还请读者凭据参照未来的考古和历史新发现，而不要执着于本

章提及的人、事、物等时空细节。

老子的一生有四条主线：一是他悲情坎坷的人生和家庭经历；二是他历经大周王朝覆灭导致天下大乱的争位夺权和争霸夺利；三是他传学弟子而带出各异人才并各领风骚；四是他大道学说体系的形成。这些让人们对时空和人、事、物的道德善信慈爱规律有了认识和把握。

要了解老子，首先需要了解延续近800年的大周王朝。周朝时期的中华大地，是由天下共主周天子的大周王朝和众多诸侯的属国所组成的，这就是当时中原一带的人们所认知的"天下"。这个大周天下，文化习俗相近，发音音调、书写的文字、车轮轨距、度量衡等虽略有差异但基本相同，人们在不同国家间几乎可以自由迁徙、任职为官、经商从业。大周王朝坐落在以洛邑（今河南洛阳）为首都的大周王朝直属区域，除了能管理直属区域以外，尚能协调其他属国。

春秋时期周朝所辖的国家先后有140多个，有实力、有影响的主要国家有十几个，如齐国、晋国、鲁国、楚国、秦国、燕国、郑国、陈国、宋国、吴国、越国、曹国等。这些诸侯国在秦朝统一天下时，被强行实现了车同轨、书同文、统一度量衡，因此在形式上销声匿迹，但至今仍依稀留下一些影子，譬如一些省份或者区域的简称、文字发音特点和社会家庭文化特征等。

著名的历史典故"烽火戏诸侯"，告知人们周天子的荒唐妄为直接导致了西周走向衰落和灭亡，历史转入东周时期。

公元前774年，诸侯国褒国进献美女褒姒给周幽王，褒姒性格内向，不苟言笑，整日愁眉不展。周幽王爱怜心疼，被她迷得魂不守舍，无心问政，挖空心思讨她欢心。大臣虢石父出了一个馊主意，说镐京（今陕西西安）的骊山有传递突发战事警讯的烽火台，一旦烽火点燃，按照惯例，各诸侯国就会前来救援。褒姒看到瞎跑一趟而愣怔的各诸侯国国王们，定会开怀。周幽王犹豫了一番，架不住闲极无聊，真就无事生非，果然这么干了：点燃烽火，升起狼烟。

诸侯们火急火燎赶来救援，到了骊山后方知受骗上当，只见城墙上嬉笑的周幽王和褒姒，诸侯们气急败坏，愤恨而归。

烽火台事后，周幽王与褒姒育一子，遂废后改立太子；结果被废太子的外公申侯气愤地上书质问，周幽王以天子之名用武力惩罚了申国，种下了仇恨。公元前771年，申侯联合其他诸侯与犬戎部落一起进攻镐京，周幽王忙命人点起烽火求救，但各诸侯怕再次上当就没有前来救援，直至周朝都城被攻陷，诸侯们才起兵救援，而此时周幽王已死于战乱。后来，申侯簇拥着自己的外孙即原先被废的太子当上了周平王，迁都洛邑，开始东周时代。

老子一生处于东周王朝的春秋末期，战国正式开始之前。

进入东周时期，即进入春秋时代，周王朝衰弱不堪，周天子空有天下共主之名，丧失了对天下的掌控能力，各诸侯国为了成为天下实际的盟主霸主，或者为利益或者为自保，拉帮结派、你争我夺。大国对小国横征暴敛，小国在大国间四处讨好，进贡保命。而在这百年未遇的制度变革和国家变迁的权力冲突中，民众如草芥炮灰，被践踏抛弃，血流成河。中华大地进入风云变幻的春秋动荡时代，即战国的前期。这非常像进入第一次世界大战、第二次世界大战、俄乌战争等大规模冲突的酝酿和初期阶段，整个天下和各国内部均动荡冲突不断。

一、玉女破腹，老子出生

天降老子，父母双亡

周定王九年（前598），陈国灵公被夏姬儿子夏征舒所杀，楚国掳走夏姬，灭陈国改置为县邑，不久又恢复为陈国，但作为楚国的附庸国而存在。

前571年，周灵王元年，农历二月十五早晨，在大诸侯国楚国附庸国的陈国苦邑（苦县）厉乡（今河南鹿邑，一说为安徽涡阳），老子诞生。老子出生时的中华大地，国家林立，以强凌弱，矛盾重重，冲突不止，诸侯争霸，民不聊生……侯王贪心不足、肆意妄行，政客背道忘德、争权夺利，百姓饥寒交迫、受苦受难。

老子的爷爷曾经是陈国官员，陈国被楚国吞并时，就告老还乡[5]。老子的母亲，被后人称为玄妙玉女，姓益寿名婴敷。她怀上老子几个月后，在宋国从军带兵的老子的父亲李乾（又名李敬，字元果），酒后狂醉，溺水而亡。可怜老子是个遗腹子，说来悲惨，未出生，就已经没了父亲。

老子迟迟没有出生，在娘肚中早已过了产期，后人传说他在娘胎里待了81年，实际可能在娘肚里待了11个月[6]。益寿婴敷在生老子时难产，万般无奈之下，只好用菜刀割开自己的肚子，史书记载，她割左腋而生老子。生下了老子后，奄奄一息的老子母亲，弥留之际给老子的爷爷和在她家做长工和保姆的老莱夫妇留下遗言，希望自己的孩子将来能为苍生造福。老子生母葬在村后一里外和涡水之滨，即现在的太清后宫[7]。

老子之为老子

刚出生的老子，头发却有花白，眉毛有少许花白，上嘴唇有几根微小白胡。此是被取名为老子的原因之一。因有一对福相的大耳垂，故被戏称为"李大耳朵"，爷爷干脆给他起名叫李耳，因为"耳口王"为"圣"（即"圣"的繁体字）。"李大耳朵"的号是"聃"，就显得文绉绉了，"聃"也是表示他耳朵大得出奇。村民常亲切地以李耳谐音叫他"狸儿"。

儿媳去世，孙儿出生，老子的爷爷真是悲喜交加。无措之际恳请老莱夫妇帮助。老莱夫人前些时候高龄生女，女婴不幸夭折，刚刚失去自己孩子的老莱夫人，答应老子的爷爷当奶妈，以婶娘的身份抚养照顾李耳。李耳生母生前对老莱夫妇一直非常照顾，老莱夫人对李耳母亲也充满感激，所以就将李耳视为己出，甚是疼爱。后来老莱夫人就顺理成章地被公认为是李耳的养母，所以后人也就称谓李耳为"老莱子"或者"老子"，而李家和老家更是乐于接受。

在周朝春秋时代，老、李两姓的发声同音，所以，人们也称呼李耳是姓老名聃，即老聃。此是李耳被取名为老子的原因之二。

大爱之心萌发

在司马迁《史记》中，关于老子出生地的描述是：楚国苦县厉乡曲仁里人也。[8]楚、苦、厉、曲，都似乎暗示着痛楚、苦难、严厉、曲折等不幸将贯穿他的一生，而他依然淡定坦荡超然度过。李耳从未见过自己的亲生父母，特别是从未见过被人们一直传颂的善良贤德为他牺牲的母亲。李耳长期和老莱夫妇生活在一起，慈爱奉献的养母在情感上将老子视为己出，给予李耳无微不至的关心照顾。李耳成婚后，妻子早逝。她们使得李耳集对女性的崇拜、眷恋、感恩、内疚于一身，从而总结提炼出他的心得：人们不仅仅要懂得并拥有雄性、阳刚，更要懂得并拥有雌性、阴柔（28），并知晓它们的相互关系和相互转换，学会用全面的视角去理解、把握世界。李耳认为，母性就是为了下一代和人类未来，所呈现出的德善、诚信、慈爱、俭朴、敬畏，所以他视母性为谷神，母性就是生生不息的大道的化身。这一切确实与和李耳直接关联的四位女性的牺牲、奉献、关爱和付出有关，她们让李耳感知、悟明了大道朴真和德善信慈爱，从而使得他成为一个能超越单纯的阳刚或阴柔、刚强或柔弱的圣贤之人。

二、童年仗义，拜师常枞

维系本我，道心初成

李耳从小听唱的是尧舜帝王时代流传下来的各类民谣，如《击壤歌》，表现百姓对自然朴真生活的珍惜，大意为：日出而作，日落而息；凿井而饮，耕田而食；谁会艳羡尧帝？另一首《南风歌》，以舜帝之口，赞美又祈盼吉祥顺利，内容为：南风清凉阵阵拂面，可解万民热晕愁苦；南风轻缓时时吹地，可丰万民货物财富。这样的歌谣氛围，可以让人理解老子晚年所描绘的天下安宁、没有是非

的生存环境:"小国寡民……甘其食,美其服,安其居,乐其俗。邻国相望,鸡犬之声相闻,民至老死,不相往来。"(80)

有关李耳的童年的故事,历经几千年,人们一直在流传。[9, 10]

(一)美言不信

一年冬天刚过,春寒料峭,村里来了一个卖牡丹根苗的郑国人,那人夸耀着自己的牡丹苗如何好,兴奋中眼珠直转、面红耳赤、唾沫横飞、猛拍胸脯、信誓旦旦。李耳信其言,就买了一棵,小心培养呵护到四月,栽植的所谓牡丹开始现蕾开花。可是,其花不但很小,而且竟然全部是小白花,人说是丹凤,一种可以入药的油牡丹,根本不是大气艳丽的牡丹花!这时,李耳才发现自己受骗上当了。第二年的春天,村里又来了一个憨厚耿直、不善言语的、卖牡丹根苗的外地人,说话一是一,二是二,没有半句虚言,李耳犹豫了,买还是不买,带着赌一把的心态,还是买下了一棵小苗。结果春夏之交,李耳看到的是艳丽硕大的、令他心花怒放的真牡丹。李耳将这一经历暗记心中,后来用"信言不美,美言不信"(81)八个字进行提炼性的概括和形容。

(二)守信护桃

曲仁里的高奶奶在山坡地种了七棵蜜桃树,蜜桃白里透红,香气扑鼻,引来附近的小孩偷摘。高奶奶因为家中有急事要离开两天,就请李耳和玄娃帮助看护,两人一口答应,玄娃更是拍胸脯让高奶奶放心。当李耳带上书和象棋,约玄娃一起去山坡上,想着能边看书下棋边看护桃树时,玄娃就推脱说:"你先去,我随后就来。"结果第一天,啃着干粮的李耳驱走了几位想偷桃的小孩,而迟迟不见玄娃的踪影。第二天,李耳再次叫上玄娃准备一同前往护桃时,玄娃又托故说:"我知道你有信用,说话算数,做事认真,一定会看护好桃树,所以,昨日我就没去。今天你先去,我随后就来。"李耳只好再次一个人来到山坡看护桃林。快到傍晚,仍未见玄娃过来。突然传来一声"救命",只见一个人从山上滚落下来,快要摔进山沟了,李耳一个箭步向前,紧紧抓住那人的衣服。李耳仔细一看是玄娃的爸爸岳丘山。老岳感谢李耳的搭救，又问李耳为何恰巧在此，李耳就一五一十地和老岳说了事情的原委。老岳不禁羞愧脸红，责怪自己没有以身作则，教子无方，回去一定要教训玄娃，李耳赶忙求情。姗姗来迟的玄娃见此情景，惭愧跪地，请李耳原谅，请父亲责罚，发誓以后定守信用。[9, 10]

（三）辨别连理

说法一：一次李耳和小伙伴们到大树底下挖蝉蛹，发现一棵树长得怪怪的，三分像叶，七分像花。李耳看树干上少了一块皮，上刻"楝"字，因此他认为是楝，而小伙伴看到树的另外一面也被刮掉了树皮，上书"槐"字，到底是"楝"还是"槐"，他和小伙伴争执起来。后来，一个秀才说，是他教的孩子们逞能，为卖弄就把刚学会的字刻在了树上。李耳心想，看来凡事不能只看表面，听信一面之词，需要超然观察。[11]

说法二：李耳和小朋友一起在一棵大树底下玩耍躲雨，看到大树上写着一个"楝"字，就告知其他小朋友这是一棵楝树。可在大树另一侧的小朋友则说不对，这应该是一棵槐树，两人为此发生了争执。两人围着大树转一圈，才发现树的一侧写着"楝"字，另一侧写的却是"槐"字，根据树的外形判断有两种树共同生长，最后才明白这实际上是一棵楝槐连理相互拥抱的树。通过这件事，李耳总结出，凡事不能以偏概全，还要学会从另外一面多看看，需要观察结合思考，正确的结论往往可能是超越并包含原有的左右、正反、前后、黑白等两个观点的第三个更全面真实的观点。[9, 10]

（四）打抱不平

曲仁里有个姓庞的大户，当家庞太爷的大儿子在朝中当官，二儿子是个游手好闲、喜欢恶作剧的少爷，人称庞二少。阴历六月十五是庞太爷的生日，为巴结庞家，村上的许多人，即使家中穷得有上顿没下顿，都得打肿脸充胖子，呈上礼品去祝寿。在李耳十岁那年六月十四的下午，养父母去远方亲戚家处理急事，无法在生日当天给庞太爷送礼，就请李耳作为代表送礼上门。结果，来给庞太爷送礼的人真多，最远的来自百里以外，都排成了长队，礼物已堆积如山。而当日，曲仁里一个有名的好人——岳老，他和庞太爷竟然是同年同月同日生，年纪一般大，可因是个平民百姓，生日这天他家门庭冷落，没一个人来祝寿，他的儿女甚至还跑到庞家送礼。李耳看见了，心里很是气愤，可见世态炎凉，真不公平！他不排队了，扭头就走，还将礼物送给了岳老。岳老先生大吃一惊，无论如何不愿收。庞二少得知了消息，赶到岳家堵住李耳，破口大骂。李耳气愤地回答："难道给当官的祝寿是理所应当，给百姓祝寿就大逆不道？做人不能只知道挖凹地、垫盆土以添高坟头，却不知道山上滚石往凹处走。如果说，坟头往上添高土是人间规矩，那么滚石向下添凹地则是天道规矩。我给岳家祝寿，就是人的规矩合乎天的规矩，有什么错？"李耳这一席话，就孕育了后来的"天之道，损有余而补不足。人之道，则不然，损不足以奉有余"（77）。众人劝阻发狂的庞二少，可根本劝不住，随后赶来的庞太爷听了众人的说明和李耳的话，连说讲得有理，他羞愧难当，赞扬了李耳，斥责了庞二少并驱赶他回家。

（五）架桥助人

曲仁里依山傍水，村前有两丈多宽的濑乡沟，沟水深而清澈，村里人下地做农活，需要从沟北绕道一大圈才能来到沟南。李耳常在沟南沿的大李子树下看书，看见村里的人来回非常不方便，于是请养父一起帮忙，想方设法在濑乡沟上架起了一座三木桥。可是桥架好后就接连发生桥木被偷走的事。李耳养父气得骂了几句，结果被桥头住的"赖皮泡"王杠偶然听见，反而把李耳和他养父侮辱了一通。

此后一日，电闪雷鸣，暴雨倾盆，李耳眼见过独木桥的一个人掉入了河里，就跳水救人。众人奋力将李耳和落水者救上来，却发现落水者正是王杠的女儿。有人说落水活该，李耳却劝说不要这样说，告诫大家应该用善构筑起让每个人包括恶人向善的桥梁（49）。王杠听了深受感动，向李耳承认了他拆桥偷木的错误，表示他要找

木头补齐重新架到桥上。[9, 11]

（六）雪地送食

周灵王十一年（前561）的冬天，李耳十一岁。天寒地冻，家人正在做早饭，突然，李耳发现屋外有一个讨饭的孩子，衣衫褴褛，眼巴巴地往厨房看。生病卧床的养父随口说："你先到别处要吧，我家饭还没做好。"小乞丐一赌气，扭头就走了。李耳很同情可怜这个孩子，家里的馍一蒸好，他就拿了几个追到村外，塞给正低头前行的小乞丐。小乞丐大吃一惊，甚是感动，泪珠滚落下来。回到家，养父奇怪为什么好像少了几个馍，李耳说："不好意思，是我多吃了几个。"

老子拜师，问道起始

李耳酷爱天象、气象和历史，对周边一切充满了关爱和好奇，鄙视巫师习气和祭祀欺诈。他乐守平民立场，爱打抱不平；同时又观察贵族言行，择善从之。本元先生笃信大道却识字不多，他与李家非常熟悉，据他十多年与李耳交往的经历，认定李耳将来必成大器。而给李耳留下深刻印象的是本元先生遇事时的镇定：万事自有定数，万难必有解数[11]。

本元先生对童年李耳的启发是非常珍贵的，正像千百年后曾国藩辞官隐居颓废之时，遇到神秘的道者而豁然开悟；也像王阳明三次彷徨均巧遇道者从而开悟并创立心学；亦如苏东坡虽历经磨难、一再贬职复职，但因深得道者智慧而乐观豁达。与本元先生的对话相处、释疑解惑，使李耳萌生了对深奥莫名、混沌复杂但又极简至易的大道的向往，使他在人生的最初阶段，就能在茫茫黑夜窥见启明星的光亮。

李耳欲拜里正为师求学[12]，可是村长觉得自己不是教书先生，怕耽误了李耳的前途，就推荐了上知天文、下晓地理、知识渊博的常枞先生。常枞先生，也有称他商容的，是李耳早年正式的老师。[6, 10]爷爷特别从苦邑县城聘请了曾经在朝中担任商容职务（精通殷商礼容的司仪官员）的常枞先生做李耳的老师。常枞知晓天文地理、博古通今，喜欢枞树，不喜官场。他是心装天下、爱才惜才、求贤若渴的道者。他蔑视和怜悯那些霸强者，同情并哀叹懦弱者、贫穷者、愚蠢者。常老师初见李耳闲聊几句就异常高兴，连连称赞其聪慧。他从河图洛书、三坟、五典、牧野等教起，聪慧的李耳深得常枞的喜爱。

"牧野洋洋，檀车煌煌，驷騵彭彭。维师尚父，时维鹰扬。凉彼武王，肆伐大商，会朝清明。"常老师常带着学生吟诵诗句，他放荡不羁、旁若无人，尽兴地以表情、手势、体态等肢体语言表现诗的含义。李耳学习刻苦，即使是自带干粮的午饭时间，他都会坐在离常枞先生家不远的稠密枞树林中学习，一口溪水，一口干粮，一行文字，有生字做个记号，下午就向先生请教。

一次，常先生给学生们放假一天，李耳就听从养父的吩咐，赶着马车去看望亲戚，车上带着大量的竹简，以便路上阅读。他走一路看一路，直至迷路也不知道。结果信马由缰，直至天昏地暗，掌灯时分，才知道走错了路。看见前方灯火初起，竭力向前，跑近才发现是常枞先生坐在灯下看书！原来李耳误走到了上学的地方。

常先生抬头吃惊地看着他，问他夜晚赶来有何事，他只好借口说是从亲戚家回来，路过这里，顺便向老师请教几个生字。直到夜深人静才驱马车赶回村里。此事被养父知晓后，笑怜他是"书疯子"，而乡亲们因此流传开一句俗语："半夜走亲戚——意在求学。"[9, 10]

朴实敦厚，善心待人

常老师的弟子众多，其中有一个平素被称为"第一聪明弟子"的富家子弟张高（另一说此人名叫杜杰）[11]。谁在学业上敢于冒尖，张高就会想方设法跟谁过不去。聪慧善良、豁达圆通、思维独特的李耳的出现，让张高的虚荣心和好胜心受到很大打击，心中非常不满。一天放学后，张高带了一群半大孩子拦住李耳，气势汹汹，指责李耳在先生面前装腔作势、逞能表演，学习上表现得像个"第一聪明弟子"。吵吵嚷嚷声吸引来了周边的同学和常先生。常先生赶来后得知原委,批评张高不应采取这种粗鲁无礼的手段,应该用光明正大、互相尊重的方式去竞争,可以互比谁的学习能力更强、方法更好。在常先生的施压下,张高红着脸向李耳赔礼道歉,继而提出要和李耳比赛背诵,背诵材料由李耳选择,无论是夏朝的《连山易》,还是商朝的《归藏易》,还是当今周朝以"乾"为首的、含义周全的《周易》。李耳毫不示弱,欣然接受。常先生也就同意作为裁判并出考试比赛题目。

在众目睽睽之下,常先生将第二天需背诵完成十八片竹简的比赛任务交给了李耳、张高两人,结果第二天,李耳胜;张高不服,希望再比一次,常先生就又将两日后需背诵完成二十五片竹简的比赛任务交给了他们,结果李耳再胜;张高此次有点垂头丧气了,但红着脸,仍然表示不服,乞求再给最后一次机会进行比试,志在必得的李耳答应了,常先生也就同意了,就又给他们布置了比赛任务——三日后背诵完成三十八片竹简。

两人废寝忘食地开始背诵,同学们都紧张地观察他俩准备如何应对。大家发现,张高时而表现很好,时而结结巴巴,为他捏一把汗;而李耳表现很好,一直很稳定,应该会再次获胜。比赛的时间到了,张高先上场,他全程结巴,总算还是完成了背诵。随后众人一起观看李耳的表现,李耳镇定自若,抑扬顿挫,流利通畅地背到第三十七片时,突然卡壳了,结结巴巴,好似忘了词,这种表现让同学们大感意外,结果时间过了,李耳也没有完成背诵。李耳虽然输了,但很坦然、淡然。常老师观察他此次背诵的表现也觉得很奇怪,事后就悄悄地问他怎么回事,李耳起初回避,无奈之下就告知先生,他其实可以背得滚瓜烂熟,但听闻张高和其他同学说,如果此次再输就离开学馆,回家不学了,丢不起人。李耳想到此事闹到如此地步,真不应该,心中不安。李耳懊悔自己争强好胜,弄得大家一无所得。在比赛时,李耳一想到此事,就忘词了。李耳认为现在的比赛结果恰到好处,这说明自己有潜能可以赢得比赛,但又确实在第三轮比赛中输了，如此一来，张高也就有信心和脸面继续与大家同窗读书。常先生听闻非常感慨，赞赏李耳是一个人品、学业俱佳的好学生，平凡中透着不平凡。张高后来也知道了所有情况，心中充满内疚，对李耳非常敬重。

老子问天地人

有一次上课，常枞说："天地间，人是最为珍贵的；人群中，君王是最为优先的。"李耳就问："地在人之上，天在地之上，那么，天是什么？"常枞道："天在上，是清朗。"李耳又问："那清朗之上是什么？"常枞道："清朗之上是太空。""太空之上又是什么？"李耳继续追问，先生道："太空之上是清朗中有更清朗。""那在此之上又是什么？清朗穷尽处是什么？"李耳穷追不舍。先生道："先贤没有传讲、古籍没有记载，我就不敢乱说了。"夜晚，李耳就揣着这些疑惑问爷爷，爷爷也不能答；问别人也没人能回答。他只好昼有所思、夜不能寐地仰望天上的日月星辰，低头思索天外到底是什么。[12, 13]

爷爷去世后，就是养母经常关照李耳了。一次养母问李耳去哪里玩了，玩了什么，李耳如实告知去看蚂蚁搬家，因为他挖开蚁洞时，看见好多蚂蚁在搬食物，觉得好神奇。原来事物往往并不都像人们看到的表面，其背后往往有出人意料的更深层道理。蚂蚁吃腐物，蜥蜴吃蚂蚁，大自然就是头尾相连的循环大圈。养母问他有何感想，李耳感叹道："蚂蚁虽小，也有其作用，世界万事万物都有着自己的用途，说不上谁高谁低。与蚂蚁相比，我是庞然大物，能任意改变它们的命运，甚至决定其生死。那么是否有种可能，存在另外一种庞然大物，也可以轻易地决定我们呢？"养母觉得这问题很有趣，让他明天上学问先生。李耳抱怨先生常回答"先贤未传，古籍未载，不敢妄言"，说："我怕先生也回答不出，让他难堪。"养母说："先生在周朝很有名望，精通殷商礼乐，万一他回答不了也没关系，也许这正是你未来可以琢磨并回答的呢。"

课堂上，常老先生说："时空中存在天、地、人、物，以及各自的本体和规律，天遵循天道，地遵循地理，人遵循人伦，物遵循物性。天道使得日月星辰按规律运行；地理使得山川江海成长有形；人伦使得尊卑长幼各得其位；物性使得长短坚脆区分有别。"李耳问道："天道、地理、人伦、物性是由谁决定的？"先生答："都是神仙所为。"李耳问道："神仙为什么能做到？"先生道："神仙有推动变化的能力和创造万物的功力。"李耳问："那神仙的本事又从哪儿来的？"常枞哑口无言。结果，李耳又是茶饭不思。[13]

常枞教给李耳自己所知道的一切。常枞说："国君受天的委托，代表天去治理人世间，民众是君王管理的对象。如果国君不按照天意行事，刁民不顺从国君指挥，这些均属于有罪，这就是治国之道。"李耳问："民众生而就在，并非为了国君，不顺从国君指挥，应当可以理解。如果说，国君降生是天的意思，国君肩负上天的旨意，这些有何凭据、是何道理？"先生说："神仙派遣国君代表天治理世间。国君降生犹如将军领命在外，在外的将军是不会照单全收国君的命令的。国君出现于人世也不会全盘照收天意指令。"李耳问："神仙无所不能，无所不成，为什么不能打造出听命的国君呢？"常枞又哑口无言。看风风雨雨、乱云飞渡，李耳又是好一阵迷茫。[12, 13]

常枞先生说："天下万事要以和为贵。失去和睦就会兵争交战，进而两相伤害，互损而无益。所以谦让利他就会利己，嫁祸于人则会祸己。"李耳问："天下失去和平爆发战争，对民众百姓而言就是最大的伤害，国君有什么理由不去治理？"先生答："民众之争，失去的是低层次小范围的和睦，也就是小规模的灾祸，国君可以治理。而国家之争，失去的是高层次大范围的和谐，也就是大规模的灾难，是由国君们导致的灾难，他们如何自己治理呢？"李耳问："国君不能够自己矫正，而神仙为何不来制止？"常枞无法回答。李耳历经寒暑，遍访官员名士，博览群书，不知疲倦地寻找答案。[13]

常枞先生的教育让李耳知道了合乎人欲的获得是"得"，合乎大道的获得是"德"。他告诉李耳,在伏羲、女娲之后,从黄帝、炎帝开始,大道思想、道家思想至少有数千余年的历史。周公姬旦是圣人,是此后儒家的创始人,但常枞表明自己不是周公的传人,因为周公妄图以一己聪明决定大家的生活,禁忌太多,结果问题太多。[14]常枞教育启发李耳不要轻信事物的表面现象和人们的语言表达,而要学会反观、反思、反省,因为道不远人,遇事冷静,得道多助。人类身边的一切充满了大道的语言。也是在这时,李耳逐渐明白此道德非彼道德,常枞先生等强调的道德,就是指由大道、天道呈现的规律足迹和德行表现,以及由此而形成的人们行为规范,而不是人们时常挂在嘴边的"道德不道德",更不是世俗之人所习惯的"道德"。人类自设的那种"道德"往往指世间人们自己确定的伦理、清规戒律及"潜规则",如规矩、规范、羞耻心等,而这些伦理可能符合人性、人道,但不一定符合大道、天道。

一次,常枞先生病了,李耳前去探望。先生斜倚在床,张嘴问李耳:"你看我的舌头还在吗?"李耳答:"当然在呀。"常枞又问:"牙齿呢?"李耳摇摇头说:"牙齿确实是没有了!"常枞接着问:"明白这是何原因吗?"李耳思考了一下,根据常枞先生的思维习惯,试探地回答:"我想,那是不是因为舌头通常很柔软,所以能够还存在;牙齿之所以早就脱落,因为它一直太刚强?"常枞对弟子的判断非常满意,很高兴地点头赞许:"对!世上的事就是这个道理。"[5, 11, 12, 15]

"齿亡舌存"用于比喻刚强的不能够长久,柔和的反而能够立足;揭示有道方能永存,无道终遭消亡。常枞主张柔善而否定暴强,借用舌头和牙齿的此消彼长来说明:舌头因其柔韧而存在,牙齿因其刚硬而消亡。柔弱胜刚强,为人做事如此,治国理政也如此。

前556年,李耳不得不结束跟从常枞先生的学习,那年李耳十六岁。

常枞先生教授三年,来向李耳养母告别辞行。李耳对常枞行三叩拜大礼，哭诉："先生待我恩重如山，我也喜欢跟先生在一起，你为什么辞别？"常枞先生说："你聪颖过人，先生不能耽误你。你应该遍访百川大山里深藏不露的贤德道者，你也应该去周都太学学习几年，那里典籍如海，贤士如云。那是天下圣地，如入其内，易成大器。而且那里有很多不同阶层、不同身份的学生在一起探讨，会有更多的乐趣。人的一生中都会有几个关键的转折点，把这几个关键点把握住了，你的人生就赢了。为师只是在这个阶段送你上路的人，未来还会有不同的人送你踏上新的旅程。"李耳说："难道学生还要不停地去体会离别之苦？"常枞说："暂时的离别只是为了登上更高的山峰。"李耳叹道："道理学生都懂，只是舍不得。不知道这一别，何时能够再相见。"常枞说："希望你能谨记养母的教诲，不要忘记她对你的一片苦心。"李耳说："先生对学生恩重如山，学生永世难忘，请受学生一拜。"常枞："好了，不用送啦，回去吧。"[13]

三、频遭灾难，悟道讲传

兵匪困境，临危不惧

前554年，在周都太学学习了两年的李耳，时年十八岁，回到曲仁里看望养父母，结果遇到了大麻烦。是年秋冬季，兵荒马乱，大土匪头子栾豹（另一说名叫杨豹），打着吴军的旗号，纠集一批凶顽开始在苦邑周边趁火打劫。一天，栾豹的匪兵突然包围了曲仁里，抢劫财物，侮辱民女，杀害民众，穷凶极恶。[10]李耳他们一行人，在匪徒们的驱赶之下，往西南方向怨庄一带走去。栾匪对反抗中失手杀死土匪的村民，进行了屠杀。李耳内心呐喊："人之恶毒，无可比拟，再凶狠的动物也仅仅止于填饱肚子、击杀对手个体，而人则常贪欲泛滥，滥杀无辜，可见对于人而言，要做到言行思三者皆善，很难！"

李耳等人被土匪用长绳串联捆绑并编号，一个挨一个，如同牵赶牲口一般，被视作土匪的猎物。被绑架者饥寒交迫，如稍不听话或者反抗，就会被残酷折磨。栾匪要求人人必须给家里捎信，拿钱赎命，如果不能兑现，就将其折磨至死，放死不放活。土匪每天杀害一人，以逼迫威胁所有的人质。

李耳为贫弱老者说了几句求情的话，马上就被暴揍，鲜血直流，软瘫在地，并被特别看管。一天晚上，土匪头子栾豹独自饮酒，喝得酩酊大醉。其伙夫似乎也特别热情，给栾豹的卫士和看管李耳的土匪送酒献肉，不久这伙人大醉而眠。半昏迷之中的李耳被人摇醒，定睛一看是那做饭的伙夫，那人说："你不认识我啦？李耳，我就是曾经被你救助过的小乞丐，我名叫魏山，也是早先被栾匪抓来当人质的，因为我烧得一手好菜，故而留得性命。现在我把这帮家伙弄醉了。我给你解开绳索，我也会解开其他人的绳索，为保活命，你们赶快逃吧！我也马上逃走。"李耳又惊又喜，热泪盈眶，来不及多说什么，连夜逃走。

李耳在外躲藏并讨了几日饭才回到曲仁里，方得知噩耗，养父被土匪抓走并被杀害，死不见尸。李耳见到养母，两人抱头痛哭。养母待李耳如亲生儿子，李耳对待老人如亲娘。

一个月以后，风雪之夜，寒冷无比，村里风传栾匪又要杀回。栾匪因为在附近吃了当地官兵的大苦头，说要烧杀报仇。远处的村庄火光冲天，滚滚浓烟，吓得周围村子的人们蜂拥而出，逃难躲藏。李耳和养母等许多人一起逃入了苦邑县城。在县城几日，无事可做，又不敢和养母回到乡下家里，于是李耳白天就在城头给感兴趣的乡亲们讲学[9]，传授什么是身边的大道和德善信慈爱，晚上回到暂住处在灯下苦读。

意在烧杀抢掠的栾豹众匪不久之后便赶来，伙同吴国军队，把苦邑县城团团围住，吼叫嘶喊，准备攻城。骑黑马的栾豹大叫："苦邑官兵！快开城门让爷进去，如若不从，硬是逼我等打进去，定杀个鸡犬不留！"此时正在城头对民众讲学的李耳，知危不退，竟对城下的兵匪高声讲学！他以亲身经历和失去养父之痛，揭露这些土匪在本地的罪恶行径，大声劝说吴军："陈地苦邑与吴国无冤无仇，你等诸侯国的官兵为何要听从声名狼藉的栾豹等匪徒的蒙骗调遣，来到他国杀害无辜百姓，抢劫民财。如果真是两个诸侯国有了过节，你们吴军也应该请示吴王，再定夺是否应该攻打陈地苦邑。"一通话说完，吴军似乎泄了气，慢慢后退。而栾豹则气得暴跳如雷，置若罔闻，叫嚣让李耳到城下比武，一决雌雄，老实受死。李耳说："栾豹，你若不听规劝，一条道走到黑，天将不容你，成为刀下之鬼的将不是我……"栾豹瞪眼怒吼并冷笑："哈哈，不是你，难道是我？"就在此时，栾豹身后一人大喊："就是你栾豹！"话音未落，剑光闪处，栾豹人头落地。斩杀栾豹的竟然是其军师李展飞。李展飞向城头李耳和众人说明了为民灭害的原因以及栾豹是如何用借刀杀人的计策害死自己的父亲，逼其入伙的经历。李展飞表示他和众匪愿意从良，改邪归正，退出对县城的包围，并愿意拜李耳为师。李耳在城头答应会收下这些徒弟。

李耳二十一岁那年，在彻底完成了周都太学的学习后，回到曲仁里，陪伴养母，并开始了耕读生活。在此期间，李耳竟然在自家院中挖出了两缸银币、一锭黄铜，从此再不愿受邻里资助馈赠，开始了安定的小康生活。

李耳成婚，蒙受劫难

三月三日是上巳节，即是民间风俗允许尚未订婚的青年男女一年一次自由相会的快乐日子。每年的这一天，从旭日晨辉到新月如钩，树林边、草丛边、水边嬉笑的小伙姑娘们，如果一见钟情，可在征得父母同意后，托媒妁传话。

随着李耳逐渐长大，每到上巳节就会有些惆怅。这年三月二日，上巳节的前一天，李耳又开始坐立不安。眼见少男少女欢乐嬉戏的情形，李耳不由念及早亡而未曾谋面的亲生父母，想起过世的爷爷、遇难的养父、呕心沥血照顾自己的养母，心中不禁凄然。繁星满天，不知道哪颗星对应着哪个前辈先人，哪颗星对应着自己的父亲、母亲、爷爷、养父等。他全神贯注，久久凝望，忘记了自己的存在。突然一个激灵，一股气流走遍全身，似乎让他通透入神，与天地化为一体，好像不知道过去与未来。

第二天，三月三日，李耳在去苦邑县城的路上，巧遇了寋玉珍（也有称呼为若微[5, 6]）和她的叔叔。寋玉珍是富贵的寋家之后，她的父亲性格开朗，有不少酒友，李耳的父亲李乾就是其中之一。相传某次，她父亲和李乾同桌喝酒，两人半醉之时，相约自己的孩子出生以后如果是一男一女，就让他们长大结为夫妻，两家结成亲家，同桌的人一阵起哄击掌喝彩。[10]

不承想，李乾夫人，即被称为玄妙玉女的益寿婴敷，用命换来了李耳的出生，而在此之前李乾酒后失踪而亡，李耳成了真正的苦命之人。几个月后，寋玉珍出生了，在寋玉珍童年时，因为瘟疫大流行，父母暴病而亡，寋家的家产全部落到她叔叔的手中。貌美如花的寋玉珍，被许多官宦公子看中，叔叔为了巴结权贵，数次想瞒着她把婚订了，不料，寋玉珍哭得死去活来，就是不从。她性格温柔而刚烈，敢于冲破各种束缚。有一次，当娶亲的车马到来时，她又哭又闹绝不上轿，手持菜刀欲要自杀，无奈之下，对方和叔叔只好暂时作罢。

遇见李耳的寋玉珍，忽然想起人们常提及的指腹为婚的故事，不禁脸上泛红。

几天以后，寋玉珍遇到了拦路抢劫，她拼命呐喊求救，李耳恰巧碰见，于是挺身而出，英雄救美。李耳和寋玉珍也因此说上了话。从此以后，两人时不时地会相见，感情逐渐加深。当谈及年幼时就故去的父母双亲，两人更是有同病相怜、同是天涯沦落人的感觉；可是一旦谈及双方父母及同辈，均又顾左右而言他，生怕触及指腹为婚。

一次，因为心中害怕再次被叔叔和看上她的官宦人家逼迫成婚，寋玉珍掩饰不住内心的担忧和恐惧，掩面而泣，李耳顿时不知所措，连忙追问，得知原委，更加同情她，心疼她。他知道自己实际上非常喜欢蹇玉珍。蹇玉珍的丫鬟看在眼里、记在心上,悄悄地将这一切告知了李耳养母,并替两人相互传话,说服蹇玉珍,鼓励李耳,想让两个苦命人走到一起。她甚至还自告奋勇,悄悄地请曲仁里的老人当了媒妁。

看到希望的蹇玉珍留下书信逃离了叔叔家。在当时的东周王朝,待嫁的女儿擅自离家,如被人知晓,是很丢脸的事。这样的女子会被家族抛弃或者惩罚,抓回后必会被远嫁至天涯海角,甚至被处死。蹇玉珍逃走后,她叔叔家也不敢声张,生怕被人知晓。李耳和蹇玉珍自办了"洞房花烛",生活在一起,李耳养母因此也非常开心。后来蹇玉珍的叔叔还是得知了这一切,暗生闷气,无奈既成事实,也不去兴师问罪,一声不响;如遇有人提及此事,便嗤之以鼻,嫌弃李家穷苦,打死不愿承认这桩婚事。

李耳与蹇玉珍相亲相爱,一年后,蹇玉珍生下了胖墩墩的儿子,起名李宗[5]。李耳看到懵懂淳朴、天真无邪的孩子,心中升起无限欢喜,进而对大道有了更深刻的感悟,写下"载营魄抱一,能无离乎?专气致柔,能如婴儿乎?"(10)等字句。[14]

不承想,儿子出生一个月后,原来想要娶蹇玉珍的豪门,在她叔父的默许下,派人赶到曲仁里将蹇玉珍抢走。李耳救妻护子,左冲右突,无奈势单力薄,只好眼睁睁地看着蹇玉珍被抢走,心中悲愤不已。蹇玉珍一路上拼死挣扎反抗,半途挣脱,在被追捕时投井而亡。消息传来,李耳悲痛欲绝,望着嗷嗷待哺的婴儿,心如刀绞,望着妻子消失的方向,涕泪横流。哀叹自己命运多舛,感慨是命苦的自己连累了妻儿。于是,他默言立誓终生不再娶。

为了让孩子能活下来,李耳将幼婴李宗寄养在沛县的姑妈家,因表妹刚生孩子,奶水充足,可以一起抚养。受此劫难,李耳一夜白发。[14]历史上,许多人难以理解一夜白发,事实在同一时代,另一历史名人,伍子胥(前559—前484)过昭关就是一夜白头。可见,瞬间的打击和高压对人的自身正常的氧化还原代谢和健康有多么大的冲击。

求教隐身真人

二十四岁至二十九岁正是人生的大好年华，耕读求学、悟道践德，成了李耳最喜欢的事。他想起本元先生留下的话，在太乙山有懂道的真人。他历经千辛万苦终于在山里找到了懂道的真人，名叫紫真。紫真给李耳留下的六句话让李耳体会感悟了一生。不管遇到什么样的事情，无论是喜怒哀乐，均应淡然处之。精不慌，灵就不散；神不惊，心就不乱。不悲不喜，不卑不亢，以大道之心去应对天下人事物之万变。天地旋转，万物化生，有着无处不在的规律，即根本的原理、第一原理。简单代表"大道"的就一个字——"一"，始终如一、道德如一、有无如一、生死如一、一切如一。治世、治身、治家须恪守根本，守"一"。"一"即道，一切从简单自然的"一"开始。[11]

紫真提醒李耳，事出反常必有妖，万事生息有规律。紫真希望李耳在太乙山悟道习德，从而懂得治世之道、事天之道、人天互感而通之道。在太乙山经紫真介绍，李耳认识了长他几岁的师旷，学习了弹奏古乐，明白了为什么音乐的"乐"（樂）和草药之"药"（藥）只差一个草字头——因为药是无声的乐，乐是有声的药。李耳赞叹音乐是世界无言之声，能拨动灵魂；音乐能沁人肺腑，舒缓精神；音乐是精神之药，能够"无有入无间"（43）。[11]

从太乙山回来后，李耳开始向民众传播讲述大道学说。他开导民众："人要生活，国要安民，不可没有财货。但财货须取之有道，用之有度。"他让民众知道什么是基本的合乎道理的拥有，什么是忘乎所以和肆意妄为的妄欲。李耳告诉民众和侯王，和平治世的特征是安静和自然。他向众人解释什么是个人的福与祸、国家的祸与福，以及祸福的相互依存和相互转换。[11]

乐极生悲，否极泰来

春秋时代著名的学问家蜎渊，其时是天资过人的十四岁楚国少年，他骄傲自大、目空一切，曾经气跑了三位父母请来的教书先生。

一次，蜎渊来苦邑走亲戚，听说李耳知识渊博、学问广大，就好奇前往，倾听李耳与众人的漫谈。李耳和众人说，人生逃不过八个字："乐极生悲，否极泰来"。蜎渊当场就对李耳和众人说："白须老者信口开河，乐如何会与悲成亲？否又如何与泰关联？"说完即离开，众人对他侧目，而李耳只是笑盈盈地目送他洒然离去。

在回去的路上，蜎渊完全变成了一个摇摆蹦跳的快乐少年，周边的山水风景一切都那么精彩，感觉比听李耳的胡说八道有意思多了。蜂鸣蝶舞，芳香扑鼻，蜎渊脚下生风，乐不可支地追逐着一只彩蝶，不料扑通一声掉入齐腰的水中，寒冷钻骨透心，他恐惧地战栗挣扎。正在他感叹"乐极生悲"之时，突然发现水边一块小巧精致、洁白无瑕的玉蟾蜍。这难道是上天给的福分与补偿吗？因祸得福，"否极泰来"呀！他收好玉石蟾蜍，艰难地爬出了水坑，哪知道，突然出现一帮人，不由分说将他包围，然后不分青红皂白，一顿拳打脚踢，把他绑了起来，并从他身上搜出了玉蟾蜍，一起嚷嚷着终于抓到盗贼了。蜎渊一阵疼痛，昏晕过去。当他苏醒过来，一五一十地讲述过程，可是没人相信，并告知他这玉蟾蜍属于大周贵族姬家，是姬如公（也称姬如晋）的传家宝，也就是国宝，据说从先王周文王传到现在。说他胆大妄为，偷窃国宝，犯了杀头之罪。蜎渊连声哀叹："误解呀误解！天降灾祸，无法说清，不得解脱。我这又是'乐极生悲'呀！"

正在蜎渊绝望之时，"找到了！这才是盗贼。"外围不知道是谁喊了一声，于是人们扔下他，一哄而上围住刚抓获的真盗贼。蜎渊长叹一声"否极泰来"，就又晕过去。当他再次醒来时，这些家丁个个面有愧色，向他道歉，也向一位刚从马车上下来的老人连声请罪："姬如公，请您降罪。"姬如公忙向蜎渊道歉，说不该冤枉了好人，并欲赔礼赠金，蜎渊流泪拱手回礼，当场谢辞。

姬如公和气地问蜎渊："听你的口音是外地人，来周地有何贵干？现在准备到哪儿去？"蜎渊告知是来走亲戚并访学的，现在准备去拜李耳为师。蜎渊评价李耳有真学问、大学问，是真人、神人。

姬如公也甚为惊奇，应答道："是吗？原来如此，我抽空也去听听李耳的高见。"

蜎渊急忙赶回苦邑，来到李耳的讲说场地，扑通跪拜："李耳先生，原谅我少年无知，年少轻狂，我对不起您！我现在明白了'乐极生悲，否极泰来'，请收我为徒，我要拜您为师！"他的举动惊动了正在听讲的所有人，也吸引了许多看热闹的人。蜎渊把刚刚经历的事原原本本地说了一遍，李耳感到十分欣慰，就收蜎渊为弟子。[10]

得道明理，众生平等

自认广闻博学的士成绮（后人称士成子）常听人赞叹李耳，非常不服气，就远道赶来，登门拜访。一见到李耳便说："人们都赞你有大智慧，故特来拜访。但所见和所闻的却不一样。你的住处好像老鼠洞，杂物满地，混乱不堪，看来你根本不懂得打理生活环境，我太愚蠢了，竟然大老远跑来求教，不承想你竟然是如此糟糕之人！"士成绮劈头盖脸一顿骂，骂完转身甩手即走，李耳听了，竟然毫无反应。

事后，士成绮想：我对李耳破口大骂，将他比成老鼠，他竟一言不回，我应有胜利得意之感，可是我内心为什么反觉失落呢？当晚他辗转反侧、一夜未眠。隔天再访李耳。但见李耳和前天一样，不喜不怒，丝毫没有对他排斥的神情，便问："前天我说了那么多无礼的话，可你一点儿不生气。我自觉得意，却若有所失，这是何道理？"

老子说："得道明理的人，平等看待一切生物，无论牛、马、狗、猫还是老鼠。不论你把我比成什么，我都不觉得是侮辱，因为众生平等！"士成绮听了很不好意思，赶紧移坐一旁，不敢与李耳对坐，也不敢直视李耳，他突然觉得自己卑微而幼稚。他虚心地请教："如何才能得道明理？"老子答："前天见你摆着架势，气势汹汹，就知你心烦气躁。凡是自以为是、傲慢好强、喜好争辩之人，都源于内心做不了自己的主，被欲望情绪所驱使。人人都有纯真善良的天性本性,但也有习性恶劣、时刻挑战良知的心贼。众生平等,如能返朴归真,一切浑然而忘我,就能和大自然融合成一体。"[14, 16]

人盗与人道

李耳每次进城讲学,都会从苦邑县城东门的一家药铺门前走过。药铺的老板兼郎中叫金志德,原名金志常,负责看病诊断开方;儿子金小乐,负责抓药打包。民众常常私下议论,金先生医术虽然高明,但他给有钱人治病,一治就好;而给没钱的穷人治病,怎么治也治不好。说他不用心,好像也不是,但事实就是如此。金志德仰慕李耳的学识,希望李耳能为他的药铺题写几个字,李耳推辞不过,就随口答应并开始特别留意这家药铺。

村西头李小波的父亲生病了,在金志德那里看病抓药好几年,最后还是去世了。李小波甚为不解,伤心地问金志德:"我父亲和张榔头生的是同样的病,药也一样,为什么张榔头生龙活虎,而我父亲就没了呢?"金志德没好气地回答:"我治得了病,治不了命。"李耳知道后,就取了李小波爸爸生前用的药,去外地询问自己的远亲表侄,即医术高超的郎中任秀章。任秀章告诉他:"这都是一些树根、杂草或者劣药、药渣,怎么可能治好病?"

于是一次李耳趁金志德不在,悄悄地来到药铺,和他十二岁的儿子金小乐聊天。金小乐很是热情,忙倒茶备座,说是他爸爸早就备了纸、笔及匾额,就等李耳的墨宝了。李耳满口答应,顺便问道:"人家都说你爸爸给贫富不同的病人,开出的是真假不同的药?"金小乐忙说:"没有的事,都是真药,只是品种不同。我爹说了,给多少钱,看多少钱的病,抓多少钱的药,否则我们药铺亏死了,就要关门没饭吃。"李耳不语,点点头,让金小乐研好墨,写下了"人盗药铺"几个大字。就在这时,金志德回来了,看到题字,脸色一僵,又急又愧,一时说不上话来,而李耳一声不响,转身就走。金志德自觉没脸继续在这里开药铺,就搬走了。后来苦邑的人们邀请任秀章搬来这里,于是李耳将匾额上的"盗"改为"道"。

在这个阶段,世界上一些影响后世的重要人物陆续出生。前624年,被誉为西方哲学鼻祖古希腊的泰勒斯出生,他认定"水是万物之源"。前566年,佛教创始人印度的释迦牟尼诞生。前551年,孔丘诞生。

四、柱下守藏,静观纷争

李耳入仕,朝堂论道

大家都喜欢听李耳解答天地人事物,偶然经过的周朝退休官员姬如公对李耳所讲的大道思想也甚为赞赏。除此之外,文子、庞奎、亢仓子(庚桑楚)等也来拜他为师。而当时的苦邑大夫(即苦县县长)赖太爷接到举报,认为李耳整天故弄玄虚,鼓吹"变化"、强调"静变"是常态,属于妖言惑众,扰乱民心,就派人把李耳给抓了,然而在审讯李耳过程中,又被李耳驳斥得无言以对,气急败坏,遂将李耳关入狱中。不久名叫燕普的新的苦邑大夫上任,觉得李耳的学说实在是开启民智、安定民心、治国安民,大为敬佩,就把他释放了并希望他能出任县衙书吏(即县长私人秘书),但李耳谢辞而别。

蜎渊拜李耳为师以后,姬如公也时常去听李耳讲课论道,而出任苦邑大夫的姬如公的外孙燕普,也曾向他谈及李耳屡遭不幸、博学智慧、善良贤德的种种事迹,姬如公因此对李耳心怀敬意。不久,姬如公将李耳推荐给天子周景王,建议让其担当大任,服务社稷。

姬如公并非周景王的亲兄弟,而是周灵王的养子,因从小父母双亡,而且酷似周灵王暴病而逝的长子姬晋,故被偶遇的灵王收养,得名"姬如晋"。姬如公对残酷的王子争位、君臣争权等灾祸并不陌生,故远避官宦利益纠纷,愿意默默无闻地服务自己尊敬的养父——灵王。灵王去世后,姬如公更加厌烦拘束的生活,征得周景王应允,离开宫廷官场,隐居生活在民间……

姬如公向景王推荐时说,遵从大道、善良贤德的李耳不喜欢官场风气,刻意远离权贵政治。景王则表示无妨,召他见面议礼论道,来去自由，只要他是贤人并愿意为大周做事，就可以留下，自有适合他的位置。

前543年，李耳应召进周都，向周天子讲述了他所感悟的"大道之本"和"大道之用"，如德、善、信、慈、爱，以及修身治世之策。[9]周景王连连点头，让他详讲。于是，李耳拱手回复：

"道，虚形无象，性自然，天地万物之源头；道，生养天地、推行日月，道成肉身、形体为人；道，不随人的好恶而改动，是一切变化中永恒不变的祖宗。

"德，道之功用、道的应用，道为本体、德为仪容；人与道合，就有德；物与道合，则有序；如此，星辰有序，众生和谐；否则，缺德伪善，天下大乱。

"普天下最大的祸殃，莫过于难以自控的私欲；普天下最大的祸乱，莫过于不知足、无休无止的相争；衣食住行、生儿育女，人之基本、人之特性，如果超出基本所需和天赐所赋，就是妄欲。民众争利，大夫争权，诸侯争地，皆源自私欲，致天下纷争混乱。如果少私心、俭控欲、求和睦、乐辅助，天下定能永续安定。[11]

"我们需要谨记周太王古公亶父在谋划建国时就确定的纲领：'我无为，民自化。'古公亶父是轩辕黄帝第十五世孙、周祖后稷的第十二世孙，历史上著名的贤王，也是文王祖父、周王朝奠基人，周武王姬发建立周朝时，追谥他为'周太王'。古公亶父推行实现了'行者有资，居者有畜积，民赖其庆'的局面，使得大周逐渐强盛。"

周景王听后十分高兴，当即邀请李耳既在朝里听命，又不耽误做学问，先在正殿议事时帮助做记录，以后再派去做管理藏书博物的差使。李耳连忙致谢，随后就将家安在周王朝首都洛邑，即如今的洛阳东通巷，定时入朝开始了记录员的工作。[10]

人性的斗争嗜好

李耳开始工作后，才真正了解东周王朝，周景王尽管是天下共主,但只剩下名义了,事实上大周早已因诸侯争霸而天下大乱,对诸侯国已没有多少约束力。因为纷扰冲突不断,民众深受其苦,不得解脱。李耳抓住一切机会,劝说诸侯们应该谦卑慈爱,莫要争夺成习,可诸侯们打心眼儿里瞧不起这个芝麻粒大的官,是只懂学问而无任何实权的朝堂"记录秘书"。

有次周景王因病推迟上朝,众诸侯在等待闲聊时,平素喜好争强斗狠的一个诸侯,挤眉弄眼地开涮李耳说:"你学问大,讲个故事呗,大家一起听听,消遣消遣。"在一阵起哄催促声中,李耳讲了一个侯王喜好"争斗"的故事。一个侯王穷兵黩武,搞得民不聊生,而自己锦衣玉食,直到吃什么都觉得腻味了,便怪罪厨司,嫌弃饭菜做得不好,找理由杀了厨司。可换了一个新厨司,侯王又说饭菜更没味,如此一连置换、冤杀了十二个厨司。第十三个厨司给自己起名"不畏死",心想:反正我也是活不成了,不如拼了。他就到茅厕粪坑捞取了整天你争我夺、翻滚拥挤、肥硕成坨的蛆虫,裹上薄薄的面粉,油炸呈盘,炸后色泽金黄、外脆里嫩。结果侯王竟然大呼好吃,非常享受!随即问厨司这美味佳肴叫啥名?厨司回答:"这东西,吃一次就上瘾,不吃没法活,要是不让吃,拼命强争硬夺也要吃,所以它的名字叫'争夺'。"侯王忙说:"这名字也非常好!我爱吃。"冬天到了,天寒地冻,没有粪蛆了,可侯王一个劲地呼喊咆哮要吃"争夺",便威胁厨司,再搞不到原料做出美味,就杀了他。没有办法,厨司只好四处寻找,结果一天在一个桥墩底下发现了一只死掉的大王八,掀开大王八盖一看,哈哈,里面是一肚子的"争夺"。[9,10]一讲完,众诸侯哈哈大笑,而那个挤兑李耳的诸侯先笑后止,更为怨恨李耳。

柱下史官,收藏史官

周景王体恤李耳满头白发,站立记事,腰酸腿痛,便当朝宣布改变记事规矩,允许李耳可以背靠龙柱作记,官名即为"柱下史",并尊称李耳为"老聃"。这让老聃十分感动。作为柱下史,老聃必须三六九觐见周王,大臣文东武西站立两旁,他也得站立,经周王特许,他可以蹲靠在朝堂的明柱之下,记录朝议的点点滴滴。虽然辛苦,但能为社稷服务,老聃感觉光荣。所以,他就用一个代表朝堂明柱的小木头,绕发系在头上,以示自己是柱下史官,兢兢业业。久而久之,这也成为老聃的习惯和记号。于是那些敬仰和拜老聃为师者,也就刻个小木头明柱挽发于头上。六百多年后,东汉末年,道教创立之时,道士们就尝试这样束发,后来,由于头戴小木柱不甚方便,就干脆将头发挽成木头柱子一样的发髻予以替代。[9, 10]

在朝堂献祭典礼上,老聃认识了带领乐工演奏、烘托氛围的太乐大夫苌弘。老聃从苌弘所奏的音乐中揣测苌弘应该师承晋国太宰太乐师旷,两人一见如故,十分投缘。

前540年九月初九重阳节,天子封三十二岁的老聃为大夫级守藏史官,[10, 11] 相当于如今的国家图书馆、档案馆馆长。恰巧,苌弘本来就是守藏室的常客,他们就常有来往。与苌弘不同的是,老聃不愿听闻、议论,更不愿参与朝中纷争。老聃认为:每个人都应该去掉妄想欲望而保全朴素纯真,如果天天挣扎在斗争与欲望之中,势必折寿早亡,尽管似乎可以一时得逞,也难以改变事物的原有轨迹。

老聃任周守藏室史,数次归家省亲,欲劝养母随之去周都,养母却不愿远迁。几年后,养母病危,老聃遂报请天子允假,赶回时,七十九岁的养母已辞世,他将老莱夫人葬于隐山西北的小红洼。老聃伤心流泪,悲痛万分,无食无眠,静坐冥想后,恍然如释,饱餐大睡。家人和朋友均感意外,忙问其缘故。老聃答:"人生在世,需情智通达、聪慧合度。养母待聃,恩重如山,养母辞聃而去,聃之情难断。然而,人之生,由无至有,必由有返无。长久陷于情绪之中而不自制,违背自然。"所以2500多年来,当地人几乎都知道李母坟有两处:一处在小红洼,实际是养母坟;一处在太清后宫,那是生母坟。

老聃醉心于编写《德经》《道经》,即有关"道"和"德善信慈爱"学说的提升完善,而苌弘用心于《山经》《海经》的收集编写。老聃和芇弘常常讨论不到一块儿去，原因是老聃试图建立囊括宇宙亿万人事物并阐述"道"的简洁高深学说，整日琢磨"无为之为""无学之学"，并力劝芇弘一同参与。芇弘则对老聃的学说不感兴趣，却乐意研究鬼神虚化的世界及成仙方术，而恰恰老聃认为这些巫术是无稽之谈，嗤之以鼻。芇弘编写好的《山经》《海经》，老聃内心看都不想看，只是碍于面子，没有反对芇弘将《山经》《海经》存入守藏室的要求。当时老聃对此书还不够重视，就让其静躺在角落。[13]

老聃论阅读

一日，守藏室的助守官向老聃汇报，守藏室存有大周王朝之前的天下万国3000多年的珍贵典籍书函文物宝藏。收藏的文物有：1500年前失蜡法制作的、豪华精美的云纹铜禁，6500年前的七孔贾湖骨笛，1800年前刻有甲骨文的陶寺扁壶，3000年前的红山泥塑女娲陶像，6500年前长颈的桥头啤酒陶罐，以及最新的手工挖空的水晶杯，等等。典藏覆盖政治、经济、文化、教育、军事、技艺等，除了天、地、人三藏，还有礼、乐、诗、易等藏，普通人用尽一生都读不完。

大周王朝开国以来几百年，也仅有三人阅读完了全部收藏。创立了史籀文的史籀，共花了六十一年，读完后呕血而死；创立了天文算经的史髀，共花了五十六年，阅完耳聋喑哑；创立了阴阳相生十吕律的史柱，共花了三十六年，据说，阅完后他出馆大笑三声，大哭三声，神智失常，把所有经典忘得一干二净，变成了疯子。这三人的下场均很惨，可见守藏室藏有千古之谜。全部典藏中，有常人无法得见的、难以逃脱的奥秘、震撼和悲喜。[11]

老聃微笑着回应助守官："典藏当需阅读，但也不必强求全部读完呀。普天下的亿万人事物，可以专注一二，但不可以过于执着，更不可偏执，甚至偏狂。人们难道不知道这样的道理吗？偏执的人难以明了道德，就算学问再高，也难以解答天下亿万人事物的全部奥妙。此三位令人尊敬的先人，都因过于执着，强勉作为，蛮横使力，废寝忘食，结果令人叹息。"守藏室的经历对老子的成长、成熟和理论的体系化起到了重要作用。

老聃论治理为官

楚国才子崔瞿子来洛邑向老聃请教："天下该如何治理，如何能让人心向善？"老聃回答："如果想治理好天下，就应该谨慎善待人们，而不要随意扰乱人心。人心压抑就会消沉颓废，得志就会趾高气扬。这些剧烈起伏的情绪波动，如同受到拘禁或伤害，是自找苦吃。端正方刚、棱角外露，容易受到挫折和伤害；唯有柔弱因应，才能软化刚强。人的内心变化极其迅速，看似魂魄在此地，转瞬即可神游四海。情绪激动时好似熊熊烈火，情绪低落时好似凛凛寒霜。你说哪个事物会如此？处静时能深幽宁寂，活动时腾高跃天，肆意时狂奔无束，能够如此变幻无常的，恐怕也只有人心了。"[16]

老聃继续向崔瞿子介绍，当年黄帝试图用仁义来规范人性，结果却是扰乱人心，尧和舜只好疲于奔命，辛苦得很，累成腿上无肉、胫上秃毛。为养育天下苍生，他们满心焦虑地推行仁政，耗尽心血地制定法度，还是没能把天下治理好。尧放逐欢兜到南方崇山，放逐三苗到西北三峗，放逐共工到北方幽都，就是失治的明证。延续到夏、商、周三代，更是多方惊扰天下民众。如此一来的各种激荡，或喜或怒致相互猜疑，或愚或智致相互欺诈，或善或恶致相互责难，或妄或信致相互讥刺，天下也就逐渐衰败了。

因为基本理念和生活态度差异大，所以人类的自然本性就耗散混乱。天下都追求智巧，于是纷争迭起，不得不去规范，如试图用斧锯之类的刑具去制裁，用绳墨之类的法度去规范，用椎凿之类的肉刑去惩处。天下之所以大乱，根本原因在于扰乱了人心。因此贤者只愿长久隐居于高山深谷之中，而忧心如焚的帝王诸侯却常常居于朝堂之上。当今，失道丢德，杀戮无数，血流成河，牢狱拥挤，处罚众多。所以说，要想有道、有德善信慈爱，就必须杜绝自以为是的圣人，抛弃投机取巧、权谋暗算的智慧，天下就会平安无事（19）。

老聃指出为人者、做事者和为官者，如能守住四性：无为之性、自然之性、清静之性、少欲之性，则天下大幸。自然无为，就是让道去为，如此即得大道；自然低调而不争，让道去争，就成大德；不为外物扰乱心智，人就能胸怀天下，修心通达而广大。进而到达大道的境界：不以富贵为贵，不以长寿为乐，不以夭折为哀，不以通达为荣，不以贫困为丑，不将天下共有的利益变为一己之私，不将统治天下而视作自己显贵的身份；万物同在，生死一样，就是大道。[9]

老聃是这么说的，也是这么做的。他能力超群，却非常低调，如果说"小隐隐于乡，大隐隐于市"，那么老聃可以说是"神隐隐于朝"。[15]

五、贬后访鲁，初遇孔子

周景王的儿子很多，嫡世子名叫姬猛，姬猛同胞弟弟叫姬匄。嫡世子，是周天子的原配夫人所生并且因周天子打算让其继位，故被立为世子。在庶子中，年龄最大者，也叫长庶子。姬朝聪明过人，是周景王最为喜爱的长庶子，人们习惯称他为王子朝。一次，王子朝拜访老聃时说："据说您在创立包含天地生、人事物的大道学说，倡导众人皆谦让不争，和谐安宁，慈爱良善，真朴自然，辛勤劳作，将一己私利置后置外，不肆意妄为。您为了天下黎民的胸怀境界令人敬佩，但这样曲高和寡、违反人性的学说，难以实行，无法实现。"对于别人的不同意见，老聃不管对错，一向善心以对，微笑沉默回应或者简单说明一二，不争辩不强理，因为老聃历来认为"善者不辩，辩者不善"（81）。王子朝继续说："而鄙人则不然，主张争斗夺取、满足己欲是人的本性。如果说这就是恶的话，那历朝历代的帝王也就都算作是恶了。善性的谦让只能是暂时的、表面的，而

恶性的夺斗则是永恒的、普遍的，永久的。"听到这些，老聃只好礼貌地沉默以对。[10, 14]

前535年，周景王十年，三十七岁的老聃因为清高孤傲，不愿与朝廷官吏掺和在一起，受权贵排挤，最终因谗言陷害而被免职。老聃的儿子李宗，从出生以后，就被一直寄养在居于沛地的姑奶奶家。于是老聃就到沛地去看儿子，途经鲁国巷党，正好他的一位住在当地的友人去世了，人们都知老聃精通周礼，就请他帮忙安排丧事。

送葬那天（目前推算是阳历3月18日），年仅十七岁、十分好学、爱钻研周礼的孔丘也应邀参加葬礼。人们传说，孔丘从小不喜欢孩子们玩的游戏，而专喜欢摆弄瓶瓶罐罐的祭器，还喜欢模仿大人的礼节仪式。那天出葬行进中，午后刚过，突遇日全食，天渐渐暗了下来，阳光穿过树叶投射到地面的影子与天上残存日牙的弯曲方向正好相反，随着光线变暗，气温在下降，一阵寒气阴风扫地而过，随之周边几近一片漆黑，都能看到天上闪耀的星星。老聃让送葬的队伍停止前进，靠右站立，停止哭泣，待日食过后再走。而在前面引导灵柩的孔丘知道老聃精通周礼，只能照办，但心中很是不解。

送葬归来，孔丘向老聃表示，中途停柩不合周礼，且日食究竟会持续多长时间，没人知道，久停会令死者和家人不安，当时还是继续前进为好。老聃向孔丘解释："诸侯国王朝见周天子，都是日出上路，日落前休息并祭奠车上的祖先牌位。大夫出国外访也是见日出赶路，日落即休息。送葬也如此，不在日出前出殡。那些顶着星夜赶路的，往往是有罪以及回家奔丧的人。日食时天黑如夜，不应把别人刚去世的亲人置于星夜奔走的不吉的境地之中。故出葬遇日食，应当停下来，待日食过后再走。"[10, 15]

在这段时间，周景王十三年（前532），齐国贵族内乱，孙武避难逃亡吴国。

六、回都复任，孔子来访

老子被免职五年后，前 530 年，陷害老子的那个大臣因罪被周天子所杀，老聃就被甘平公召回，重新做上了守藏史。

前 526 年，周景王十九年，鲁昭公十六年，孔丘二十六岁。尽管那时孔丘在鲁国已经声名大振，许多人前来拜师，但孔丘觉得自己在大周天下仍缺乏声誉，有关周礼的学习和传承，尚不够系统完整，生怕误人子弟，所以他想外出访学。孔丘想起自己助葬时曾跟随老聃，老聃的短短几句教诲，让他印象深刻，久久回味，惋惜当时没有多讨教几句。

孔丘心想老聃知识渊博，在周朝都城洛邑，管理着无数的典籍，洛邑还有大周天下值得瞻仰的宗庙。于是，他请南宫敬叔同行，一起去洛邑学习周礼。南宫敬叔向鲁国国君鲁昭公提出与孔子同行的请求，国君赞赏他们的求知行为，鉴于他们比较清贫，就赏赐车一辆、马两匹和仆人一名，并让他们带上一只大雁作为见面礼，去拜见老聃。[5, 11, 12, 15, 17]

得知孔丘来访，老聃非常高兴，主动迎出门去，把孔丘接进客堂。孔丘继续就丧礼求教，如君臣众人、男女老少的葬礼仪式差异在哪儿等，老聃一一作答，而其中涉及的诸多方面的具体规则都被孔丘记录下来，如今也成为中国传统葬礼文化的重要内容。老聃认为，死亡乃自然过程，适当表达，不可过分。如果连葬礼都过分耗费，讲究等级层次，就不符合道德善信慈爱的做法。

中国古代，特别是周王朝把"礼乐"放在精神感化的重要的地位。在周王朝从事记史和图书典籍管理数十年的老聃，早已目睹了形形色色的官场腐败、骄奢淫逸和寡廉鲜耻之事，对周礼有了更深的认识，窥视到了人们把周礼作为彬彬有礼、脉脉温情的面纱去掩盖计谋、狡诈和阴险，周礼成了谋取私利和权力官位的敲门砖。老聃对周礼盛行所带来的习气有所警惕，如好大喜功、等级森严、拘束人心、重表轻里、忽视道德。但见孔丘，年纪轻轻却对学习周礼表现得如饥似渴，非常健谈又好为人师，隐约流露出骄矜好胜和急于从政的功利之心，老聃不好意思当面泼冷水，但想找机会规劝。[15]

老聃看得出孔丘志向远大，既想成名师、做好学问，又想成为贤臣君子，治理好天下。老聃发自内心地欣赏孔丘的满腔热情但又担心孔丘的未来。有一次，孔丘引经据典，侃侃而谈，老聃说："你所提到的那个人，其人身与骨头皆早已腐朽，只有这些言论仍然流传在后人耳边。死读书，不但无益，而且有害，不能信而好古。"老聃又说："将来你若能身处一线、亲临现实，直接造福民众，当然是好事；而将来你若能深研学说，广而造福千秋万代，当然更是幸事。是为官还是为学，要看其时看其遇。君子得其时则驾，不得其时则蓬累而行。生逢其时遇良治，就出来做官干事业，如果不得其时，那不妨像芦苇蓬草那样惬意地随风飘逸，不必那么固执。"孔丘答应道："弟子明白，天下有道则见，无道则隐。"[18]老聃的这些劝说，对孔丘以后的为人处世，产生了积极影响，使得孔丘能游走在出仕为官和归隐治学的矛盾之间，即使在那黑暗的世道，孔丘的一生轻松豁达，基本没有压迫感。[15]

孔丘告辞离别守藏室时，老聃送他出门，嘱咐道："临别赠礼有多种多样，我听说富贵者赠人钱财，品德修养者送人良言。我无钱无财，只可勉强算是良善之人，送给你几句忠言，以作临别之礼！一个人如果自以为是，认为自己聪明、见多识广，好议人长短，自以为自己的见解深刻，那这种人就近于死亡。真正聪明的人，即智者，不愿表现出聪明，并不标榜智慧，常是不多言、不善辩，因为他懂得多言必多败的道理。一个人若自以为知识渊博，没有自己所不懂的，总爱揭露别人的隐私或错误，那这种人就已身处危境。真正聪明的人，即智者，心态平和、言行冷静，他们普通平常得好像无知无识，平淡平凡得好像愚憨笨拙，因为他们懂得惹是生非、多事必会多患的道理。真正有钱的商贾总是把财富隐藏起来给人以缺钱的表象。真正的道德君子看起来就有点傻样。年轻时需要去掉骄娇二气，以及过多的功名欲望、好自我表现的毛病。请谅解我，因

为你必成大器，我希望你成功，你送我大雁为礼，所以我也礼尚往来，但我认为送礼不如送道！"[8, 13, 15, 16]

几日之后，孔丘再次短暂拜访老聃，老聃询问孔丘是否习惯洛邑的生活，孔丘说洛邑一切都好，就是没有森林，五行缺木。老聃也感叹："正在思量此事，尚无良策。"谈话间孔丘突发奇想，由五行联想到"酸甜苦辣咸"五味，随口而说："酸味正好能补五行中木的缺失，应对人身体有益。"老聃表示赞同，甚是兴奋。后来老聃根据酒圣杜康的儿子黑塔发明的酸酸的"苦酒"，去研制可以食用的鲜美酸味。他竭尽各种可能，在经过九九八十一种发酵酿造试验筛选后，终于发现一种有香味的酸，叫"醋"，并请孔丘品尝，后人因此赞誉老聃为"醋祖"。最初老聃酿造出的醋量很少，只够作为贡品敬献宫里，民间少见。后来老聃隐居后提高了发酵酿造技术，苦炼仙丹，济世救人，为百姓食疗治病，这些可能也是以醋治病的最早例子。毫无疑问，老聃的长寿，与吃醋应该有很大关系。

孔丘总共在洛邑待了三个月，老聃安排他阅读了大量从未见过的典籍[12]，并请苌弘和孔丘谈音乐、天地、历法等。[11, 13]

孔丘在洛邑太庙见到金人铭文后，更加理解老聃所言。夏商周时，立国必立祖庙。根据周礼，天子建太庙，诸侯国建宗庙，以利祭祖。这些是世代缅怀祖德、教化子孙的神圣场所。太庙是每个政权最神圣之地。被称为中国第一圣人的周公姬旦，口嘱铭文令人刻书于太庙金人像的后背，俗称《金人铭》，它是最早的家训，号称"家训鼻祖"。金人的口部贴有三个封条，成语"三缄其口"即由此而来。《金人铭》从黄帝始，历经陶文、甲骨文等形式，辗转记载汇总，在周公时代，被记刻下来，期望与金石同寿，千古永存。

铭文大意是：古来慎言者，始终警戒！不要多话，多话多败；不要多事，多事多患。安乐时必需戒备，没有行动能弥补后悔。无视既有的损伤，祸害将会滋长；无视既有的危害，祸害必将增大；无视既有的残殃，大祸必将到来。不要自以为没人听见，神灵时刻关注人间。火苗不灭，大火成祸。溪流不塞，将成江河。绵绵不绝，可成大网。恶苗不拔,将寻斧砍。诚能谨慎,幸福有源。别认为瞎掰胡说无害,实是走进灾祸门宅。蛮横狂妄不得善终,好胜傲慢终遇敌强。盗贼恨财主,民众怨其上。君子明白谁都愿居人上,所以谦下礼让不为先,赢众爱慕。慈柔谦下,反而无人敢与之争。人皆争名逐利,我要善守大道。众人皆迷惑随流,我要独立不随从。内藏我智,不炫巧技。我虽尊高,人不害我。江海比百流川溪宽广,因其甘居低下卑位。天道无亲无私,常于天下善人。要警戒啊!

孔丘读完铭文,回头望着众弟子说:"我们要永远记住这些话,因为它真实而有用,情真而可信。"[11, 15, 19, 20]

老聃的谆谆教诲,给孔丘很大的警醒。孔丘深以老聃为师,谦虚谨慎,从善如流,声名更盛。他认真听取老聃劝导,收敛锋芒,加强自身修养,从此养成了温良恭俭让的性格。[15] 孔子感慨要不是老聃的启蒙,自己都不知道天多高、地多厚,世界有多大。[16]

前 522 年,大周天下又发生了一件大事,楚平王纳秦公主孟嬴,听信谗言欲诛杀太子建,杀伍奢、伍尚,伍员奔吴。

七、担责被免,孔子再访

前 520 年,发生了王子朝之乱,动摇了东周王朝和大周天下的各诸侯国,也影响了老聃的命运。[10, 15]

在此之前,即前 527 年,周景王十八年,被立为储嗣的嫡长子寿夭折。周景王又立寿的胞弟猛为储君。谁知此后,周景王却越来越觉得自己的庶长子朝最有帝王潜质,几次欲改立王子朝却迟迟不见动作。宾孟是王子朝的太傅,早就希望周景王改立储君。有一次,他在郊外看见一只公鸡啄断了自己的尾巴,说:"鸡都怕自己漂亮的尾巴成为别人的牺牲品。"以此委婉提醒周景王别让自己喜爱的儿子朝最终成为自己的"牺牲品"。

前 520 年,周景王终于下定决心,欲利用打猎的机会设局除掉支持太子猛的单穆公旗和刘献公挚,以便废猛立朝。但在七月中旬的打猎中,周景王却突发心脏病,在濒死前还当着众臣的面将改立托付给宾孟。巧合的是,周景王死后几天,刘献公也暴病而亡,其子继其位为刘文公,刘文公秉承其父意志,反对改立。这一祸根开启了东周十八年之久的战乱。

周景王的去世,令老聃深感悲痛,既为一位有恩于他的天子离他而去,又为大周天下可能失去最后的稳定而担忧。在各国你争我夺、众人尔虞我诈的时代,一次蝴蝶翅膀偶然的扇动,就可能把天下带入完全不同的境地。周景王驾崩之后竟然无人马上即位,猛、朝双方表面和谐,暗地里剑拔弩张,种种不祥的迹象表明,大的分裂、冲突乃至战乱正在酝酿。作为一个学官,老聃也是无能为力,只能终日郁郁寡欢,与苌弘交流对时局的看法,两人的心情、期望和处境完全一样。

现在看来,周王朝之所以能绵延八百年,一是给有贡献的诸侯们分封小国,施恩并钳制,如此小国就多多益善,允许各诸侯国在一定范围内你争我夺,让他们无暇也无法对居于其上的周王室产生直接威胁;二是宗法、周制礼乐有序规范着治理体系,周王室内部的天子继位一直没有发生大的问题。然而,现在诸侯国之间的问题已积累数百年,弱小就会被欺负,只有成为霸主才能欺负人,和平共处的可能性早已烟消云散,已近"合久必分"的临界点,大小强弱之间的冲突兼并成为趋势;而这时,礼崩乐坏、妄欲横行、争权夺利,天子之位的继承成为危险的爆发点。

王子朝能干、性格顽强好争,而且有先王临死前明确的态度,所以老聃同情朝,但反对争执,希望他们兄弟和好,最好能找到共存的通道;苌弘偏猛,也希望他们兄弟和好,找到共赢的可能。怎么办?老聃其实并不在乎是谁继位,而是希望大周天下平稳安宁,民众安居乐业,一切自然成长渐变,为何不能有规则地共和执政、共同领政呢?理想归理想,该如何解决迫在眉睫的现实冲突?苌弘与老聃同感并希望以不同于文武官员的思路和行为,通过劝和,能为局势降温做点什么。[12]

古代认为，礼、乐关系国家的兴亡，国兴，礼乐兴，雅乐兴；国衰，礼乐衰；国亡，淫乐盛。老聃向苌弘提议："大周王朝以礼乐立天下，音乐可以陶冶情操，你苌弘领头，我协助并找一些人，开一个以哀悼周景王为主题的哀乐聚会，结尾压轴时，我们演奏合唱弘扬兄弟情谊的雅诗《棠棣》如何？让此事传遍天下，以情来含蓄地间接劝说猛、朝兄弟二人。"苌弘当即赞同。[10, 11, 13]

合唱那天，他们演奏了哀乐，悼念周景王，最后以感人至深的配乐唱诗《棠棣》结尾。结果一传十，十传百，不仅王城百姓议论纷纷，文武百官也都知晓了，但两个王子均未表态。苌弘建议说："光如此还不行，应该直言劝谏！"老聃也表示赞成。老聃先写了奏章上呈王子朝、王子猛，希望两位搁置争议，共同服务大周社稷。老聃细说和平共存、共同执政领政的可能性，及对个人和大周天下的重要性和意义；同时分析争执之下，天下大乱、分裂冲突、生灵涂炭对大周天下的破坏和对两人声誉、权力和利益的负面影响；最后也提醒第三股势力或者第三者乘势而起的可能性，以及对两人的危害。老聃恳求面见朝和猛，正在等待接见之时，随后发生的事情，使得老聃劝说猛、朝团结的希望彻底破灭。

单穆公和刘文公重权在握，违背天子遗愿，坚持要拥立王子猛继位。这引起王族大臣们的极大不满，但大家敢怒而不敢言。两人又与宾孟争执并将其杀死，此后搞"集中学习"，公然召集、规劝、逼迫众王子发誓拥戴猛为天子。如此行径激怒了都城的众人。周景王葬礼刚刚办完，都城中那些旧官、百工以及周王族人联合周边众多地方武装，在王子朝的带领下，追击驱逐刘文公。单穆公也逃出了都城。支持王子朝的八个王子弟弟讨贼心切而计划不周，在追击单穆公的过程中发生失误，反而全部为后者所杀，最终失败。

单穆公和刘文公打回都城，赶走王子朝，立王子猛为天子，世称周悼王。随后，单穆公等调动军队追击王子朝，反而出人意料地大败而归，故而慌忙向晋国求救，晋军护送悼王入居王城。前519年11月，接连不断的战乱和众王子的丧生，使得悼王自觉无脸面对列祖列宗和向天下黎民交代，忧惧中急病而亡，他的同胞弟弟王子匄被拥立为天子，也称敬王。此时，王子朝深获民众支持，敬王只是晋国傀儡。晋军和周敬王的军队联合讨伐王子朝，王子朝受挫。次年，当晋军撤走后，王子朝则率军战胜敬王军队，再次入居王城，自立为王。敬王逃到翟泉，造成两天子并立的局面，王子朝被称为西王，敬王被称为东王。

周敬王四年（前516），敬王复请晋军帮助，王子朝兵败，携带巨量的大周典籍逃往楚国。其间，王子朝挟持老聃一同逃跑，老聃也是身不由己。王子朝投奔楚国后，一直称老聃为圣人，劝楚国招老聃为官，楚国派来传话使臣发出邀请，被老聃谢辞。王子朝在楚国将周王室叛乱原委广而告之，并号召诸侯国共同伐晋，但各国畏晋，不敢出头发声。

老聃记得苌弘多次和他讲《山经》《海经》的重要性，并希望老聃能加以评论，过去老聃也就是礼貌地应付一下。在逃跑的路上，为了对得起朋友，老聃将这两本书一直带在身边，最后藏于收藏室。但由于长期疏于管理保护，这两本书上有关苌弘及其他编辑者的名字，早已被虫蛀得一字不存。老聃越读《山经》《海经》，越觉得有趣。尽管周朝的其他典籍已被王子朝洗劫一空，没了下落，而苌弘编写的这两本书一直流传至今，即《山海经》。[13]

前515年，五十七岁的老聃，因为巨量藏书被王子朝裹挟运走，属于保护不力，不得不主动担责，[9, 11, 17]被免后他离开洛邑回乡，此时儿子李宗已回曲仁里成家立业。离开洛邑时，老聃被大周王朝的太学生们挽留，请他讲大道和国家治理。[14]

孔丘自上次就周礼请教老聃之后，学识更为成熟、圆满，成为谦谦君子，拜他为师的人更多了，而他并不满足于只在鲁国取得的成就和影响，而不断主动到大周天下的各国各地访问讲学。在孔丘三十七岁时的某天，子路对孔丘说："老师，听说老聃被王子朝掠走典籍逃楚之事所累，已被免职回到老家苦邑居住。老师您如想要把这些重要的书籍典册藏于周王室，以便万世长存，是否可以考虑向他请教？"孔丘很是赞许，于是，周敬王五年（前515）孔丘第三次拜见老聃，他带着子路等学生和准备赠藏于周王室的书册典籍来到了苦邑。

孔丘见过老聃，说明了来意，然而大大出乎意料的是，老聃拒绝了。老聃认为，连续的战乱和王室内乱中，周王室藏书实际已名存实亡、徒有虚名，此时藏书于王室则无异于自寻毁灭。再者，时局的变化说明，周礼已经不合时宜，礼违反人性、人道，更谈不上与自然之道、地道、天道、大道兼容。要真正地遵守、拥有大道，首先就是恢复天性、本性，返朴归真，而不是一味追求繁文缛节、虚情假意、礼乐仁义。

与老聃内心越来越重要的大道理念相比，周礼已经不合时宜。老聃为孔丘热衷于搜求整理这些有关周礼的书册而感到不值和惋惜，孔丘则坚持用六经的学说和价值来说服老聃。对周礼及理论体系早已烂熟于心并有许多批判性思考的老聃，不便打击孔丘倾心周礼的热情，就婉转地请他讲述扼要。于是，孔丘说："六经宗旨在仁义。故我以仁义衡量一切。"老聃微笑反问："仁义是人的本性吗？什么是仁义？"孔子答道："心正无邪，和乐无怨，爱众不偏，利民无私，这就是仁义。"老子摇摇头表示不同意："何以见得？良好愿望与残酷现实和大道规律是不一样的，关键差异在如何看待无私，历史经验或者实际生活都证明，所有大讲无私的，实际都是为了实现自私。作为人，即使是所谓的天子或者圣人，真能做到无私心、无私欲吗？对于人而言，真正可以倡导的是少私寡欲（19），而不是无私无欲，凡事适可而止；就时空宇宙、天地人间而言，只有大道才是朴真，才能是无私无欲、不偏不倚、自然而然，而人道、地道、天道只是依次递进的对大道的模仿跟随，其朴真程度由弱到强。人道明显有弊病，如多者愈多，寡者愈寡，故须以大道校正人道,尽可能实现公允公道。可惜的是礼乐已经离人性、人道太远,离大道更远。对于人而言,不要苛求人,不可逼人虚伪。如果某人能有所脱俗、朴真,就已经相当完美。"尽管孔丘没有能够劝说老聃接受他的请求,但老聃对世界、社会、人类的深刻见解,还是让他非常震撼。[14, 15]

八、再次复任,孔子两访

前509年,老聃六十三岁,周敬王感念老聃学识胆量过人,并不偏不倚,所以就召他回朝,继续为史官重整文化和典籍。[10, 11]老聃因此临危受命回朝,周天子和众臣们尊敬地称呼老聃为老子。

在大周两王争立中,晋国支持周敬王,楚国支持王子朝。为报复楚国,单穆公等与楚国宿敌吴国结盟,使楚国无力他顾,也难以帮助逃亡在楚的王子朝等卷土重来。周敬王八年(前512),吴王阖闾开始大举攻楚,楚师疲于奔命。周敬王十四年(前506),在单穆公纵容下,晋国与十五国诸侯会盟伐楚,但未获成功,晋国失信于诸侯。同年,吴国军师孙武协助伍子胥、吴王阖闾大举伐楚,攻入楚国都城。早在前517年,孙武因不堪齐国战事频仍,离开故乡,南下吴国,并在吴国结识了因避难而来的伍子胥,自此成为莫逆之交。

周敬王十五年(前505),周敬王、单穆公派刺客到楚国杀死了王子朝,避难在楚的以儋翩为首的王子朝的剩余人员无法躲藏,潜回王城,发动大起义,吓得周敬王仓皇而逃。次年四月,周敬王在晋军的帮助下重新攻占王城。周敬王十八年(前502)春,周敬王彻底粉碎了暴动。

随后数年,老子年岁渐大。前501年,老子在七十一岁那年请求辞职,只获得周敬王的部分批准,允许他回老家苦邑,但要随时准备回洛邑,即处于半退休状态。自前501年起,吴国、楚国之间仇恨难解、战火不断,吴国军队打到了靠近苦邑的地方。众徒弟和家人均力劝老子躲避，老子只好跑到沛地乡间隐居。在这个与世无争的僻静之地，他思考着周礼的得失和不可弥补的缺憾，探索符合大道的治身、治世的途径和方法，时时仰望星空探索时空宇宙的本原，逐步形成了系统完整的大道学说体系：一切的本原是大道，大道以无为本、有无相生，从古到今，存续永远，大道独立，自然而然，公平德善；由大道衍生出天道，由天道衍生出地道，由地道衍生出人道，人道是优劣参半、好欲易贪，而礼乐仁义则是天下失道后人们的无奈选择。于是此时人们传说老子得道了！

前501年（鲁定公九年），孔子五十一岁，被君主派到鲁国当中都宰，即今山东省济宁市汶上县西南地区的行政长官，大概相当于县太爷。中都社会风气恶劣，他想请教老子周礼，以匡扶社稷。苦苦探索天道而不得其奥秘的孔子，闻知老子得大道之精髓，不禁羡慕好奇，打听到老子隐居沛地的住址后，孔子就带上学生，来到沛地老子隐居之所。这是孔子第四次问礼于老子。

老子见到孔子，说道："欢迎光临寒舍！祝贺你！听说你现在已是北方声名显赫的贤良大德，你是如何认识天道的？"孔子答道："我都还没寻得天道，哪能认识天道。"老子又问："那你是如何寻求的，又是如何求证的？"孔子答道："我废寝忘食从制度名数去寻求，数年没找到。后来又从阴阳的变化中去寻求，数年后还是没有找到。"[15]此时，五十多岁的孔子，看上去比老子还要苍老。

老子说："包含了阴阳等一切的所谓大道，确实是无法通过目见、耳闻、言传等而感知的，是用人们熟知的世俗智巧所不能把握的。因而如欲得道，只能够用心悟道、体道合一。如想用对待有形、有声、有物那样，通过目、耳、嘴、手去认知道，那么获得认知的将绝不会是道。你寻求十二载而不得，那是自然的结局。你想想看，对于世俗之人而言，若道是能作为贡品奉献的，官宦首先就会敬献给君王；若道可用于进贡，子女首先就会进贡给父母；若道可告知别人，人们首先就会告知兄弟姐妹；若道可给予他人，人们首先就会给予子女孙辈。寻道，关键在内心觉悟。心不自悟则无法保有道，如心能自悟道，还须与外界生态环境相印证。如果得不到印证，道就不会畅通无阻。所以，当内心悟有道，但外人无法理解时，圣人便不以道去教育这些人。当一个人仅从外界获知了道，但心中尚未真正领悟道，圣人便不会以道去教诲他。大道无形而谦逊，一个人的形迹太张扬，不懂得'和其光，同其尘'（56），一定会遭遇许多灾难。"[12]

老子对孔子说："静神安息，才能立于大道，发现根本，抓住规律。观人事物最根本的一条，就是能视反向极端为同一、等齐，最好不要有是非、贵贱、荣辱、生死等差别概念。因为这些分别均来自人的好恶等价值观评判，事实上这些互为矛盾、互相对立的两个或者多个极端，均处于瞬息万变的状态，就像是硬币的正反两面，可以互变，同一而无别。知晓了大道，就能够因应变动而不郁闷于心，一切泰然处之。"孔子轻松地笑道："谢谢您！我明白了！朝闻道，夕死可矣。我三十立业，四十不惑，现在五十一了，终于知晓道的意义，知晓造化的意义了。天造我为什么我就为什么，并顺性而化，为鹊则鹊性，为鱼则鱼性，为蜂则蜂性，为人则人性。鹊、鱼、蜂、人虽不同，然而它们顺自然而变化的方式是相同的。顺本性而变，依道而行；立身虽不同，神游却大同，合一于大道。日日求道问道，不知道即在吾身呀！"

孔子回到客栈，一直琢磨着老子的话，总觉得似懂非懂、恍恍惚惚。整整三天，他一言不发。弟子们问："老师您见到老子了，有什么感触呢？"孔子答道："鸟，我知其善飞；鱼，我知其善游；兽，我知其善奔走。要抓住这些飞禽走兽，轻而易举。善飞的鸟儿，用箭射获；善游的鱼儿，用网捕捉；善奔的野兽，用陷阱擒获。至于天上的龙，我无法知道龙的形象，也不知它是如何乘风飞天的。今天见了老子，就像见到了龙一样啊！他真是我的老师，我学习的榜样啊！"[8, 10, 11]

二十岁的子贡，听到自己崇拜的老师竟会如此形容老子和大道的学说，心中很不服气，便说："岂有凡夫肉身能够从容淡定而精神如龙腾飞于天，默语不言却感人至深如雷滚大地，一旦启动就如天地运行不息的？我倒要去瞧瞧是何方神仙！"他在征得老师孔子的同意后，便以孔子学生的名义前去拜见老子。子贡说："尊敬的老子，三皇五帝治世方法各有不同，但都青史留名。可您说他们不是圣人，何以见得？"老子说："小伙子，黄帝的治理，使民心淳一；舜的治理，使民心竞争；禹的治理，使民心多变。虽说都是治理，但逐步偏离了大道的指引，实际弊乱越来越大。三皇依仗其超人心智治理天下，却自鸣得意，忘记了大道的指引，上不见日月之光明，下违反山川之精华，中破坏四时之运行。这能成为圣人吗？"这一番闻所未闻的批判性评论，吓得子贡连拜而辞。[15, 16]

从老子那儿回去以后，孔子时常思考何为道，如何为道。他在中都打击投机倒把，大力整顿市场秩序，严厉打击坑蒙拐骗行为，留下了许多传说故事，至今仍给人以深刻的启示。此后，中都出现了路不拾遗、夜不闭户的景象。至今汶上的大街小巷还流传着孔子宰中都的很多往事。

也就在这一年（前501），某日，老子骑牛行至梁（今河南开封）之郊外。闭目养神间忽闻有人叫"先生"，睁眼一看原来是杨朱（杨朱，魏国人，曾入周太学，当年曾拜老子为师）。没想到在此相遇，杨朱跪拜于老子跟前。老子扶起杨朱，两人并行而进。老子问："你近来忙啥？"杨朱笑而施礼道："来此访先居，置房产，饰梁栋，招仆役，治家规，好不欢畅！"老子说："有卧有食足矣，不必多张扬。"杨朱听了老子的话，有点不好意思。得知杨朱现居于沛（今江苏沛县），老子和他正好相伴同行。乘船过河时，老子与同渡乘客亲切笑谈，而杨朱昂首挺胸、孤傲不凡。

他俩一起到客栈住宿，杨朱自恃名满天下、声名卓著，就趾高气扬，自我感觉良好。客栈的老板、老板娘、店小二等围着他，跑前忙后，生怕怠慢。杨朱当时的影响力已在孔子之上。老子看着杨朱，长叹一口气："本来我认为你还是可教的，现在看来难啦！"说完就不再开口了。杨朱吓得不敢说话，马上以弟子之礼帮老子脱鞋递茶，随后跪坐在老子面前说："待您有空时，请您说说我的过失，请多指教！"老子说："你傲慢并自命不凡的神情让谁还愿意和你在一起。切记，最洁白的东西，看起来就好像有污点；道德崇高的人，看起来就好像私德、公德上还有点缺陷或者不足。"（41）杨朱连连点头。老子继续说："贤良君子与他人相处，如同冰释于水（15），浑然一体（25），舒适自然；与人同事，如仆人谦下，不敢为先（67）。总而言之，要做到洁白无瑕而好似能含垢藏污，德行丰厚而好似也鄙俗平常。"（41）杨朱听后，一改原先的傲慢，貌不矜也不恭，言不骄也不媚。老子赞许道："合于道矣！"幸得老子的一番教诲，从此以后，杨朱外出在客栈就是另一幅和谐画面了。他放低自己，尽量让自己混同于一般人，客栈里的店员和客人们都争相与他并肩而坐。

在与老子的交谈气氛缓和以后，杨朱问："如果一个人敏捷果断，洞察事理，深知道之所在，勤奋而不知疲倦，这样的人，能算是好领导、圣人或者贤明君王吗？"老子说："和圣人相比，这只不过是小聪明、小本事罢了。就像那衙门口的衙役，凭一技之长而获个职位，劳形劳心罢了。为什么要炫耀自己的小聪明、小本事呢？虎豹身上有绚丽漂亮的花纹皮毛，因而会被人围猎；又如猿猴身手矫健，会攀跳逗人快乐，所以会被人拴牢。你能说这样的人有智慧吗？他们虽有长处，但怎能与好领导、圣人或者贤明君王相比呢？"杨朱甚为尴尬："那好领导、圣人或者贤明君王该怎样做呢？"老子说："真正的好领导、圣人或者贤明君王，治理卓越，功盖天下，却很低调，不愿邀功，好像没有功劳一样；恩泽同僚遍及万物，却不张扬，以至于大家并不知道实际上十分需要或者依赖他；众人都知道有他这个人、这个领导而已，并不知道他做过些什么，他让所有人事物各就各位、各得其所；他立于神秘莫测之地，好像什么也没有做，遨游于虚无境地，事实上实实在在地把什么都做了。实际上,他在让大道发挥作用,让道在做,让每个人都在做,而他则为道的运行、民众的首创,发挥了关键而隐秘不可见的辅助作用。"这一番对话,对杨朱的冲击很大,对其修养的提升、学说的完善,起到了重要作用。后来,杨朱的影响远胜儒家,与声名显赫的墨翟(墨子)齐名,孟子对此有明确的评价。[14-16, 21]

  此时,老子的弟子庚桑楚在楚国传播大道思想,使人们知晓老子的理念,如"不尚贤,使民不争;不贵难得之货,使民不为盗"(3)。庚桑楚教授众人简易的养身修行方法,即以道法自然的方式去保养身体、平和心态,不要被外欲所扰,慢慢就能到达道德的境界。

  庚桑楚个子矮小,其貌不扬,早年听老子讲课时,众人争先恐后,而他不争不抢,总是在人群的后面。老子注意到他心性沉稳,目光坚定,人中少见,就在课后将他留下,对他说:"你日日来听课,但不见你说一句话,你是否有想说的话?"庚桑楚叹息:"各国穷兵黩武,民不聊生,黑暗啊!"老子说:"很好!你是个心怀天下的贤士。军队本来是国家以防不测之器,不是君子轻易使用的,只有在迫不得已时才对外使用的呀!"(31)庚桑楚说:"我遇到一位将军,常向人们夸耀他偷袭得胜,杀死无数敌人,血流成河。"老子说:"出奇制胜,无可厚非。但如果炫耀这种战术能毙敌无数,就是乐于杀人,如此就不光彩,这样的人难以取得天下。"(31)庚桑楚又问:"如何用兵才符合大道?"老子答:"合道的用兵是不主动进攻,宁愿逼迫反击,不轻易向对方推进一寸,宁可退让一尺。以此,行动前让对方看不到你的动机,欲进攻却不让自己的臂膀暴露在先,欲杀敌却不露兵刃,欲制服对手却让对方误认为自己天下无敌,从而麻痹对方,让对方轻视你。灾祸的降临莫过于轻视敌人,轻视会丧失所有的优势。所以两军实力相差无几时,能认识自己不足的军队当然必胜。"(69)庚桑楚接着问道:"将军应该如何看待战场胜负?"老子说:"捷报可鼓舞士气,败仗会让人们清醒。偏将军重在威猛,上将军重在大局。身为将军,对阵亡者应予以缅怀,即使获胜,也应以丧礼处置。"(31)庚桑楚又问:"对敌人也如此?"老子答:"就算是敌人,他们在参战前后并没有什么区别,都是为人父母、为人子女、为人骨肉兄弟。一个敬重自己对手的将军,也必将赢得对手的敬重;一个善待对手的将军,也必将被对手所善待。"[12](31)

庚桑楚有个徒弟,叫南荣趎,因为他很难与人相处,也很难包容别人。人们因此开他玩笑,说南荣趎的性格和他的名字发音很像,即"难容处"。有一次,南荣趎向庚桑楚求救,庚桑楚对他说:"不要胡思乱想,抱神守静,冥想修心,如此不过三年,就会好。"南荣趎说:"先生说的这些话,我耳朵是听到了,可就是进不到心里去呀。道理我都懂,但我就是难过郁闷,觉得一切都没有意思,过不好这一生。真是生不如死呀,我根本没有信心再活三年,哪还有情致去冥想打坐、抱神守静呢?"庚桑楚说:"那你也真可怜,我才疏学浅,无法化你,你还是到南方找我的老师老子吧,他肯定能感化你,能够给你帮助。"

后来,南荣趎就真的带着干粮,走了七天七夜,来到了老子的面前,说明了来意。老子就问:"你为何带那么多人来?你身后站着许多人。"南荣趎吓了一跳,回头张望后,发现身后明明没有人呀,他茫然不解地看着老子。老子慈祥地微微一笑,说:"你没懂我的意思。真可怜!你进来时,从你的眉宇印堂,我就看出了你大概是什么状态。你看你,六神无主、心不在焉、生无可恋,就像亲生父母坠入汪洋大海而无法救助,叫天天不应,哭地地不灵,孤独的你无助茫然,手拿细小竹竿四处搞鼓,想把父母从海里救出,可就是不得要领。你想做个正常人,可你根本不知道咋做呀!"听了老子的一席话,南荣趎一阵心酸涌上了心头,时而低头流泪,时而仰天长叹,最后无法自制地哭得浑身发抖。于是老子让南荣趎到弟子的寝室休息一下。

哪知南荣趎这一休息就闭门躺了十天,而后打起精神再见老子。

老子说:"你梳洗得一尘不染,头发锃亮,纹丝不乱,但是我依然感觉到你内心有脏东西在往外淌。"南荣趎长叹说:"说实在话,朋友和家里人都认为我有病,可我觉得我没病。我实际上什么都看得很通透,看穿了以后,就觉得一切都没意思,活着也没意思。我不想听什么崇高大道,您老如果现在给我讲道,只会让我更糟,还不如把我给杀了。我只想听听您给我讲讲养生保健的技巧,怎样才能够让我睡着觉,而不是常常一阵阵难受、后背会时不时地发热?"老子说:"你能不能像婴儿一样,将死呀活呀放在一边,婴孩才不会考虑什么恩怨是非,吃睡拉撒顺其自然本能,从不担心什么,也从不问为什么。如能这样,心田自然滋润如春水流过,永不停留在过去的某时某刻或者对未来的可能揣测,而只关注、好奇、沉浸于眼前发生的点点滴滴。"南荣趎两眼放光地问:"这就是养生的最高境界吗?我用此法,就能走出来吗?"老子摇头说:"这只能让你暂时缓解,要想不反复,还需要心甘情愿摒弃妄欲,做到不为利益所动,不争不抢,跳出世俗看世俗,能够与一切和谐相处,没有什么听不惯、看不顺的。那时,你一定会慢慢变好,有些好事竟然还会莫名其妙地找到你,内心不再感觉缺少什么,也不会觉得有什么邪恶力量在伤害你,自然也就不会痛苦。"南荣趎喜悦地问:"这就是得道的最高境界吧?"老子继续说:"这还不是,最高的境界是能自觉、觉他、利他,从而全面觉醒,能感知身边一草一木的力量,自己的心就会生机盎然。身边不需要什么贵人,也不再会有贵人出现,因为你就是自己的贵人、一切众生的贵人。祸既不至,福也不来,福祸均没有,哪里还会有人为的痛苦和灾难呢?"在老子的警醒和关爱下,南荣趎逐步摆脱了抑郁,走出焦虑,脱胎换骨,犹如重生,重新点燃了生活的希望。[12, 14]

九、辞官隐修,收徒立说

前499年二月十五,是老子七十三岁生日,他正式向周敬王递交辞呈，获得批准后，告老还乡，归隐田园。[11]

前499年夏天，蜎渊来看望老子，谈及大道的无有。蜎渊理解了——道是无、也是有，无有叠加、无有难分；万物生于有，有生于无（40）。

这段时间，文子也曾经来向老子请教"不争"，并谈及王子朝的成败得失[10]。在与文子谈及战争时，老子告诉文子："官为荣禄，天职是民，民为官之本，无民何来官呀。虽说君命不可违，但天命更不可违，大道绝不可违。任何时候都不可乐于杀人、乐于发动战争。正人君子不可以取得胜利为快意而大喜，而应以悲泣之心对待牺牲。即使胜利之后，也应当回顾反思，总结战争之事如何不再发生。（31）众生死伤无数，哪有歌功颂德的道理！胜利了也应以丧葬礼仪对待，让天下决不再有人敢有杀伐之心。想想看，大家都有生身父母、姐妹兄弟，一旦战死沙场，阴阳相隔，父母亲朋、兄弟姐妹就将肝肠寸断。今朝你杀了他们，明朝他杀了你们，要失去多少骨肉亲生。人立于天地之间，生老病死已属无奈，必须自觉遵从自然，不可悖逆大道。而擅起战争夺取他人生命，则是大逆不道！"[14]

老子又告诉文子："大道是先天地而生的永恒、崇高、深邃、精妙，以我们人类所知的词汇来描述大道，只能勉强得到大道的表面意义。道，高不可及，深不可测，无处不在，包含万物，微妙无形。日月运转，时间弄人，而不是人能玩弄日月时间。人们尽可能雕琢自然界，然而自然界必会回复到自然状态，终将抹去任何人的影子。如果听由一个人的才智本领，三亩大的家业未必能治理好，但如果顺随自然，善用物体之力，善用他人之力，把握大道，即使治理偌大的世界也会有余力，或有所闲。"[14]

老子对文子的这些教导，日后发挥了重要作用。孙武在指挥吴军成功伐楚后，曾经在罗浮山请教亢仓子（庚桑楚），去濮上拜访文子，请教大道。文子告诫孙武："你杀伐太重，慈德有亏，不应帮助暴君杀戮百姓，若长此下去，必遭杀身之报。"后来，孙武归隐罗浮山随师父亢仓子修道，著作《孙子兵法》，终老山中。[6, 17]

后世传说，庚桑楚、徐任曾经和老子讲，大周天下的宋国出了一个了不起的人物，叫墨翟（即墨子）。墨子能靠自己的力量沟通天地、社会上下、贵族百姓。与杨朱的清高傲气、斤斤计较、一毛不拔不同，墨子倡导非攻、兼爱、节葬，身体力行为天下，厌恶家长制的集权独裁。墨子还很年轻，未来不可限量，可能会成为历史上最伟大的人物。老子说："几代文明能出墨翟这样的贤能圣人，也算修出了正果，只怕大周天下虽大，难以容下如此卓越之人。"[14] 这段描述可信度甚低，原因是老子过世后，墨子才出生，老子从没引用过墨子的话，但墨子确实引用过老子的话。如，中国最早的"百科全书"是《墨子》，墨子告知弟子和后代，老聃曰："道冲，而用之或不盈。"（4）即大道无形无影，空虚开放，但其作用和能力无穷无尽。[15]

前498年，看尽人间悲喜、世间冷暖，历经磨难的老子，再次来到沛地开始了隐居生活，并系统地著书立说。

同年，五十四岁的孔子以鲁国大司寇的身份代理国相之职，上任七天后，捕杀了思想异端的鲁国文化大家少正卯，并将其曝尸三天。少正卯思想深邃，宣扬改革，前卫开放，口才极好，因此他的崇拜者众多，孔子的弟子们竟然也被吸引了过去。孔子确定少正卯五罪：学识渊博，但居心叵测；正话反说，揣着明白装糊涂；不按礼仪行事；妖言惑众，鬼话连篇，善于狡辩；煽动不满，喜欢关注社会阴暗面。孔子代理国相没多久，曲阜的治安变好了，哄抬物价的也少了。但孔子在此职位仅三个月，因看不惯鲁君不守礼仪，便辞职出走，开始周游列国。

这一年孔子决定再次拜会老子，带着学生颜回和子贡去沛地找老子。这是孔子第五次问礼于老子。[14]

陕北绥德出土了一幅东汉画像石，描绘的是孔子见老子的场景。右侧孔子手执大雁，屈身向老子行拜师礼。而站在老子和孔子之间的儿童叫项橐，是春秋时代著名的神童，他手推滑板车，站在两个大人之间抬头仰望。项橐的大名记载在《三字经》中："昔仲尼，师项橐。古圣贤，尚勤学。"现代滑板车诞生于20世纪90年代的德国，传入中国后，深受儿童喜爱。可古画像石上的滑板车表明，就滑板车而言，中国人要比德国人早发明两千五百余年。

事情的原委发生于孔子周游列国期间，当时，孔子去拜访老子的去路被项橐用泥沙筑成的城墙所挡，项橐手持当时能愉悦儿童的流行玩具滑板车，赌气地站在孔子面前。这一形象最终被定格在了东汉画像石上。孔子问项橐："儿童玩耍为何不避让车行？"项橐则不服气地回答："只听说车要避让城墙，从未听说城墙要避让车。"后来项橐又连问孔子几个问题，孔子却都答不上来。[9]

见到老子后，孔子提及路上遇项橐的"车和城"的故事，老子哈哈大笑。

老子问道："仲尼因何而来？"孔子答道："丘虽精思勤习十数载，始终未入大道之门，特来请教。"老子说："若想进入大道，首先要将自己的心返回复原到宁静的元初状态。天地人物、日月山河的形态和性质各异，而它们的相同之处在于皆势从自然或生或灭。人们知道其不同，主要是通过其外表判断而得，而要知道其相同，就要了解他们的本真。能剥离其不同的外表而去观察其内在相同之处，才可以将自己的本心回归到宁静的元初。"孔子又问："那什么是物体的元初状态？"老子答："混沌一体，无形、无性。"孔子继续问："知其同，能让人感到愉悦？"老子说："当然，知其同，人就会找到自身和万物的相同之处，看似不同的东西也会相同。如将人的生死视同昼夜，祸与福同，吉与凶同，无荣无辱，无贵无贱，我行我素，清静自在，这难道不让人感到愉悦吗？"孔子点头道："您的意思是，乘船游于海，乘车驶于陆。进止皆同，随遇而行，何须以自己本身的力气代替车船？君子并非其本性不同，而只是比别人更善于借助他人和他物。"老子微笑点头赞同："圣人处世，遇到事情不刻意躲避，事情发生转变，也不会刻意去复古原貌，而是随着事物的变化，顺势而为，从善如流。"[12]

孔子对老子说:"我研究诗、书、礼、乐、易、春秋六经已经很久,烂熟于心,计划游说七十二国君,阐明先王之道。目前走访了数位,他们均无动于衷,真是太难了,不知道是什么原因。"老子开玩笑说:"幸好你没有遇到能治理天下的明君,否则明君会被你带偏。六经是先王留下的足迹,而不代表先王之道本身。足迹是脚踩出来的,难道足迹就是脚?重点要抓住其本质,抓住其第一原理,即大道。失去大道,怎么做都是错。"孔子再次感叹:"道的推行也太难了,我诚心实意向他们推行道,但也没有人听我的。"老子安慰孔子并鼓励他说:"你游说时,不要夸夸其谈,用词不要华丽,平和平实一些。否则,华丽的说辞会扰乱听众的思维,并让人有不可信甚至可疑的感觉。注意了这些,大道就容易推广了。"[15]

这天正好是常枞的忌日,杨朱备好马车和祭品,随老子与孔子穿越山川坡路前行,来到滔滔黄河之滨,[11]常枞墓就在黄河边。[12]路上,两边山峰分立,朝天入云,如同一扇大门,再往前看,一山独大,像是堵住了门口,也像是等候来者经过此扇门。老子告诉孔子:"前面的是玄牝门,再过去一点就是谷神山。生养天地万物的道,也就像那深遥玄奥的谷神,永恒长存,也叫作玄牝,是玄妙的母性。玄牝之门,就是天地的根本。"(6)孔子道:"依您的意思,只有能生养天地万物的法门,才可以称为大道?"老子点头说:"当然,大道深沉如大海,大道之高如高山,大道遍及而无处不在,周流不息而无物不至,刻意追求反而不得。大道生育天地而不衰败,滋养万物而不匮乏。天得道而高,地得道而厚,日月得道而运行,四时得道而有秩序,万物得道而有形状。"[12]

站在黄河边,孔子感叹:"河水不分昼夜,奔腾不息,同样,人的年华流逝不止,不知河水何处去,不知人生何处归?"老子说:"人生于天地之间,与天地实为一体。天地人生,皆是自然之物;人的变化,有幼少壮老变化,犹如自然的春夏秋冬之交替,有什么值得悲喜的呢?生于自然,死于自然,道法自然,本性不乱;不法自然,仁义羁本性,功名生焦虑,利欲增烦恼。"孔子补充解释:

"我担忧的是大道失去功效后,如再不实行仁义,就会战乱不止,天下混乱不治,所以有人生苦短而不能立功于世、不能有为利民的感叹。"

老子指着湍急的河水对孔子说:"上善若水,水善利万物而不争(8),此乃谦下之德。你为何不学水的大德呢?水善利万物而不争先、争名、争利、争权,常在众人厌恶的低下之处,无所不在,谦虚大德,海纳百川。水虽柔弱,但滴水穿石,柔弱胜刚强。大道规律就像那种好像没有体积、没有重量的能量射线,能穿透致密无间、无任何缝隙的物质。由此可知不用言语的教育、无为而无不为的真正优点(43)。"孔丘道:"先生之言,出自肺腑,入弟子之心脾,终生不忘。"[12]

周敬王二十八年(前492),孔子第六次求教老子,也是最后一次。

就在这一年,苌弘被冤杀。苌弘早年协助刘文公反对王子朝,拥护周敬王。他积极争取到晋国等诸侯帮助,打败王子朝,平息了动乱。周敬王在晋国帮助下建国,暂时保持并提升了周王朝在各诸侯国心目中天下共主的地位,最终成为周王朝的实际执政者。后来,晋国内乱,与苌弘不和的一方获得胜利,随即向周敬王问罪。为了讨好晋国,周敬王就把苌弘作为替罪羊杀了,其墓在今偃师市邙山南麓化村。

老子听闻苌弘被杀,悲痛万分。辞职离朝回乡前,老子曾给苌弘留下临别赠言:"多言数穷(5)……锐之,不可长保。(9)"苌弘不以为然,欲成就一番事业,认为礼崩乐坏在于周天子,例如幽王烽火戏诸侯、釐王收取沃武公的礼,如果每位天子、每个人都恪尽职守,遵守礼乐仁义,天下一定会幸福平和。老子则不敢苟同。不承想,曾经位高权重,一人之下、万人之上的苌弘终被他所忠于的制度和君王害死。

孔子来到曲仁里拜访老子,问起苌弘之事。老子伤心告知他,苌弘因卷入晋国内部斗争，因而在谏王时被周王所杀，孔子扼腕叹息。老子对孔子说："我的徒弟伶伦也长于乐理，你如愿意可以与他讨论音乐。"

孔子又问老子，是否听说过楚人失弓的故事，老子饶有兴趣，让孔子说来听听。

一个楚国人丢失了一把好弓，却不肯回头去找。丢失者说："楚人丢失了一把好弓，被另一个楚人捡到了，又何必去找呢？"可见此丢失者的胸襟之宽广豁达。孔子对老子说："我认为，去掉'楚'更好，改成'人丢失了一把好弓，被另一个人捡到了，又何必去找呢'。"孔子的意思是，四海之内皆兄弟，何必在意国家分别。老子听完，哈哈一笑，说："可以再把'人'去掉，改成'丢失了一把好弓，被另一个捡到了，又何必去找呢'。"老子的意思是，物我平等，人与其他物种本无隔阂，人是自然的一部分，谁说人就一定高贵于其他？《吕氏春秋》于是赞叹老子境界的至公至高。[15]

孔子继而问老子，就历史而言，最值得关注和汲取的经验教训是什么？老子没有直接正面回答，而是露出磨损凋零的牙齿。孔子不理解老子这是要干什么，老子又伸出柔软灵活的舌头，也学着常枞老师在他童年时教诲他的样子，"人之所教，我亦教之"（42），让孔子看他的牙齿和舌头，并问询还在不在。孔子瞬间顿悟，没有什么事物是绝对的，万物常在变化，貌似强大的可能会被柔弱者打败，看似聪明的可能碌碌无为……

前489年，八十三岁的老子因病出山，移居村中故宅。前485年春，老子八十七岁，疾病似乎无法医治好，只好开始自己参悟自然界的静与动，练习小周天。"专气致柔"（10），通过炼丹治病，后来任督二脉似乎恢复正常，激活三丹，于同年秋天康复。[5, 10, 11]

前485年夏，老子病体康复。邻村一来者拜见老子，见面主动开口说："我姓徐，名叫慎鲜，按说咱们是未见过面的师兄弟呢。"他跟常枞老师上过学，但晚于老子，二人没见过面。两人在桥边河坡上的柳荫底下坐下对聊。

徐慎鲜说:"您常说'人效法地,地效法天,天效法道,道效法自然'(25),您的意思是,在宇宙天道之上还有个大道,人应该向大道学习才叫有上德,对吧?"

于是,老子向他描述了大道的无形无状、无处不在。他说:"人们难以理解大道的玄奥,那就记住,大道独立而自然,循环往复,永不懈怠。要效法大道才能有大德。效法大道,从讲人道开始,继而效法地道、天道,逐步升华提高,简单地说,就是学习自然、学习水的德行。不要违反自然,违背人心,强行妄为,强奸民意。"

"说得对!"徐慎鲜真心赞同说,"你看这世上的人,不关心世界的本原,只顾名利权情,己欲膨胀,纷扰大乱,天下干戈不息。您是柱下史、征藏史,是天底下有声望之人,应该写点文章劝全天下的人都向水学习德行,进而人人言行向善。""不行,没人听了!我微不足道了。"老子说,"还不如你我二人知己研究点'无用'的,慰藉孤独的心灵。"

"为什么叫'无用'?您又有新发现?"徐慎鲜追问,"请多多指教。"

老子说:"我从宇宙之上的一切可见不可见之间,从大道依次往天道、地道、人道和万物之上作用时,悟出了几条铁律:

冥冥之中的一切,包括宇宙间有一个'有无互生律'。一切的一切,归根到底,一个叫'无',另一个叫'有'。代表宇宙亿万人事物的'有',它从哪来?是从'无'中来!'无'代表一切的一切,包括宇宙间的不可见、不可触的极虚极静,它从哪来?究根问底,来自'有'!当然需经过无极和太极的极点状态,才能无有互生,我从此悟出了'有无互生律'(2)。

第二个,叫'有无互用律'。建造房屋,需要墙壁和顶盖,需要门窗和空间。墙壁属'有',空间属'无'。保有空间的'无',墙壁的'有'才可用;保有墙壁的'有',那空间的'无'才可用。'有'和'无',互为利用(11)。

第三个,叫'相对存在律'。长和短,高和下,前和后,都是相对而存在的。没有短,就没有长;没有下,就没有高;没有后,就没有前。天下都知美而装扮为美,那就相当于丑了;都知善而有意表现为善,不善的观念也就生根了。一切都是正反相对而存在的(2)。

第四个,叫'道恒不变律'。'道'是永恒长存、独立不改的,不存在道以外的东西,道也就不会随着外物的变化而消失,道不断运动,周行不殆(25)。

第五个,叫'反向运动律'。一切都是朝着自身相反的方向运动、发展和变化的,如循环往复、返本归'初'、相对转换。祸和福,顺和逆,善和恶,丑和美,凹和凸,旧和新,乐和悲,否和泰,总是向着相反对立面互相转化着(40)。"

"好,太受教了!"徐慎鲜说,"您不愧是大周征藏史,如此有学问。这几律的总结,深奥玄虚又真切具体,我要好好体会……"[10]

又一日,老子见徐慎鲜带来一个少年,非常高兴。"这是我最小的儿子徐甲。"徐慎鲜说,"老子兄,您若喜欢,徐甲以后跟您做书童。"老子连连说:"好,好,我喜欢,以后跟我当书童。"可是,老子从徐慎鲜的脸上隐约看出了一丝凄苦。"看神色,老弟心中似有悲伤难言的事情……"徐慎鲜叹了一口气,说:"老子兄,此次前来,另有一事相求,我想请您为我的一个外孙写一副挽联。""挽联?"老子大吃一惊,说,"你外孙出了什么事?"徐慎鲜脸色发白,说:"您喝口茶,我慢慢向您说。"

徐慎鲜有个外孙,叫王四,王四和老婆马妮两口子感情很深。原来家有几亩地,自耕自种,生活得还可以。不幸的是,一次火灾,家财全毁,儿子被烧灼的木梁砸死,老婆也破相留疤。王四绝望哭喊,欲悬梁自尽。邻居劝他从墙壁根基上挖些砖头卖,换些钱,买点房料,可再盖一所小草房。王四一听有道理,就照办了。突然有一天,他挖出十二口大缸,里面填满了黄铜!王四高兴坏了,发了大财,他盖起瓦房,吃穿不愁,心花怒放,逢人便说:"大火烧得好，要不然，我一辈子也不会有这十二缸黄铜呀。"他从粝食粗餐变成花天酒地。这时他也看不上老婆马妮了，暗暗跟村头一个外号"七仙女"的民妇勾搭上了，如胶似漆。一天他俩约会，正好被马妮撞见。马妮跟王四大吵大闹，王四恼羞成怒，为了能名正言顺地娶"七仙女"为妻，就活活掐死了马妮，刀砍斧劈，毁尸灭迹，然后把她埋在枯井里。

事发后，王四被关进牢房，判处死刑。被斩前，徐慎鲜去监牢看他。王四羞惭地对着徐慎鲜痛哭流涕："外公啊，我死有余辜。我千不该万不该从地下挖出十二缸黄铜呀！我这样的人，死了也没人愿意记起！我现在后悔也晚了。外公您是识字人，我求您请位贤良之人给我写副挽联吧，也算我来过世间一趟，来世好好做人！"

徐慎鲜说完，满脸痛苦、悲伤、气愤和羞惭。"哎！没有想到是这样的结局。"老子听完，沉思了一会儿，叹息道，"福祸相连啊！人、事、物就是这样，没有一成不变的，祸里藏着福，福里潜着祸，祸可带来福，福可招来祸。福中之人不可骄侈纵欲，灾祸中人不要消沉自馁。福祸自有大道、天道去调节。"说完提笔在徐慎鲜铺开的绢帛上写下："祸兮，福之所倚；福兮，祸之所伏。"（58）[9, 10]

前484年二月下旬，老子隐入邙山，第二次入隐阳山隐宅。

前483年，孔子六十九岁，仍有心从政，却不被重用。孔子继续从事教育及文献整理，他从着重礼仪的角度，大规模删减古本六经，如《诗经》本有三千首，如今却只留下十分之一左右。《诗经》中许多内容在解释《周易》，因而被删去，故《周易》难懂。

在此期间，由单穆公导演的这场东周王朝叛乱的后遗症，却在更大的范围内继续着。周敬王二十六年（前494），吴王夫差大败越国，越王勾践入吴为奴。勾践在吴被扣为人质三年，回国后，卧薪尝胆，欲雪前耻。前484年，吴王夫差赐伍员自裁。

周敬王三十八年（前482）七月，吴王夫差北伐中原，与晋会盟于黄池(今河南封丘西南)。与此同时，越王勾践攻入吴国。

十、西行出关,尹喜求书

周敬王三十九年(前481),孔子寓褒贬于曲折的文笔,即春秋笔法,将鲁国《春秋》整理完毕。周敬王四十一年(前479),孔子卒。

前478年,越王勾践再度率军攻吴,楚彻底灭陈。这年,老子的三间茅草房被楚兵所烧,书稿绢布尽毁,老子受到重大打击,伤心至极。[10, 11]

这年夏天,十六岁的徐甲牵着青牛,庚桑楚背着包袱,陪同九十三岁的老子开始西行。过安庄,老子遇到了儿时的小乞丐魏山,他也已九十岁了,此时他们都是耄耋老人,两人见面惊喜万分,魏山流下了激动的泪水。[10, 11]

老子西出函谷关,关令闻报赶来跪拜:"关令尹喜叩见圣人!"老子想起来,二十年前尹喜曾来大周收藏室借书。老子说:"我只是一介布衣百姓,你为何如此?"尹喜再拜:"我见紫气东来,知必有圣人西行出关,一见面果然是您。听闻您将西出隐居不归,请可怜众生,为天下著书立说。关尹虽浅陋,但愿代先生将大道和德善信慈爱传于后世万代。"在尹喜的强烈恳求下,最终老子答应在函谷关留住几月,将一生所学所悟的大道学说编成典籍,为尹喜留书。[5, 9-12, 15,17]

在老子著书期间,函谷关一带发生了瘟疫,大量人和牛被传染。染病的人,脖子肿胀,发高烧,胡言乱语,无药可治。瘟疫越传越广,最后老子的青牛也被感染了,不吃草料,哀鸣不断,眼泪直流,不断消瘦,老子又急又愁。十天之后,瘦弱的青牛肚子却越来越大,肿得像一个大花苞。一天突然炸开,五脏流出,苦胆仍鼓得像馒头,随之胆囊破裂,掉下一块黄色的石头,牛的五脏又收回肚中。老子忙请来郎中为青牛缝好肚子、敷上药,青牛好像好多了。老子、郎中及众人仔细琢磨牛的苦胆里掉出来的黄色石头,不知是何物,但肯定与瘟疫有关。于是,他们就抠下一点,泡水喂给感染瘟疫的牛喝，牛真就好起来了。于是，他们又将此法应用到病人身上，十分有效。众人欣喜万分，青牛康复后，当地人建了一座青牛观，以供人们焚香祈愿。人们给那块黄色的石头起名为"牛黄"。[9]

  闻知老子在函谷关，一位老翁来到尹喜的府衙找到老子，装模作样地施礼后说："您天下闻名，博学多才，老朽今年一百零六岁，特来向您讨教。从年少至今，我无所事事，轻松度日。与我同龄者早已驾鹤西去，他们开垦万亩却没有带走一寸土，筑了护国城墙却没带走一片瓦，建了豪华庭院自己却被弃于野郊孤坟。而我一生没有功绩，只享受五谷杂粮，没置过只砖片瓦，但仍可居在避风挡雨的房舍谈笑风生。我是否可以嘲笑那些人劳作一生，只换来一个早逝呢？"老子先向老者致礼，找来一块砖头和一块石头，放在老翁面前说："您愿意选哪一个？"老翁回答："当然选砖头，石头千棱万角，难言形状，放着何用？"众人也认为要砖不要石。老子问："石头寿命长还是砖头寿命长？"老翁和众人皆答："当然石头了。"老子笑说："石头命长，人却不要；砖头命短，人却要它。所以，不能简单地一味执着追求有用无用，寿短寿长，这都会互变转化，依道尽力而为，死而不亡者寿啊（33）。"老翁顿时面红耳赤，惭愧而去。

  老子完稿后，尹喜先将《老子五千言》原本送交大周收藏室，从而使之能在大周天下及各诸侯国广为流传。尹喜自己留了手抄本，并向朝廷递上辞呈，告老还乡，专修道德之学。[6]

  周敬王四十四年（前476），敬王卒，其子仁继位，是为周元王。三年后，越灭吴，会盟诸侯于徐州，周元王封勾践为伯（霸主）。这一年也是周元王元年，纷争动荡的春秋时代结束，战国时代开始了。

  前471年，秦国扶风发生瘟疫，老子为村民请医生而四处奔忙，于七月二十日累倒。二十一日早晨，周元王姬仁六年，秦厉共公六年，老子于扶风去世，享年一百岁，后葬于槐里。[9, 10, 14] 有关老子的归宿，还有另外两种说法。一种说法是，老子由尹喜陪侍，出函谷关，过大散关，西行到了四川的鱼凫国，并成了国师，后终老于四川。所以，此后道家的仙风道骨、逍遥自在、幽默乐观、朴素淡真、尊重女性、追求自由、顽强不屈、天人合一、抵抗权威的精神，在四川人中代代相传。另一种说法是，老子过大散关，由宝鸡西南入甘肃，经天水、陇西、临洮、兰州、酒泉等地，又回到陇西邑，落户临洮，直至去世。此后其子嗣在此繁衍，故有"天下李氏出陇西"之说。

老子过世后，大家都来吊唁。这时有一个叫作秦失的老子弟子也来了，他象征性地号哭了三声就出来了。大家感到奇怪，秦失回答："年长的人在痛哭，好像自己的孩子死了；年轻人痛哭，好像自己的父母死了。大家都称赞他生前伟大，这些是老子愿听的吗？这么多人为老子的离世痛哭，这真的是老子希望看到的吗？"秦失接着说："人过世了，还在这里痛哭，是违背天意的，因人的出生、死亡、长寿、短命都受制于自然，老祖宗们也认为这是自然规律，而我等大哭就是在违背自然规律。老子该来时就来了，该走时就走了，这叫应运而生，顺势而死。如能理解这点，就能处变不惊、安心时运。如此处世，就不会有巨大的哀伤，也不会有巨大的喜乐。"[16]

此后，周王朝完全进入战国时代，天下大乱，战火纷飞。周王朝本是封建王朝，封土建国，政治分权，封君和封臣之间存在契约忠诚关系，直至溃败，分崩离析。后来，秦始皇以武力统一六国，并采纳李斯建议"废封建、立郡县"，从而开始了中国漫长的、影响深远的从秦朝到清朝的中央集权专制皇朝。

第三章

永恒老子：走向我们，走向未来

宇宙中一直存在着被一切所依赖的、永远运动着的永恒力量！这就是老子所说的"大道"。

2500多年以来，人们对老子及其《老子五千言》有许多有意无意的误解。不少人认为老子只属于道家，甚至只属于道教，而没有认识到他属于中华文明、属于全人类、属于至上大道；许多人认为老子及其《老子五千言》只涉及哲学社会科学，没有注意到其也涉及科学技术；不少人认为老子是帝王术、愚民术和阴谋权术的祖师爷，也有人认为老子倡导无为、隐退、避世、消极的人生态度，而忘了老子历来站在民众的角度、底层人民的角度，以柔中带刚、阴中带阳、退而为进的积极的人生态度和超越性格局，为每个人和人类社会的发展指明了方向。

许多人认为，老子及其《老子五千言》推崇的是弱势文化，比强势文化易学、易用、易流行，是弱势者的安慰剂、迷魂汤。可实际上，这是最大的误解！

大道时刻进行着到来和去往、膨胀和收缩、呼出和吸入的循环往复，以圆形轨迹的物极必反而螺旋上升。老子看问题从来不是静态的、极端的，永远是用大道的循环往复运动观点看待一切，强调的是"静动""静悄悄地改变"。他既不忽视刚强文化，也不偏袒喜好柔弱，老子强调"知守超越"，即知晓刚强，宁守柔弱，并把握刚强和柔弱间的互变转化规律，择机而行，应势而动，以德配天，从而处于永远不败之地。老子强调与大道同行，随时主动超前把握变化趋势而获得先机和成功。这些包括，知有守无、知强守弱、知刚守柔、知阳守阴、知雄守雌、知白守黑、知动守静、知斗守和、知争守谐等，并超越性地把握有无、强弱、刚柔、阴阳、雌雄、黑白、动静等互变转化规律。

老子始终把民众放在心上，把大道放在最崇高的位置，对帝王多是规劝、警示，几乎没有颂扬，除了肯定得道者即圣人以外，这与他那个时代崇尚效忠君王的人和后世一味趋炎附势的人明显不同。老子倡导的不是围绕自我的雕虫小技、小聪明，而是独立自然、以德配天、与道同行的大智慧，这种智慧起步于物我平等，超越人人平等，立足于道、天、地、人间的平等。

老子告诫我们，不能对英杰、对民众、对理性、对善良有太多奢望，如果缺乏了对大道的敬畏、信仰和遵守，一切都会根基不牢，难以可靠，终成虚妄。

几千年的事实表明，缺乏独立自由民主意识的民众，比如"乌合之众"，需要的是幻象，从来不是真理；许多英杰为救护普罗大众竭尽所能、舍身忘死，却时常要遭受拯救对象的误解与诬蔑。老子所强调的是包含并超越"独立自由民主"的天道、大道意识，强调的是超越人生、超越学科、超越党派、超越国家、超越民族、超越宗教、超越时空的"独立自然道德"意识。

这里所强调的自然，不应该仅仅是我们今天所指的狭义的生态自然，实际包含的是更广泛意义的理念：自由，自主，自驱。自驱进步与他驱进步不是一个概念。前者是发自内心的自由、兴趣、幸福、创造、自由人性质；后者是他人驱使下的跟从、身不由己、被奴役性质。水能载舟，也能覆舟，做民众的守护者或者领袖，要有会被民众诅咒、会被脚踩践踏的准备，甚至会被视作或用作"人血馒头"。这是由"乌合之众"和人性的多面性所决定的。缺乏独立和自然道德意识，普通民众就会失去判断能力，最终成为权力和资本收割的"羊毛""韭菜"。

一、人中之"神"：跨越时空和文明的影响

老子，大道的代言人。

老子，人类的引路人。

他好似打开了人类的"第三只眼"，让人们看清了世间大道的轮回运转规律，让人们看到了天地的出生以及天地未有之前：虚无和实有的生生不息，互变循环……

他，仙风道骨，神韵天成，从远古向我们走来。

他在传说中，在《封神榜》中，在道教中，在科学家群体、军事家群体、积极心理学家群体中，在帝王及其师爷中，在哲学家群体中……

事实上，他的灵魂从未消失，几千年来一直与我们同在，现正在精神上满血复活，向我们走来……

他从轴心时代的地平线向我们走来，在轴心时代先贤群体中，他走在最前面。这不是因为他最年长，而是他的思维一直超前，超越了几千年前的那个时代，也超越了当今这个时代，更可能代表未来世界。他粗麻布衣，鹤发童颜……

老子是人类历史上较早的哲学大家，是全人类的圣贤。老子被一些人认定为道家，而他本人从未申明归属，也没有创立这些学派、教派，只是后人认定他是道家的核心。他被古代一些人认定为道教的精神领袖和主心骨，而他从未参与过道教创立的任何过程。道教的建立是在他离世六百余年以后，笔者也相信老子肯定不会接受后人给他的道家、道教等各种标签，因为他从来没有门户之见。可以讲，老子是中国第一个具有全球意义、未来意义、现实意义的伟大哲学家。

人们从他身上似乎能看到佛陀释迦牟尼的光环，传说他比释迦

牟尼还大些。可是在几千年前，天竺和中国的最初的佛教信徒，为了让中华大地的人们更容易了解和接受佛教的传入，就曾经告诉那时的人们"老子化胡"。[15] 佛教的拥护者告诉人们，大家所尊敬的老子，西出的不是函谷关，他走得更远，到了西域的天竺国，在那里成了释迦牟尼的启蒙者之一，后者创立了佛教。事实上，当佛教文化成为中华大地的儒道释三足鼎立的支柱之一后，几乎没人再提及"老子化胡"之说。汉朝后，在佛教和道教一起向中原内地广为传播之时，老子的思想又与佛教结合催生了佛教中国化的禅宗流派，现在禅宗及其冥想静坐早已从中国经日本名扬天下。

　　说到老子，人们就必然想起了孔子的评价：老子像龙，能上天入地，神龙见首不见尾。老子与孔子多次见面，孔子以待师之礼向他请教礼仪、仁义、道德和做人。唐朝韩愈在《师说》一文中明确提到老聃是孔子的老师。汉朝司马迁在《史记·老子韩非列传》中记载孔子对老子的评价："至于龙，吾不能知，其乘风云而上天。吾今日见老子，其犹龙耶……老聃，真吾师也！"《史记·太史公自序》中谈论六家之要指曰："道家无为，又曰无不为，其实易行，其辞难知。其术以虚无为本，以因循为用。无成势，无常形，故能究万物之情。不为物先，不为物后，故能为万物主。有法无法，因时为业；有度无度，因物与合。"老子的神韵和睿智在《史记》中得到了生动的呈现。[8]

　　人们从老子身上似乎看到了后来的欧洲先哲苏格拉底的影子，充满了自省和智慧。老子的哲学使得中华哲学傲立于全球，后来启发了道教创立者、炼丹大师葛洪，继而启发了获得诺贝尔生理学或医学奖的屠呦呦的发现。老子的哲学不仅启发了自由主义的庄子，还启发孙武写出了影响全球2500余年、被奉为人类军事圣典的《孙子兵法》。老子第一代学生辈中最杰出的是孔子、文子、亢仓子（庚桑楚）等，第二代传人中最杰出的是孙子、范蠡等。

　　六百年前的来华传教士，看到《老子五千言》，深信其语言是

第三章　永恒老子：走向我们，走向未来

对他们心中唯一的神——耶和华最贴切的描述，进而坚信能够将中华传统的天帝、上帝与基督教的"GOD"画等号，以便于在华传教。近一百年，不少中西融通的学者，描绘着心目中老子朦胧的身影，认为他的言行举止与耶稣的言行神情如此相同，都共有谦让、慈爱、奉献、忍辱等众多特点。

人们想到老子，就会想起无数敬仰、学习他的人，国内有苏轼、王阳明、曾国藩、秦始皇、唐玄宗、宋徽宗、明太祖等，国外有里根、梅德维杰夫、奥巴马、玻尔、约瑟夫·奈、托尔斯泰、黑格尔、松下幸之助等。

许多人每想到老子，马上就会联想到神仙的模样，因为有了老子及其《老子五千言》，人们才开始了那些自由自在、不食人间烟火、隐士和神仙的丰富想象。因为老子，不少人相信应该存在一个神仙时代。近代的人们曾经认为如此想象可能是迷信，然而，人工智能和合成生物学在当代的快速发展，让人们开始相信"超人类革命"和超级人类"并非毫无根据的想象"。

《老子五千言》问世时，并不是宗教经典，这与《圣经》等有所不同。它实质原是一本德在前、道在后的有关宇宙天地人的无书名之书。传说，战国时期太史儋将其整理成《德道经》，后在唐朝时又被整理改动为《道德经》。最初被奉为道家的第一核心经典，许多年后又成为道教的第一经典。

老子被誉为有史以来全球最著名的十位作家中的第一人。他是中华民族最早的哲学先贤，也是给中国人带来最大荣耀的先哲。他的《道德经》在全球范围内被翻译传播，影响力仅次于《圣经》。不同于许多学说依靠人力和组织推动而传播，其基本属于口口相传、自然传播。老子低调谦逊，大隐隐于市，虽然仍然有许多人不知道他，但他的灵魂一直在我们中间，引领我们前行……

老子的治世、治国、治理、治学、治军、治商、治农、治工、治身、治病等学说，2500多年以来，已经深刻地影响并改变了全球。《老子五千言》微言大义，强调无为、尚和、贵生，以小见大、以近见远、以表及里、以流及源，利用身边或者自然界实实在在的存在，以最质朴的方式向几千年间历代的读者阐述着最玄奥的道理。

对我们每个人而言，近道的第一步，是要有所敬畏，最简单的切入，就是认识老子。老子人生的最高境界：知胜、知进、知恒，但是要思危、思退、思变。

二、轴心首杰：人类文明的第一作家

老子可以说是人类轴心时代的首杰，人类文明的第一作家。

德国著名哲学家雅斯贝尔斯在1949年出版的《历史的起源与目标》中，建立了一个很著名的学说——"人类文明的轴心时代"。该学说认为，"轴心时代"时间涵盖公元前800至公元前200年，尤其是公元前600至公元前300年间，地域覆盖大概是在北纬30度上下，就是北纬25度至35度区间。这个时代里，人类思维、文明、精神取得重大突破。各个地域文明几乎都出现了伟大的精神导师——古希腊有苏格拉底、柏拉图、亚里士多德，以色列有犹太教的先知们，古印度有释迦牟尼，中国有老子、孔子……这些人类导师提出的思想原理、言行准则塑造了不同的文明形态、文化传统和人类生活，并一直影响至今。

可能的情况是，轴心时代之前的万年人类文明生长积累到这个阶段，人类的心智成长到这个阶段，恰好可以开始认知天地人，而此时人类的欲望、干扰、诱惑还比较少，远好于后来物质丰富、社会严重分裂的时代，所以人们可以专注地克服自身的肉体感官限制，用心灵去感悟深刻的规律。这就像因为环境污染和光污染，现在大城市的人们已经无法看到夜空的满天繁星，而在自然洁净的古代，人们用结构简单的望远镜甚至仅凭肉眼，就可以看到木星及其卫星。就文明而言，轴心时代之前，就像大道的"无"，文明文化混沌一体,难以区分,犹如"鸿蒙"时代;轴心时代之时,就像出现了奇点,大道开始了"无"生"有"的过程,出现了如宇宙大爆炸式的文明大爆炸、大发展,"有"生万物,文明开始各具形态,逐步细分。

轴心时代地域分割、交通不便,远隔千山万水,但都发生了终极关怀般的觉醒。先哲们开始用智慧的、道德的方式方法,以及由此衍生的宗教,去应对世界的变化,并实现了对规模宏大的古文明,如巴比伦文明、埃及文明的超越和突破。轴心时代的成就,特别是思维方式,一直持续影响到今天。其所展现的形态决定了今天西方、中国、印度、伊斯兰等不同的社会、文明、文化形态和人们的工作、生活、思考、言行、习惯等。每当人类社会面临重大危机或崭新飞跃时,人们总是习惯性地回过头张望一下,看看轴心时代先哲们是如何看待危机和飞跃的。

在轴心时代的伟大导师中,笔者认为老子最为杰出。最突出的有三点:其一,2500多年前的老子,汇聚了在他之前几千年人类历史从各种教训中提炼获得的智慧,即从三皇五帝开始的中华大地的人类智慧;其二,老子自己的著述,虽然仅五千言,几乎是所有先贤著作中最为短小的,但形音精美,通篇韵文,涵盖了从古到今的天地众生,涉及治理、健康、人生、工作、生活;其三,第一次开天辟地地告诉人们"万物生于有,有生于无"(40),提醒那个神秘永恒、无处不在、神通广大的"无"的存在,从无极的角度描绘太极和宇宙的生成,经过提炼而天才般地发现了"无有二象性"的大道。他的思维远远超越了当时那个时代。

几千年前的老子思想,在宇宙生成论方面,与后来现代、当代的物理学观点非常类似;在经济思想方面,如他的"我无事,而民自富"(57)等观点,与后来的自由市场经济思想非常类似;在社会政治治理方面,与后来的虚君,小政府、强社会的现代治理体系非常类似[15];在天地、风水、行居方面,与后来的环境生态学和绿色发展观念非常类似;在避战、慎战、善战方面,与后来的和平反战观点非常类似;在大国小国国际关系等方面,与现当代的国际政治和平共存的观点非常类似；在人生哲学和修身养性方面，如"柔弱胜刚强""我有三宝"等策略，与当代积极心理学的观点非常类似。

三、宇宙真理：与当代科学的类近性

老子对宇宙本体及生成发展的描述，与当今宇宙学的科学认知具有惊人的类近性。[15]

其一，"道"是"能量"的假设。对大道的认知，有人争论其"唯心"，有人争论其"唯物"，更多的人认为其"唯能"。如将"道"看成"一切能量及能量运行规律的总和"，那么老子的"道"与现实科学的认知吻合之处则有很多。例如：宇宙起源于尺度极小的、接近"无"的"奇点""量子波动"的大爆炸，此可解释"道"为天地之始；能量与物质间的相互转化规律，可以解释"道"生万物，万物复归于"道"，"道"是万物之母；能量守恒定律、物质守恒定律可以解释"道"的永恒性；能量存在于一切物质之中，可以此解释"道"存在于万物之中；在物体低速运行状态，物质和能量的呈现方式不同，而在物体高速运行状态，物质和能量会相互转化，类似相对论的描述；能量没有形体，靠感官无法完全把握，具有超越性，靠测量有时也难以精确，如量子态的测量存在测量者效应，测量者的存在对真实状态有干扰，真实的结果必须通过无主观意识的观察者、观察器具才能有所觉知；能量使得生命成为可能，促进生长发育，故"道"生万物，畜养万物。

"道"不只是产生了万物，予以万物形体，并且，它的一部分还转化展现为德行的"德"，即品格、素养、气质、精神、功用、特点等而留存于万物之中，继续滋养发育万物，成为万物的天然本性。

"道"拒绝成为一切的主宰，而欣然成为一切的依赖。"道"是万物奥秘关键的最高端、最底层、最远处，"道"是一切人事物后面的隐形总导演。"道"是能量与物质的统一体，进入"道"那神秘莫测的自主关键的调控层，将会发现：无和有叠加，幻象不定，无能生有，有能变无；物质和能量叠加，幻象不定，能量能转化为物质，物质能转化为能量；粒子和波动叠加，幻象不定，粒子能化成波动，波动能化成粒子。

其二，"道"是"暗存在"的假设。"道"是最源头、最玄深的物质，也是最根本、最泛在的能量；"道"是宇宙生成、发展和运行的源头动力。"道"的原理和规则不仅仅与隐藏在"有形的"物质世界背后的"无形的"科学规律相吻合，更与现代科学逐步明晰的暗物质、暗能量理论具有惊人的类似性。

暗物质、暗能量理论认为，世界的一切是由接近5%的明物质、26.8%的暗物质和68.3%的暗能量所组成。明物质就是大道生养出的"有"的世界、有形世界，即我们生存发展所在的世界，感官或仪器可触摸的世界；暗物质就是大道的本原，几乎不可知、不可测；暗能量是明物质和暗物质之间可相互转化的中间状态、叠加状态、幻象状态，经此状态可转成明物质也可转成暗物质，其转化的过程和平衡原理即是道的运行法则。

如果未来人们进一步掌握了暗物质、暗能量等的存在方式和运行规律，掌握了量子力学、量子纠缠等存在方式和运行规律，掌握了暗物质与明物质之间以暗能量为媒介的转化关系和运行规律，那么，人们就可能深刻理解道的运行规律及有无相生的关键和规则：由混沌无极、无序无形，转换到阴阳太极、有序有形；或者从阴阳太极、有序有形，转换到混沌无极、无序无形。

大道是有形无形的总称。有形占据被支配地位，无形占据主导地位。有形对应于明物质，无形对应于能量、暗物质和暗能量。天道、地道、人道主要对应于有形的一切，而无形的一切隐藏其后，暗中主导；大道主要对应于无形的一切，而将有形的包容其间，"无"成为运行的主角。所以，人之道应该依从效法地之道，地之道应该依从效法天之道，天之道应该依从效法至高无上的大道，而大道独立不改，只依从效法自己，自然而然、自然卓然。

《老子五千言》所包含的科学性的哲理思考和表述，得到了国内外众多杰出科学家的痴迷和青睐。

令人叹息的是，在人类历史上最为悲哀的可能是老子。老子极为大度谦逊，独立自信又自省。他明确欢迎后来者能踩在他的"巨人之肩"上去逼近天道、大道，结果自己却被后代尊奉为巅峰，更糟糕的是方术、算命、计谋、厚黑、暗道等，都想假以道的名义大肆传播，借此营生。

带有讽刺意义的是，人类历史上第一个提出"自然"的老子，作为探讨宇宙前世今生规律的科学哲思原祖，他的后代却少有人能认识他的思想，表现为：长期对科学迟钝、后知后觉；人类历史上第一个以著述申明自然论者的老子，却被后人奉为人格神论的神仙祖宗，被人祭拜，访道修仙者祈求"一人得道，鸡犬升天"；沉湎于修炼仙丹的后代们在制造丹药过程中偶然发明了火药，传遍海内外，促进了欧洲物质文明发展，哪知道这火药辗转千年，竟又被外族的后人用于轰开老子后代的国门。

四、超越生死：多重递增的人生意义

不同的时间段、不同的经历，读《老子五千言》会有不同的新感悟。比如在不同的年龄，人们感悟到的内容各不相同，越早理解老子，就越能获得幸福的人生、创造的人生。可惜的是，就个体而言，深刻理解并诚服于老子，往往在中年以后。

十岁初知人生，能明白"千里之行，始于足下"（64）；二十岁初出茅庐，能明白"知人者智，自知者明"（33）；三十岁事业初始，能明白"上善若水"（8），善用他人之力（68）；四十岁事业稳定，能明白"大制不割"（28），"善建者不拔"（54）；五十岁事业成熟，能明白善行无迹（27），"无有入无间"（43）；六十岁事业结尾，能明白功成身退（9），虚极静笃（16）；七十岁开辟新趣，能明白返朴归真（28），"大器晚成"（41）。

犹如交响乐有四个乐章，可以说，人有四次生命。第一次生命，肉体是父母给的，我们无法选择，可称为生命1.0。第二次生命，教育是国家、社会、父母和老师给的，我们只能部分参与选择、有所选择，可称为生命2.0。第三次生命，精神上完全的自我觉悟，取决于自我选择，可称为生命3.0。第三次生命，就是领悟世界真谛的开始，践行真理足迹的起步。老子给我们揭示了大道的真迹、德善的戒律，摆脱前两次生命中桎梏存在的规律。第四次生命，生命4.0，是最后也是最高的境界，即超越生死，与永恒的大道合体同一，最终成为具有宇宙关怀的超人类物种，犹如人生交响乐进入第四乐章。

人们常常调侃，一般人死后50年就会被彻底遗忘，好像自己从没来过人间。历史的常态是，一个人去世了，子辈会去祭奠，但是孙辈却不一定会。这既是悲哀也是幸运所在，幸运的是大道、天道对妄欲、贪婪、擅权、长存者保有最后的剥夺权。

其实，一般人一生会有三次死亡：第一次是断气时刻，生物学身份的死亡和消失，此是死亡1.0；第二次是下葬时，其法律身份将在这个世界上被抹除，此是死亡2.0；第三次是世界上最后一个记得自己的人死去，这一刻将是精神层面的消失，真正的死亡，从此不会有人知道自己曾经来过这个世界，此是死亡3.0……实际上，如把时间尺度放大一些，人生达天年以后，每个人终将彻底地尘归尘、土归土，总共不过四万多天，匆匆来匆匆去，最终都会烟消云散。

那么，人来世界的意义何在？意义就在于如何在死亡1.0之前，尽早不失时机地进入超越生死、超越欲望、超越"不知足"的死亡4.0，也是生命4.0，即大道的境界。从最初如物体的随波逐流、自生自灭，跨越身体的欲望和享受，明了精神的共鸣和永存，进化到达灵魂的愉悦。

初级的脱俗者会认为，既然个人微不足道，不如顺其自然，活在当下，体验世间的酸甜苦辣，享受活着的每分每秒。而智慧者明白，个人是大道的一个幻象，本真的自我如同大道一样重要。因为每个人都是因为偶然机遇和光同尘、道成肉身，因而能见天地、遂知自我。每个人的人生意义是由自己所定义、所选择的。大道就是所有外在表象的真正内核，是所有形式的物质、所有频率的能量、所有种类的意识的最终起源；任何人事物的始终和过程，都必经大道的审核、判定并奖惩：得道多助、失道寡助。与哪些物质匹配、与哪些能量共振、与哪些意识相容，决定了每个人活成什么模样。

如果说，这个世界真有终极的智慧存在，那么这个智慧就应该是大道。而让我们第一次全面知晓这个终极智慧的人就是老子。奥地利量子物理学家薛定谔在《生命是什么》中认为，人类是处于一种物质和意识共存的状态。世界存在一个整体意识，而我们都是这个整体意识的一部分。空气是物质，真空也是物质，目光相遇也是物质相遇。当代量子信息时代的认知告诉我们，过去传统认知中的"物质"可能需要被重新定义。在时空的底层和深处，物质与意识相互转化、相互依存、边界模糊，已经难解难分。量子纠缠好似关乎意识，分子识别好似关乎意识，人事物分不清理还乱的关系似乎就是意识……而这个整体的物质和意识就是老子所描绘的"道"。

人们常常迷茫、不开心的真正原因，就是智慧不够，就是从大道汲取的营养不够。老子教导后人，做人不仅仅要懂得直取，更要懂得迂回；成事要懂得前进，更要适时后退。而我们恰恰难以理解，在遵道而行者的眼中，不争就是争，尽力反会失。所谓"失控"，根源是有控就有失，无控就无失。只有放弃并超越管控，依道而行，辅助而动，才能"无为无不治"。

五、天地有灵：时空自然和谐共生

早在 2500 多年前，老子就有了非常鲜明的尊重自然、尊重规律的生态理念；然而，近现代的几百年里，人们自然觉得工业社会强于农业社会，而忘记了基于牛顿经典思维的工业社会带来的弊病，如分割化、精确化、格式化的思维模式，如对人和对生态的摧残和异化，这些无意中忽略了人们对自然的理解，与自然产生了隔阂。人们现今对人事物相互关联关系的理解与反思，是与量子论的产生、成长和完善密切相关的。自 1900 年能量量子化的旧量子论诞生以来，20 世纪 20 年代以波粒二象性为代表的新量子论诞生，也被称为第一次量子革命；20 世纪 50 年代至 70 年代左右量子理论的应用催生了诸如 DNA、激光、互联网等发现发明，量子科技开始加速影响社会。20 世纪 80 年代开始，第二次量子革命爆发，量子计算与量子通信开始出现，从此相关的非决定性、混沌性、整体相关性的量子思维模式开始影响人类社会，人们开始大规模反思传统工业社会的弊病。

1962 年，源自卡尔逊女士的倡导并影响至今的生态环境理念应运而生，更将人类的命运与大自然紧密关联纠缠在一起。由此可见，牛顿经典思维的影响力、对传统工业化的崇拜、将人与自然的隔离意识等，在 20 世纪 50 年代左右到达最后的高峰期。而进入 21 世纪以后，进入信息社会的人们，已经普遍意识到人与自然及宇宙，人事物之间的不可忽视的关联性。

人类的生态环境保护概念，起始于 1962 年卡尔逊女士所写的《寂静的春天》一书，该书以批判性思维评价农药的影响。她和她的著作，催生了后来 1992 年的联合国环境发展大会、21 世纪的气候变化大会，标志着生态理念已经深入人心。而老子"生态智慧"价值观早在 2500 多年前已经形成了系统概念，不仅包括自然环境，还包括社会环境，更包括最大的生态系统——天地人，即道法自然。老子"生态智慧"是中华文化"天人合一"、人与自然和谐发展的源头活水。欧洲中世纪重农学说创始人魁奈，就在《自然法则》中说："自然法则是人类立法的基础和人类行为的最高准则……但所有国家都忽视了这一点，只有中国例外。"

老子眼中，"一"就是"道"的一个别称。《老子五千言》第三十九章这样描述：经验告诉我们，过去得一者（"一"即"道"，"一"是"道"初始时所产生的），天得一而风清气明，地得一而宁静安定，神得一而显奇绝灵妙，河谷得一而水满充盈，万物得一而蓬勃生发，侯王得一而天下正大光明。以此推论到极端致逆反，即如果失去道（即"一"）的话，那么，天将不再清明，恐怕将崩裂；地将不再安宁，恐怕将溃废；神将不再显灵，恐怕将消失；河谷将不再充盈，恐怕将枯竭；万物将不再生长，恐怕将灭绝；侯王将不再正大光明，恐怕终将被颠覆。所以，天下不能硬性分割而极端化，尊贵以贫贱为根本，高大以低下为基础。侯王们常自称为孤家、寡人、不谷，此正是以贱为根本。最高的赞誉就是无需别人去称颂赞誉，所以，有道者无欲不贪，高贵似玉，坚如磐石。

老子的生态伦理精神主要表现在以下几个方面。第一，万物一体的精神。最高崇拜是"道"，得道，就是通过修炼与大道一体，世间万物一体，自然有存在合理性，人是天地亿万人事物的一部分，应当使生命不断升华，与自然和谐相处，营造和谐共生的生态文明的社会。第二，生而不有的精神。大道产生万物而不占有。要顺应效法自然法则，无为而无不为，如此才可得心应手；如果强取豪夺，则适得其反。第三，和合万物的精神。"人亦大"，人不能依附于自然，受制于自然，而要合情合理地利用自然规律。审时度势不妄为，不毁灭各种自然物。适应自然、顺应自然、引导自然，协调自然天地万物。认识并保护多样性，节制欲望，保护生机和循环，追求可持续发展，拥有和而不同的生态智慧。第四，融通万有的精神。大道是天地起源，也是观察万物的出发点；以道观天下，无此无彼，天地同一，万物一齐，物我无分；虽然形态各异，各有其理，但根本上，各顺其情，各尽其性，自然皆安，可体悟到其存在着差别之同，相异不异。

地球信仰和行动倡议与老子

联合国环境规划署和世界宗教议会于2020年10月8日在冰岛举行的信仰自然全球大会期间推出新书《地球信仰：行动倡议书》，以让全世界读者广泛了解信仰教义的历史和多样性及其对保护环境的倡导。这本书全面概述了信仰传统和科学发现,这些支撑了世界宗教对环境可持续性的理解和思考。它包括来自圣典和宗教领袖的明确声明。它强调,保护地球、恢复生态系统、防止污染,并为下一代留下一个健康的环境,是一项伦理、道德和精神责任。

《地球信仰:行动倡议书》中明确指出:《道德经》是世界上被翻译得最多的书之一。道家或者道教作为一种传统在中国存在了至少2500年历史。这本描绘"道路及其力量的经书"中所描述的"道"这个概念归功于传奇人物老子,这位"老夫子、资深大师"。这部伟大、深刻而美丽的作品,在世界各地的影响力已深深地嵌入在灵性、哲学与大众流行文化当中。该书引用刊载了《道德经》的第二十五、五十二、三十四、三十五章。[22]

想想我们当代正在发生的种种生态事件,就知道老子的思想有多超前。人类破坏着保护地球的大气层、臭氧层,污染着山川、河流、土壤,二氧化碳过量排放带来气候的极端变化。人类的贪欲和良心的泯灭,导致地球磁场受损变弱,地震、海啸频频发生。所以,很多灾难看起来好像是天灾,事实上都是人祸。

"天之道,损有余而补不足。人之道,则不然,损不足以奉有余。"(77)老子认为,天道是一种自然平衡机制,而人类社会因为贪欲却是与天道背离的非平衡机制。强富、弱贫两极分化,这种恶果又延伸至自然界——富贵者无限占有,贫弱者一无所有,进而导致自然失衡、生态破坏。如此一来,犹如食草动物繁衍过于旺盛,超出了草原承载量,便会饥饿而亡,等待植被重新再生,进入天道主导的循环和平衡,直至运行至由生命或者人类的欲望导致的下一次失衡。

老子强调"无弃人""无弃物"(27)。我们人类在矿山资源开采利用上,常常强调"有用的成分",如此的筛选淘汰既污染环境,又效益低下;而如果强调"成分的有用",变"无"为"有",为所有的成分找到出路,就能提高保护环境的效益。人类社会对人力资源、人智资源的开发使用也应如此。

为实现天人和谐、自然共存，老子希望人们"道法自然"，要"知和""知常""知足""知止"。"知和曰常"（55），和谐是宇宙万物的自然状态，"常"是自然规律，"不知常"者，就会"妄作"而导致"凶"的下场。"知常曰明"（55），知道了事物阴阳冲气为和、对立互补的自然规律，就是明理、明智。"知足不辱，知止不殆，可以长久。"（44）这是处理人与自然的关系准则，体现在行动上就是"去甚，去奢，去泰"（29），要顾及生态发展规律，而不能无限掠取。

有无互相依存，难易相辅相成，长短相互对照，高下相互比较，音声协调配合，前后相互对应，相生相克相拥，这些都是自然规律的常态。得道者是超脱的，懂得并尊重自然规律，不强行作为，不一味说教，只默默辅助引导。让天下万物按照各自规律发展，让万物自然兴衰而不强迫其做出改变，生养万物而不据为己有，辅助万物而不自恃有功，功成而不自我夸耀，正因为如此，他的功绩反而永远不会消失。

老子认为道是永恒不变的，自然现象的发展都遵循内外规律，而人为给予的各类形容词评价，只反映了人们的喜憎好恶等世俗价值判断，并不代表其本质。《老子五千言》第二章全面展现了老子对大自然相互依存的观点和追求生态平衡的理想状态。在自然生态系统中，生物与环境之间、生物与生物之间相互作用，互相建立的动态平衡十分重要，如麻雀吃害虫，少了麻雀，害虫没有了天敌，就会大肆繁殖，导致虫灾发生。小小的因素，就能打破动态平衡，造成农田绝收。此也解释了老子遵循自然规则的宗旨，人来自自然，要回到自然中去，才可以超越自然，但必须兼容于自然，一切遵从自然规律。

更进一步讲，"无弃人""无弃物"（27）告诉我们，每一种物质、每一个人，都有其存在的独立价值，要去充分发掘并运用。因此我们就能理解，对待自然环境生态，遵从大道的要求，就是要做到，每一个原子独有存在价值，其本体和能量不能浪费，否则环境污染和资源浪费就难以避免。因此应运而生了"原子经济性原理"、绿色化学十二原则、绿色工程十二原则、绿色文明、绿色制造以及评估评价等基本内容。对待人类群体社会，"遵从大道、以德配天"同样具有基础性、原则性的重要地位，应该将上述原则从自然生态推而广之，对言论行为、仁义礼仪、规则法律等进行是否符合大道、天道的道德评价，如对社会的绿色发展和绿色法规进行评价评估，促进绿色发展从物质层面上升到精神层面，以实现人力智力资源的绿色发展。

有关天地有灵和生态环境保护方面，除了上述自然环境的物质和谐、色彩光线和谐之外，音声和谐等也是一个需要关注的方面。其中一种就是人在生理精神层面与环境生态的音声关联性。声音频率共振是人事物间深层的连接，可触及身心灵，如能给细胞带来好或坏的效应，能影响健康和情绪及精神；如适当的音频可缓解疼痛，柔和音律和低频运动能修复人们的睡眠，小于 10 Hz 低频共振有治疗癫痫和帕金森的效果等。以下是"音声相和"（2）的一个典型例子。

音频和人类心理状态的关联

比较 432 Hz 和 440 Hz 在同一个乐器、同一首歌曲中的效果，人们会发现，432 Hz 自然、安详、柔和、放松、清醒，让听者个体与外界和谐融为一体，而 440 Hz 有力、亢奋、集中、执着、焦虑、烦躁、恐惧，让听者与外界隔离或者矛盾斗争。许多研究显示，432 Hz 和大自然中许多事物的运动频率相吻合，让人有放松、平和、安逸之感。而 440 Hz 感觉上态势鲜明，但又让人有压迫感，感到不舒适。如借由沙子进行声音可视化演示可以发现，440 Hz 音频呈现的是一个比较"紊乱"的波纹，而 432 Hz 音频呈现的是一个相对"悦目"的图形。432 Hz 曾被广泛使用，如我国古代黄钟律的标准音，出土的古埃及乐器、古希腊乐器也是依据432 Hz设计的。近代古典音乐大师们，如莫扎特、贝多芬、威尔第、巴赫等，都是以432 Hz来进行创作的。

20世纪50年代，是格式标准化、机械化大工业的巅峰时代，那时所确定并推广沿用至今的标准化音频440 Hz，重点体现的不是人文关怀，不是自然的标准，而是符合欲望社会的需要，符合视人为生产工具、可替代性机器的需要。在1900年之前，古典乐曲盛行，并偏好自然和谐的432 Hz。1939年，英国标准协会（BSI）规定了中央C上的标准音高为A=440 Hz。1953年国际标准化组织将440 Hz定为标准音高，是因其当时代表了德国等音乐发达国家的喜好和趋势。但当时这一选择就遭到了反对，其理由是440 Hz尖锐、频率饱和，易造成情绪激进与心理不悦，甚至可能导致疾病。如果当代再次讨论标准的选择，结果可能会不一样，有可能就不会人为武断地确定唯一标准，更有可能允许标准多样性，并允许非标频率，而432 Hz极可能是标准之一，并很可能是排位第一的标准。

有人说，频率相近的人事物就会互相吸引。频率可以影响频率，音流学或声动学确实很早就演示了一些有趣的现象。音乐动听悦耳的隐藏秘密在于，振动频率能"直击人心"，"无有入无间"（43）。同样，如要寻找宇宙的秘密，特斯拉说，就得从看不见的力量，即能量、频率和振动角度去思考。爱因斯坦则更直白：关于物质，我们都错了。所谓的物质就是能量，即当能量振动降低到能够被感官知觉。物质是被还原压缩到可见程度的精神。因而可以说没有物质。基本上，能量振动频率第一重要。爱因斯坦还指出，所有的一切，包括你我的身体，都由不同频率振动的能量所构成。

六、无为善治：治理的道德与良心

领导者、统治者、管理者可以总称为治理者，治理者不能有太多的个人的想法,一切以大道铁律、自然规律为准。直接而浅显地说,在社会治理中应以民众百姓的意志为准,而不能想法太多、心血来潮,按照自己的设计去拼命努力治理天下或者属下。最好的治理就是放手,让大道规律发挥作用、休养生息、乘势而为、因势而动,让大众百姓做好自己的事情。这种状况下,治理者对大众百姓而言就是透明的,人们只知道治理者的存在,却不知道治理者做过什么事情,但大家感觉都很好,并认为这一切都是由大众百姓自己干出来的,是自己的聪明才智、自己的首创精神取得了成功,对自己和未来充满信心和希望,而不是对治理者充满信心和希望。这样的治理者在老子的眼中就是最高水平、最高道德的治理者(17)。

圣人无心,以百姓的心为自己的心。(从宏观总体上讲)民众百姓的心是善的,当然要好好善待;而如果民众百姓的心是不善的,也要妥善对待。如此就会逐步得到改善,达到大德之善。民众百姓中,那些可信的,当然要信任;而那些不可信的,也要诚信对待。如此就会逐步得到诚信、信任,达到大德之信(49)。那些想要努力治理天下或者属下,并且想有大作为者,往往难以实现预期的目标。因为天下是神器,不能因为想有所作为就勉强逼迫它违反自然规律、社会规律。谁要是勉强、逞强而为,谁就会失败;谁要是执意去做,就会失去天下或者属下。所以,不勉强、不逞强做事,就不会失败;不执意去做,就不会失去天下或者属下(29)。

2500多年前,老子从钻研实践了一辈子的周代礼乐制度中抬起头来,仰望星空,抛开了一切束缚。周代礼乐制度中,礼就是对人进行三六九等的身份划分并确定社会规范,形成壁垒森严的等级制。乐就是基于礼的等级制度,运用韵律节奏歌唱等音乐来释放、分化、缓解社会矛盾。老子反思已然衰微的周室,指出作为当时立国思想体系的周代礼乐制度虚伪荒谬,老子视其为引发祸乱的罪魁祸首。(38)老子指出只有道德才是每个人包括统治者应该遵从的根本和第一原理。

不与人争、不与天争、不与地争,但用道去争。用道的观点和方法去观察、去改变，观己观人观天下。回顾中国现代史，在中国贫穷落后、国际环境恶化之时，邓小平在20世纪90年代提出"冷静观察、稳住阵脚、沉着应付、韬光养晦、善于守拙、决不当头、抓住机遇、有所作为"[23]的国际战略方针，渡过了关键风险时期，从而让整个国家享受了几十年的稳定发展红利，而这就是用"道"去争。

治理中的政策偏向、错误或者失误常常是要轮回的，就像时光倒转，恍如隔世。只有经历多者或熟读史书并有敬畏者，才能老马识途。由于岁月轮转，代代更替，一个在岗几十年的资深领导者，常会发现其上级发的指令公文有多荒唐，几乎能把二十五年前已失败的事情准备再做一遍，而且无任何改进，因为走向领导岗位的新人早已不知或者不相信失败的原因，以为这就是创新。历史故事常常轮回，人类的唯一教训是常常不吸取教训。所以一个通过亲历或研究典籍历史而阅历百年，目光所及千年万里的人，格局就会变大，错误就会较少，老子就是这样的人。

在对人的领导治理中，如学术、军事、商业、政治的领导管理等，主观和客观是难以完全区分开来的。如对热衷政治的人而言，难有纯客观的政治预测，即使真心相信自己是客观的，却也根本逃脱不了"不确定性""测不准原理"。而且自己使的力量越大、越专注执着，其所参与的能量就越大，结果就越难客观，最终物极必反。

在劝说治理者无为善为、无为善治的同时，关于被治理者，老子的观点是民众不要对政府抱太大希望，更不能奢望。民众对政府的需求应该仅仅维持在一个低水平，只需要一个托起社会底线的、最低限的政府。[15]民众对现实治理采取冷静取舍，有时甚至批判的态度。对无信无义的治理者，采取非暴力、不合作、冷眼观察的态度，尽量远离。"治大国，若烹小鲜"（60），治理者不能不停地折腾，不能急于求成，否则容易烂成一锅粥。故治理者对待天下"神器"，始终需要小心翼翼、小火慢炖、轻试缓调、从容淡定，如此可得"大道"，做到"德善信慈爱"。许多时候，决定根本变化的往往是慢变量，社会的慢变量就是文化，如习惯、风俗、潜规则等，改变文化需从一点一滴、细水长流做起，滴水穿石，而不能寄希望于疾风骤雨般的一蹴而就。

七、反战善战：先胜后战，哀兵哀仪

哀兵必胜，知足有幸，盈满则溢。

20世纪初，惨烈的第一次世界大战爆发，展现给人们的是所谓西方理性文化的无力，牛顿经典思维社会模式和机械文明的失效。面对与中国春秋战国时代类似的混乱局面，政治领袖进入疯狂状态，宗教组织瘫痪了，学者专家胡言乱语，人心散了，没有人能把人们从战争的深渊中解救出来。战后，众多学者对西方文化进行了非常认真的剖析和反思，对西方文明自身的缺陷深感绝望。

他们希望在其他悠久的人类文明，如东方文明中寻找到弥补西方文明缺陷的解药，特别是从历史悠久、战乱频仍、分久必合又合久必分的中华大地，从世代中国人的数千年智慧中，寻找到能够植根于自然、尊重本能、节制有度、追求和谐、遵循宇宙规律的良知良序良治方案。一些西方人实地考察后认为，中华大地确实有以老子学说为代表的实在又具有超越性的智慧，这种强调自驱向善、向内用力、含蓄适度、大道自然的文化文明，应该成为解救欧洲危机的"良药"。

百年前，当时罗素等人对中国的访问，就是带着这个目的，并取得了一些收获，还对当时的中国予以评价和忠告。然而可惜的是，仅仅经过二十年，第二次世界大战又在欧洲和亚洲爆发，人类来不及深刻反省，来不及修正欧洲文明杀伐掠夺的妄欲。而且在"二战"结束后，人类还继续冷战了几十年。

在《老子五千言》中，老子明确反对战争，如"夫兵者，不祥之器……兵者不祥之器，非君子之器，不得已而用之，恬淡为上。

胜而不美，而美之者，是乐杀人。夫乐杀人者，则不可得志于天下矣……杀人之众，以悲哀泣之，战胜以丧礼处之"（31），"以道佐人主者，不以兵强天下……大军之后，必有凶年"（30）。老子反战并主张和平和谐的预见和论点，激起了许许多多反思质疑欧洲中心和西方文化优越的学者专家的强烈共鸣。人们赞叹并认识到，老子思维对消解人类的妄欲和占有冲动，缓冲社会矛盾和消弭人类冲突，具有重要的当代意义与价值。

在2500多年前的大周王朝时期，老子就总结了在他之前中华大地2500多年的历史经验和教训，在《老子五千言》中展现出鲜明的反战、斥战的和平理念，并提供了缓解社会冲突与动荡的重要方法。而就从老子之后的2500多年的世界历史和变化来看，老子的思考和判断无疑是正确的。厌恶争斗不止、反对穷兵黩武、希望人类和平的众多西方人士，特别向往老子所描绘的"小国寡民"（80）的"世外桃源"，即"甘其食，美其服，安其居，乐其俗"（80）的和平生活状态。如亚瑟·韦利等西方译者大多在英译《老子五千言》文本中彰显"和平""反战"理念[24]，西方嬉皮士也特别喜爱老子的反战观念。当然，有人开玩笑，称老子是最早的嬉皮士，是有追求的嬉皮士，喜欢独立与自主，具有颠覆性的反叛精神，向往回归大自然。

一般人惧怕战争而躲避战争，因担心在战争中失败而害怕战争。然而老子与这些人明显不同，老子在反战、慎战的前提下，告诉人们如何善战，即善于作战并取得成功。所以，要想基本读懂、悟懂老子、孙子这样的大家，需要学习思考探索几十年，甚至一辈子。

老子的军事思想认为：国家之间的战争起于贪欲；要想取胜，必须以奇用兵；要杜绝国家之间的战争，重在协调好平等和谐的大国小国关系；任何时候都需要远离危险，保护自己。

许多在人类历史上经历过战争的帝王、君主、能人、上士，后悔未能提前或及时看到《孙子兵法》，否则战争结果就会不一样。由此拓展，可以这么说，如果每个人能早点看到《老子五千言》，人生结果就会很不一样。孙子则对老子学说中的兵争思想进行了拓展并放大深化,孙子思维就是老子思维在军事、兵法领域的延续。

八、消解贪婪:权力财富利益归一

俗话讲:贪了人世的便宜,会吃天道的亏。

德国哲学家黑格尔曾感叹:"历史给人类唯一的教训,就是人类无法从历史中得到任何教训。"这句话对于全人类或者所有人来说,不一定完全正确。但研究两次世界大战以来的人类历史,可以这么说,黑格尔的判断相当有道理。

只要人类欲壑难填,人性不能遵道而自律,不能向善进化,不能与道同一,历史总会重演,甚至重复千年前的悲剧。所以,人们需要多阅读、多思考由鲜血、汗水和无数失眠之夜凝聚而成的经验、教训、苦难,以及据此写就的历史、哲学、科普等经典书籍,通过了解过去以应对当今,预见未来。

对普通的个体而言,需要做的第一件事就是照顾好自己,而照顾好自己的最好方法不是放纵自己,而是在保证自身作为人的基本权利,尊重自身的正常欲望、合理需求的前提下,杜绝妄欲,如偏执、妄想、奢望、贪婪,接近大道,依照规律行事,让道去为,随道而为,达到"为无为,则无不治"(3)"功遂身退"(9)的超能善成境界。

老子告诫我们,大道允许、扶持亿万人事物按照自身规律,独立自由自然地生长化育,而在此过程中自律起着重要作用,维持着整个系统的有序和良治。大道无私无欲,故而安详。人应少私寡欲,偶尔妄欲仍会发作,欲望爆棚、无止境扩张、兴妖作乱者时不时地仍然会出现。当妄作频仍时,大道就用真纯的朴素(即大道的另一个名字"真朴"),对这些无良失道者先规劝更正,无效后继而镇压摧毁,以维持道法自然的生态及宇宙秩序(37)。

"天地不仁,以万物为刍狗;圣人不仁,以百姓为刍狗……多言数穷，不如守中。"（5）天道会自然消解人们的极端和贪婪，使得权力财富利益归一，实现均值回归。

天道主导的均值回归

中国民间俗语："十分聪明用七分，留下三分传子孙。"此话初听似乎没有道理，但仔细想想似乎挺灵验，就如《红楼梦》所说："机关算尽太聪明，反误了卿卿性命。"人们常会发现：父母非常聪明，甚至有的精明得让人生厌，可他们的子女却有些愚钝，甚至不开窍。我们前辈古人经常强调"福气"这个词，看不见摸不着，却真会决定一个人的发展。太过聪明、算计过头的人会损害这种福气，而招来周边更多的妒忌、怨恨、算计。聪明过头者，难免做些败德之事，让子孙没福，如同落入自挖的陷阱；聪明过头者，自以为掌握了天机和一切，实则还是围绕定数在循环徘徊。而这些与人类遗传上的"均值回归"现象是吻合的。

俗话说："龙生龙、凤生凤，老鼠的儿子会打洞。"而"均值回归"是指物种下一代的潜能禀赋向物种平均值回归，即父母的极端特征不会完全遗传给下一代，后代会慢慢向大众平均值靠近。如政商军学界的卓越杰出者，其子女天生的禀赋大概率不如其父或母，这些指标包括身高、智商、容貌等。由于人性具有妄欲、贪婪、不知足的缺点，由此进一步推论可以得知，掌握权势资源的父母会人为地把一切好处往子女身上堆积，而这必然与社会能接受的任人唯贤、公正公平相抵触，也将更多的超常压力或者敌视转嫁到下一代身上，从而引发各种问题并恶性循环，加上天道自然的"均值回归"，大概率会导致虎父犬子、虎妈鼠女，进而导致败家皇二代、富不过三代、学霸弱后代的结果。这就是天道的平衡作用、大自然的调节智慧。

大道自身可以永存永生，除此以外，没有任何人事物可以永存永生，否则就如癌肿，其无止境的扩张必导致自身的主动或者被动灭亡。对贪婪者而言，"看他起高楼，看他宴宾客，看他楼塌了"，是千万年来的轮回宿命。对社会而言，权力、财富的高度集中，甚至专制独裁，严重的社会分裂和贫富不均，都将招致天道惩罚，如大规模的动荡、暴动、起义、革命等，以重新洗牌，重启后一轮的运行。在此过程中，无数的拥有至高无上权力的霸占者被历史踏在脚下，被剥夺得一无所有，甚至遗臭万年；无数的拥有数不尽财富的不良商贾被历史清算，被剥夺得身无分文，甚至饿死街头。贪婪者并非天生就坏，每个人如果不自律、无敬畏，都会贪婪。无论富者贫者，还是权势者仆从者，遵道是最好的护身符；大道是对每个人的最好保护（62）。

老子提醒我们，世俗者不厌有，只嫌不足，往往多多益善；而不知道停止索取、适当适量适度最好。世俗者一味追求锐利、锋芒毕露，而不知道过于冒尖的东西容易折断，难以自保也难保全周边。金银玉石堆满堂室，生不带来死不带走，不可能守得住；位高权重的豪富骄横傲慢，终会咎由自取招来祸殃。善为成事、功成不居、隐而身退，如春生、夏长、秋收、冬藏，这样才是天道呀（9）。老子开导我们，有些时候，进就是退，因为如果纯粹由欲望驱使而前进，一味地做财富、权力、名利的加法，那就是背道离德；有些时候，退就是进，因为知晓应该舍弃哪些妄欲、如何把握规律进而遇难成祥，时常做财富、权力、名利的减法，那就是得道上德。

深显道 / 佛境界的《插秧诗》

关于退即进的道理，最为形象易懂的是南北朝布袋和尚的《插秧诗》："手把青秧插满田，低头便见水中天。六根清净方为道，退步原来是向前。"古代农田插秧时，需要手握嫩绿的秧苗，低头边退边插，一撮一撮地插满水田。插秧低头时可看到水田水面倒映着的天空和云彩。所插秧苗需根须清净、没有腐烂，将来才能长成稻（道）。插秧的人看上去是边插边后退，可插好的秧苗［将来的稻（道）］却是一步步走向前的。

这个故事也隐喻了老子的"明道若昧，进道若退，夷道若类"（41），即光明的道路好似暗昧，前进的道路好似后退，平坦的道路好似崎岖。

贪婪而骄横的秦朝很短命，根源在于秦始皇和秦二世在权力和利益方面的妄欲。"天下有道，却走马以粪。天下无道，戎马生于郊。"（46）让民众休养生息，保持社会安定，自由组织生产，是富民强国的常用妙药。秦始皇知晓自己的无道，故有被迫害妄想症，总怕被杀，所以风声鹤唳，草木皆兵。为了满足自己无止境的权力欲望，不停地在军事上折腾，穷兵黩武，修建长城，耗尽民财。秦始皇害怕最终的公平——死亡，迷恋长生不老，甚至被徐福等方士所骗；修皇陵，建兵马俑，竭尽奢侈贪婪；为控制舆论、阻塞民口，毁坏文明、焚书坑儒。贪婪将他的皇朝送上了断头台，最终万里河山毁于一旦。

对土地的贪婪如纳粹德国和法西斯日本，第二次世界大战时，它们侵略攻占了许多国家，霸占大片的领土，贪心不足蛇吞象，妄图吞并整个世界，最终物极必反，彻底崩溃。

对财富的贪婪，典型的例子如"和珅跌倒，嘉庆吃饱"。和珅长相俊美，通晓满、蒙、汉、藏四种语言，从破落的八旗子弟升为清朝第一权臣。在担任户部尚书主管财政时、在担任吏部尚书主管官员任免升迁时，皆不知足，只手遮天，顺手牵羊，中饱私囊，索要贿赂，聚敛财富，无所不用其极。在读书人不齿经商的时代，一品大员和珅竟暗暗地做起了生意，开始经营土地买卖，各种各样的商铺，如当铺、古玩瓷器铺，甚至粮、酒、灰瓦店等。最终落得入狱抄家的结局，狱中被赐自尽。经查抄，和珅贪污的总资产相当于大清皇朝全国二十年的财政收入，一并被缴没入国库。

所以，老子讲，大道是蕴含在万物千差万别表象里的真正内涵奥妙，是善良之人的珍宝，不善之人的保障。美好言辞可换来别人的尊敬；良好行为可得到别人的尊重。人有不善之处，怎敢舍弃道呢？所以天子即位时，设置三公，虽有拱璧在先、驷马在后的献礼仪式，还不如把大道作为礼物进献给他们。自古以来，人们之所以把大道看得如此宝贵，不正是由于求它庇护就一定能得到满足，犯了罪过也能得到它的宽恕吗？所以，天下人才如此珍视大道（62）。

九、永恒不死：道德的崇高和深邃

世上没有一个所谓的人格神、人形上帝或者造物主，但确实是有一个造物者。这个造物者，用几千年前老子的话讲，就是大道。

所谓道德，其真正的含义是，依据人事物本来的自然规律，去奉天治世、为人处事，去观察天地人；而不是遵照人为的清规戒律，特别是自己自以为是的想当然，去为所欲为。值得注意的是，世俗的人为"道德"一定程度上已成为礼义廉耻、风俗规范、循规蹈矩的代名词，与老子的"道德"不是同一含义。

大道无处不在、玄妙深奥、无形无状，单靠屏气静息也无法观察到它的真貌全貌。因为主观客观无法完全区分，会存在因人而异的观察者效应，犹如量子效应，从而仁者见仁、智者见智。要想真切、无干扰地观察到大道，就要消除客观，也要消除主观，即进入无我的状态、进入大道的状态，进行无观察者效应的观察，即以道观之，从而能看到永恒大道的体形神韵，看到真实的、有无限可能的世界。

如果说中文是中华文化的基础，那么"道"则是中华传统文化中的根本核心理念。一个"道"字，让中华文明站到了世界文明的最高点。"道"是一切的起源。"道"字，先"首"后"走之"的结构，既表明含义，又揭示规律。"首"就是大脑、脑袋，代表思维、思想、精神；"走之"就是行动，脚踏实地。"道"在字面上的浅显意思是思考驱动行动，以行动运载思考，知行合一。这个"之"，像"龙船行水"的模样。孔子对老子的形容便是见首不见尾的神龙！老子告诉我们："上善若水，水几近于道。"（8）但水能载舟，也能覆舟。可以这么说，"道"的文字结构，代表了"道"的本体，揭示了"道"的含义寓意，蕴含了道的功效或者应用，即德或善。

老子建立的以道及德为核心的宇宙观、世界观、人生观、价值观，是在中国先贤中表达最为深刻入微、宏大包容、齐全完整，内涵精神层面完全一致的思想系统。他告知人们，世界是由无及有衍生出的亿万天地人事物，人生是以道行德的代代循环，道是根本的评价评判。

老子天才般地将一切提炼为永远纠缠在一起的"无"和"有"，有不是永恒，无是永恒。有是有形世界的来源，而无是无形和有形世界的终极来源，即道。道的特性：循环往复，不会枯竭，道法自然。道生成万物，以德的形式存在于万物之中。

《老子五千言》中的"道"，也就像一个巨大无形的、按照圆形轨迹循环往复的飞去来器，经过一段时间的等待，还会飞回来；也好像一个不断循环上升的空间螺旋结构，不断绕圈、不断循环、不断爬升，而生命的 DNA 双螺旋结构也是如此形状。但是，对人而言，寿命有长度，所以这个循环也有长度，如果放进整个人类的轮回进化中，或许，这就是生命的一种无限延长……

十、修身养心：物我两忘，天人合一

老子的人生三宝：一慈，二俭，三不敢为天下先。

慈，就是慈眉善目、发自内心、由里而外地慈爱后人，慈善弱者、慈悲哀者、慈祥败者、慈和强者。老子的三宝，反映在做人上，就是和气的脸、克制的嘴、良善的心。正所谓"你的五官里，印着你的三观"。而和气大度的人，往往心宽似海，言语神色，令人温暖。和气待人，和气对事，好运才会不请自来，生活才会越来越顺。

俭，生活俭朴，饮食穿着俭朴，反而健康潇洒。简化人事物的各类安排、自律自己的言行举止、节制自己的欲望而分寸有度，不得寸进尺、贪得无厌。人败皆因狂，事败皆因贪，家败皆因怨。"持而盈之，不如其已；揣而锐之，不可长保"（9），老子忠告：拿得太多，不如适可而止，锋芒毕露，就难以长久。欲望可能是成功的动力，但贪欲必定是失败的源头。

"不敢为天下先"（67）。亿万人事物都有自己的秉性，行动之前应先观察其本质规律，就能达到事半功倍的成效，而不是擅自做主，因私心而妄动；不要在争权夺利方面居于人先，以不争为争，争好似不争，终让道去争，不争而善胜；英勇胆大如超过了天地允许的分寸，就容易被杀，英勇有度而谨守天地允许的法度，就容易存活。

老子规劝人们要把控好自己，遵道而养。"心使气曰强。物壮则老，谓之不道，不道早已"（55）。工作生活节奏快，精神压力大，意志又逞强，情绪波动化，心所欲所想驱使气势高昂、盲目逞强，即"心使气曰强"，如此会对生命健康造成危害。如果性情急躁再加上饮食过度，营养过剩，肚肥腰壮，各种疾病发生的概率大增，无法保持胖瘦适宜的外形，更难以达到仙风道骨的状态，难以健康长寿。

老子希望人们包容豁达，游刃有余。如果说通常人们喜欢黑白分明、黑白针对、非白即黑，老子则更强调知白守黑、黑白转化、黑白和谐。所以代表老子理念的颜色应该是最包容、最普通的"无色之色"——灰色，它包含了黑、白、红、黄、蓝等；代表老子理念的味道应该是最包容、最普通的"无味之味"——水。

老子的自觉传人，道教的祖师之一葛洪，将老子学说中贵柔少私、见素抱朴的思想加以改造，转化为长生、成仙之道，开辟中医健康道路。他提出要成为"神仙"，首先必须遵道功德，积累善行，慈爱为怀。老子以自己的一生身体力行地提示人们，人不能单纯修炼，也不能仅是遁隐山林，而是要像大道一样，无为无不为、无为无不治地服务苍生和天下。

人一生需要顺境修力，逆境修心；说话留德，做事留心，做人留路。人要读书，以升华气质，凝练灵魂；人要行万里路，以见众生，珍惜此生；慎重遇人，因为近朱者赤，近墨者黑。

人的一生要"见自己，见众生，见天地，悟大道"。"德者，同于德；失者，同于失。"（23）有德的人，会遇到同样品性高尚的人；失德的人，会吸引同等品性卑劣的人。人生对待自己有三种境界：阅己，越己，悦己。放得下的人，处处是大道。"江海之所以能为百谷王者，以其善下之，故能为百谷王。"（66）"敦兮其若朴，旷兮其若谷"（15），平时虚怀若谷，关键时才能安之若素。水低为海，人低为王，不虚荣者，才有尊严。

人这一生，就是一边得到一边失去的过程。"祸兮，福之所倚；福兮，祸之所伏。"（58）祸福相倚，得失相伴。世间万物，没有绝对，有好有坏，有得有失，才是人生常态。失去了，不绝望，因为暗到极致必有光明；得到了，不张狂，因为顺境后必有坎坷。当你明白无常，你就不会张扬。

人生这场修行，修的是自己的心，行的是自己的德。"企者不立，跨者不行。"（24）要是自己能力不够，即使别人帮得了一时，最终也会因内在和外在的不匹配，得到的全部会失去，甚至还会招致灾祸。所以说，当不够优秀时，即使有机遇，也难以把握；即使遇到贵人，也未必是幸事。真正智慧者，懂得按照自己的节奏行走，做自己的贵人，创造想要的事业和生活。打破原有认知，突破固有局限，做最好的自己，才能看见更广阔的天地，遇见更好的别人。因为你遇到的所有人，都是另一个自己，他们的所有特征，都是你思想观念的显化，所以要不断完善自己，才能遇到更好的人，看到更清明的世界。

修身体现在言行得当，遵道而行。"信言不美，美言不信。善者不辩，辩者不善。"（81）诸葛亮舌战群儒，一生经常与人辩论，可谓雄辩之才，可他也说：大辩不辩。辩论的最高境界，就是不辩！对待有些人，不辩可能是最好的方法。和不同层次的人沟通，会是一种无奈，最好微笑对待；和不同层次的人争辩，会是一种消耗，最好是好言求败。愚者喜争高低，智者以退为进。不争的诀窍：身退道进；不理睬的价值：沉默是金；不怒的缘由：放过自己。

"信不足焉，有不信焉"（17），人一旦丧失了诚信，就很难再获得他人的信任与尊重，而不守信的名声也会伴随一生。人活一世，一朝失了诚信，就会沦为孤雁，无人再愿与之交往。甚至商人会因不守承诺，而丢掉性命。所以要"与善仁，言善信"（8）。

不伤人心，是做人的修养，"善言无瑕谪"（27）。会说话的人，说出的话既不伤人，又能以柔和的方式解决他人的困难和尴尬。"天乃道，道乃久，没身不殆。"（16）做事情要顺应上天的规律，做人亦要有底线和原则，才能长久地生存发展下去，于人于己都不会带来灾祸。

我们每个人需要身体、心理、精神三个层面的健康，而最为核心的是对心灵的呵护。心灵是什么？心灵是精神性的意识，它并不是指具体具象的心脏、大脑，而是超越心脏、大脑，能够操作心脏、大脑，具有重叠、多样、纠缠等特点的精神系统。心灵与时空相应，具有规律和不确定性。它是经年累月训练积累而成，并不断进化升级，如模拟的数学模型不断迭代完善。

相由心生，病从心起！好的心态，让人健康长寿；消极的心态，让人疾病缠身。最好的心态：对过去释怀，对未来不忧，对当下珍惜。"其安易持"（64），只有事态稳定，局面才容易维持；而想要把持好人生，就要有稳定的心态。释怀过去，才能拥有幸福。"飘风不终朝，骤雨不终日。"（23）狂风刮不了一个早上，骤雨也下不了一整天，所有不好的事情终究会成为过去。我们需要做的就是去释怀，去放下，若一味地沉浸在过去的痛苦中，只会无端地消耗自己。

人们都知道，心理医生难做，而且风险很大，因为很容易角色代入，将所有他人的烦恼和痛苦，变成自己的烦恼和痛苦，并且难以自拔。也就是说，当你进入人的世界、人的内心去解决心理或者精神问题，风险很大，极易沾上烦恼，医治帮助的人越多，烦恼也会越多，犹如下入泥潭，不但救不了别人，甚至还赔了自己，可谓是事倍功半。而另一种方法，基于大道的方法，反而更为可行，即带人进入大道的世界，而不是你自身进入人的欲望世界，设法用大道的原理去清静、安静地发现问题、解决问题或者让其自行消化，可以事半功倍。因此，每个人都可用《老子五千言》，自己做好自己的心理医生。

第四章

永恒困境：人性的妄欲贪婪不知足

人性最大的罪过就是妄欲、贪婪、不知足，人的恶毒、恶劣、罪恶能超出想象，如盗取贩卖器官，残害持不同意见者，灭绝种族，战争谋利，等等；人性最大的智慧就是物我平等、和光同尘。人的慈善、大爱、光辉也能超出想象，如倾家捐助，收养素不相识者，主动牺牲，等等。人要根除妄欲、贪婪、不知足等人性弱点，就必须遵道、用道，与大道同在。否定大道的愚钝者，得不到大道的教诲，就会变为迷途的羔羊，任凭宰割而不知前途；抛弃了大道的聪明者，会陷于巧计而最终自毁；怀疑大道存在的极端聪明者，会常有难以消除的压抑和孤独；乐于拥抱天地自然社会者，时刻与大道为伴，就能感悟到什么是宁静和幸福。拥抱大道就是拥有智慧，智慧带来幽默；违逆大道就是邪恶，邪恶带来粗鄙。

人类有许许多多需要共同面对的挑战和难题，如未知世界、地震洪灾、气候变化、疾病医治、生命救护、生态保育、环境维护、生离死别等，但人类因为各自私欲而无法凝心聚力，陷于自我欲望中无法自拔，无法拯救人类自己。

一个人一生最基本的核心命题是如何对待罪恶、权力、名利、责任和义务，重点是如何提高警惕，防止贪欲，保证心理状态的"常足"，以及如何通过重视责任和义务，以转化、转移、消减贪欲之念。"得到食物、衣服、住处及医疗，是一项基本的人权。"1976年诺贝尔经济学奖得主、被誉为20世纪最具影响力的经济学家及学者之一的弗里德曼认为："如果福利是一项基本人权，那么提供福利的人岂不成为享受者的奴隶了？"这就告诉我们，每个人不能仅仅伸手享受社会、家庭和别人给予的好处与福利，更应该担当起自己的责任。

人类根本的权益，就是基本生存需求必须得到保证；人的最低发展需求和精神成长环境应该得到保障。在此基础上，人对外在的欲求应该适可而止，而不能永不知足，应该将最大精力用于自我修养、修炼、提升上。责任和义务不是本章讨论的重点，本章重点探讨更为沉重的人类原罪和弱点问题。

一、人类的需求、欲望与满足

老子告诫我们，青、黄、赤、白、黑五色均沾，颜色就会众多而缭乱，使人目不暇接如同色盲；宫、商、角、徵、羽五音均出，声音众多而齐鸣，让耳朵难以分辨如同耳聋；甘、酸、苦、咸、辛五味杂陈，味道众多，使人感觉味觉失调，食欲受伤；纵情驰骋田野围猎，使人身心躁动发狂；稀罕的珍贵宝物的诱惑，使人不择手段而行为走样。（12）遵道有德之人，只为维持基本权益，如衣食住行等，做简单有限的取舍；把一切名利权情等世俗之事，尽量简单化，不过分介意别人的评价，摒弃算计多思带来的劳累和烦恼，化繁为简；只遵从内心的呼唤，遵从大道的呼唤，将精神财富和崇高作为自己的追求。

人类最大的原罪就是妄欲、贪欲、贪婪（3，46，80）。

什么是妄欲？这要看欲望的等级和定义。人类的欲望可以分成如下等级：欲求、欲望、妄欲、贪婪、穷奢、极欲。能力与欲望相匹配会带来短时间的满足或者快乐，而长时间的满足和幸福，则来自知足，来自信仰，来自自我肯定。当代积极心理学早已诠释了这一点。[24]

什么是对物质、财富、权力等的正常需求、合理满足？什么是畸形贪欲？如何判断？依据是什么？无论低级的需求还是高级的需求，如果保证了一个人生存所需和健康寿命的最低最基本所需，就是兑现了最低程度的满足；如果在保证了最低程度满足的基础上，还进一步实现了潜在的最近发展区的需求满足，可算是一个人已经达到了最高的满足。

人们的知足而足，就应该发生在最低程度的满足和最高程度的满足之间。这就好像摘下低垂在面前的苹果，是最低程度的满足；需要跳起来才能够摘下高处苹果，是最高程度的满足；而要采摘遥不可及的高远处的苹果，企图一步到位、飞跃而至，就是妄想性的欲望。

最高程度的满足是正常需求和妄欲之间的突变临界点。追求遥远发展区的物质、财富、权力等极限程度的需求满足、欲望充填，就是妄欲，包括程度更严重的贪婪、穷奢、极欲等。人们在低级层次需求、高级层次需求中，都可能出现妄欲，只要超过了合适的界限，就是妄欲。

当然，每个人的能力和天生特点有所不同，最近发展区大小宽窄有所不同，所以，是已经抵达最高程度的满足，还是属于妄想程度的欲望，因人因事因时因地而异，得靠每个人自己的感悟和与周边的互动感受。

人类的需求与马斯洛理论

需求可以区分成初级、中级、高级三个层次，包含生理、安全、社交、尊重和自我实现从低到高五个等级的需求。[25]

初级层次。生理需求：这是最低级别的需求，包括对食物、睡眠、水、空气和居住等的生理需求，只有满足了这类需求，人们才能转向较高层次的需求。安全需求：这是略高一点的需求，包括对人身安全、稳定生活以及免遭疾病威胁或痛苦等的需求，是和生理需求一样重要的基本需求。

其中享乐型的生理需求是最低级的自毁型的需求，是一种通过放纵就能获得的条件反射型的低级欲望。放松自我约束、自我要求，放纵自我，就可以满足自己的各式各样的感官或肉体的低级欲望，如赌博、贪食、纵欲、狂欢、传谣、吸毒等，会让人沉浸其中不可自拔。许多公司通过各种刺激和上瘾的设计，利用人性的弱点去赚钱。而大道规律是，凡是让人极乐的，也必定让人痛苦。如个人的低级欲望被无限制地满足，毁灭就在不远处。

中级层次。社交型需求：当生理需求和安全需求得到满足后，就会产生这一层次的需求，包括对友谊、爱情以及隶属关系的需求。这些需求能否满足，会影响精神面貌、敬业精神、工作态度和情绪表达。尊重型需求：包括自我成就感，自我价值的存在感、实现感，他人对自己的认可与尊重。希望别人按照自己的实际形象来接受自己，并被认为有能力。别人是否尊重或者认可会直接关系到自己的晋升、名声、成就和地位。这些需求被满足，自我会充满自信；不能被满足，就会沮丧颓废。

这些需求都要通过自律而获得，甚至是苦行僧般的自律，即敬畏、揣摩大道允许的尺度，并据此进行有德行的行动。自律就是自由，即大道指导下的自由，否则就是放任纵容；明白哪些是大道德行，内心良知知道哪些不能干，那就真正获得了自由。人因自律而变得优秀。一个人遵道行德的自律程度，决定了人生高度。

高级层次。自我实现需求：目标是发挥潜能或自我实现。达到这一境界者，能接纳自己也能接纳他人。自觉性高、独立判断、善于处事、善解难题，受到激励后，会富有创造性和建设性。要实现这些，进而尽情发挥自己的才能，应该已在某个时刻部分地满足了上述其他需求。同时，能够自我实现者也可能因为过分关注这种高级层次需求的满足，从而自觉或不自觉地放弃上述层次的某些需求。

高级层次需求的满足，需要通过煎熬才能获得，因为这是在挑战一个人能够到达的人生巅峰。让人极乐的，必让人痛苦；让人痛苦的，必会让人获得延迟的高倍收获。黎明前的夜是令人绝望的、最黑暗的阶段，犹如宇航器回归地球前的最后阶段会有恐怖的黑障时刻。未经历的人，难以真实描述此感受。在此时空阶段的人，需要坚韧、顽强，对未来充满希望，即对大道本原和规律的敬仰。要经受住并冲过这个阶段，穿透人性、穿透冷暖、穿透真相，就需在日常锻炼出忍受各种委屈的能力：付出不被认可，努力反被否定，辛苦没有成果，隐忍反被误解，真心遭遇拒绝。在此绝境过程中静悄悄地痛哭，进而成熟醒悟而使生命升华，从而积蓄颠覆性的能量。

上述列举的各类各级人类的欲求，什么是在大道允许的度以内，很难判断，会因人因事、因时因地而变，一个比较简洁的判断方式，就是避免"德不配位""德不配天"的状况。愿望、欲望超过了自身的能力和潜能，就会成为妄想，从而失道寡助，祸福就会转向。当然人的潜能不是一成不变的，是在认知和实践中不断提高的，这是一个不断动态变化、不断进步的过程。

而判断潜能的比较好的依据，就是苏联心理学家维果茨基的最近发展区理论。尽管其是关于儿童教育发展的，但笔者认为其对成人的潜能与发展判断同样具有参考价值。笔者认为，人的发展有两种水平：其一是每个人的现有发展水平，指独立活动时所能达到的解决问题、满足需求的水平；其二是每个人的可能发展水平，也就是通过教育、实践、创造所能获得的潜能、潜力。现有发展水平与可能发展水平之间的差距就是最近发展区。而超出最近发展区之外的人们意欲在个人私利方面实现的念想、梦想、欲望，就都是一些可望而不可即的妄欲。

人类社会就是欲望之海，无可逃避，必须面对，既要渡己，又要渡人。人们要能在如此海中，借助浮力而漂起，以到达彼岸，就不能在游行中呛水、窒息、沉沦甚至溺亡。我们需要了解欲望，以便复原人性，回归本性，最终让大道德行得以发扬。所以人们需要像进行情绪管理一样，进行欲望管理，进而达到内心对大道的认同，最终从里而外地展现出德善信慈爱的容貌。

二、人性最大的祸殃是不知足

人类的共同挑战是疾病瘟疫、饥荒贫困、深远太空、极短时长、微观尺度、健康长寿等；人类的共同敌人是罪恶、愚昧、战争等。这些挑战或者敌人，需要我们每一个人去面对、去解决，而不是人与人之间你争我夺、尔虞我诈，也不是人类对自然的掠夺和榨取，而是互惠互利，互补有无，共同生存发展。

当人们遵道立德，即使以前被征用于奔驰作战的骏马，也会被用于回归农田积粪耕作（46）。人类所有的聪明才智，所有人力、物力、资源都会从事良性活动，即聚焦于全体人类都可以享受的福祉，如探索太空、科学技术、人文艺术、医疗健康、生产耕作等增长人类精神财富和物质财富的活动，而不是某个人、某个集团的私心贪欲。

精神和物质财富的增值活动，可以被称为良性活动，是为了满足人类生存、发展必不可少的需要，以不违反天地、不违反大道的本原及其规律为前提，因而不会被道所抛弃而招来天地报复或者惩罚。这些活动是让人们满足基本欲望，而不会煽动其更大的欲望，更不会引起欲壑难填之忧（46）。一旦人们贪婪，对权力、金钱、美食、情色、名利、地位等欲望过甚，就会走向良性的反面。

人的基本需求不是贪欲，而是每日三顿营养餐、衣着和住宿无忧、工作有保障等。能在律法和规则范围内自由表达而无生命之忧，是必须保证的常足，也是每个人应该感知而不能忽略的常足。常足就是符合大道规律的人的需求与欲求。人的基本权利，即最起码的生存与发展权，应该得到满足。社会和政府应该恒常保证每个人的衣食住行、言论表达的基本权利，同时每个人应该勤奋劳动以获得属于自己的各类基本回报，而不是想着不劳而获，甚至想霸占掠夺。

当天下"无道"，就连怀孕的可怜母马都被拉上战场当成战马，只得凄惨地在野外分娩生出小驹（46）。在无良的时代，所有的聪明才智和一切资源都会被用于庞氏骗局、金融霸权、横征暴敛、诈骗掠夺甚至战争谋利等恶性活动。正是各方的贪欲和不自制才导致了人类历史上无休止的战争，必须坚决反对战争以及导致这些战争的源头，包括战争在内的这些恶性活动是残酷甚至灭绝人性的，为天理天道所不容（46）。

人最大的原罪就是多欲、滥欲，人最大的祸殃就是得寸进尺、贪得无厌、不知足，人最大的错误就是喜好拥有，不愿失去，只欲获得。这些行为与大道是完全不符合的，甚至是忤逆大道，是真正的缺德。与老子的论断类似，佛陀认为：贪嗔痴，残害人类身心，使人沉沦于生死轮回，为人性之恶的根源。基督认为：人天生有原罪，即人会自作聪明，滥用自由意志，以自我为中心，放大人性丑恶的那一部分。当利欲熏心，妄欲得不到满足，一些仇恨社会、反人类的罪恶就会出现。然而如此的罪过行为，如此的个人、家庭、社会、国家、人类的悲剧，却在历史上一再重演。

突破人类道德下限的恶性案件

2008年日本秋叶原，25岁的加藤智大开着货车冲向人行专用道，撞倒、碾压路人，随后又下车继续用匕首攻击路人。从此"无差别杀人"这个概念流传下来。

在国内，2021年大连宝马无差别杀人案、2023年广州宝马SUV无差别杀人案……在这些无差别杀人案中，人们无从防备，无法识别潜在凶手，任何陌生人都可能是攻击者，呈现在人们面前的是一个不公平且极度危险的世界。

公平世界假设还会让我们对无差别杀人衍生出一些不那么正确的揣测，譬如凶手杀人，一定是因为原生家庭的失败。每当重大凶杀案发生后，社会舆论谴责的对象先是凶手，然后是凶手的家人。人们努力从凶手的家庭教育里寻找失误根源，遗憾的是，这种失误的存在是薛定谔量子态的，是不确定的。根源是人类的原罪：妄欲、贪婪、不知足。

从个人层面讲，无差别杀人犯，是道德标准很低的人。否则，一般人会宁愿伤害自己，也不愿无差别伤害他人。无差别杀人是个人、家庭与社会综合的结果。

妄欲的目标就是过度占有，如此逆道违德的妄作等，是在人事物的生长化育壮大的过程中必将产生的（37），是对社会环境生态和本人自身有害的副产物。要对付原罪、祸殃、错误这些有害的副产物，就应该用最为朴素、绝对真理的大道本原和规律去镇压、去削弱，让人事物进入虚心至极、守静诚信的境界（16）。

"极欲"是对外在人事物的极度贪婪。对自我的过度重视和抬高，则把自己的欲望置于天地宇宙万物的上面，把我置于世间第一原理，而不是把大道置于世间第一原理。正因为把自我的一切看得特别重要，所以才会不择手段地满足自我，追求多多益善、好之又好、顶尖之顶尖，直至最终失败或者彻底毁灭，也许方才大梦初醒（9）。

大道、天道无私无欲，没有占有的想法；而世人即使少私寡欲，也难以避免霸占、妄想、多欲、贪婪等，而帝王权臣富贾更甚。死亡是大道、天道用于解决人们贪婪妄想的终极策略，以便给后来的生命、后来的人们、后来的思想、后来的精神，腾挪出位置。

要看清妄欲及其危害，需要以五十年、一百年为时间轴的基本刻度，用千年的眼光，去观察、研究亿万人的命运。通过回眸过去、展望未来应能发现，一个个产生又消亡的朝代，一个个流芳百世和遗臭万年的人物，都揭示着兴替规律的存在，而其背后是大道规律在导演；人的无尽善良或者极端恶毒，超凡智慧或者狂妄愚蠢，都在历史舞台上张扬展出。人们可以看到灵魂空虚的卓越，也可以触摸到灵魂感人的平凡。人们的痛苦源自仅陷于自己此生欲望而不能自拔；人的幸福在于善知、善待历史和当代众生，并且明了自己应该如何度过此生。

跟随大道而拥有德善信慈爱者,既不贪恋自己的人生,也不拒绝自己的人生,而是始终关心亿万人曾经拥有或者正在拥有的人生,读史明智,进而可以善待并超越众人。研究早已表明,生命是处于经典规律和量子规律交接处的神奇[26-28]。众所周知,量子是波粒二象性,而人性就像是物性与神性的二象性:叠加、纠缠、不确定。人性的贪婪程度远远超过动物。动物最多只会贮存一个冬天的食粮,而人们会拼命占有几辈子用不完的资源、财富等;令人欣慰的是,人性有远胜动物的羞耻心,绝大多数人会反省、自责、自律,不会禽兽不如。明白了这些,我们就要防止被动地沉湎于人欲,而要主动投入大道的怀抱。祸福相依,身在福中不知福,故将无福;福无双至、祸不单行,身在祸中不知祸,故必有祸。我们需要看清人性的卑劣或崇高,人性的软弱或刚强,人性的愚钝或智慧,人性的恶毒或善良。

人类历史舞台上,政治交易肮脏血腥,资本逐利贪婪无耻,名利标榜而不知足。历史上的篡权政变(杀兄欺父的篡位、杀女害儿的后宫)、财富掠夺、资源盘剥同样会出现在当代,只是表现方式更隐秘,或者更加赤裸裸,一切均源自贪婪;好大喜功、劳民伤财,一切源自"奋发有为"的求胜心。帝王好标榜的是为民作主,而历史不需要自以为是的为民作主,而是要让民作主,让道作主。

由于人不可能完全消除妄欲、贪婪和不知足的弱点,所以人们信誓旦旦所追求的平等,很容易堕落成一种标榜,往往最后导致的是新的不平等;而大道、天道导致的平等,反而是长久永续的平等。警惕贪婪,也是为了让每一个人能拥有吉祥平安的一生,因为大道会清算每一个人,以提醒其亲朋好友和每一位仍在世上的人以及后来者。对成年人而言,世上最愚蠢的行为就是讲道理,因为此时教育已经不再有效,而内心自律或者当世惩罚和淘汰以及后世鞭挞,才是最为有效的清醒药。抑制人性丑恶罪过的有效途径基本就是三种：一是信仰，二是制度，三是教育。

人性有一个天生的弱点：不爱听真话，原因在于妄欲、贪婪、不知足蒙蔽了自己的内观辨别能力。所以有人说，经常夸你、赞许你的人，不一定是你的朋友，往往是想从你身上索取好处的人；冒着得罪你的危险敢于告诉你缺点的人，可能是你的真朋友，至少在行动上是你的真朋友，因为他告诉了你本人可能失败的原因。但人性与生俱来的弱点，让人们抵触说自己的缺点，故而身边往往没有了真朋友。

精致的利己主义者

钱理群在解读鲁迅时感慨：当今中国的人性、国民性最大的问题是，人已经不再是一个精神性的人（有理想、真理、信仰的追求，有独立思考行为的人），而是一个纯粹的动物性的人，是按照人的动物本能活着的人。动物的本能的基本生存法则就是趋利避害。现在大部分中国人，都是按照趋利避害的原则在说话，在活着（对自己有害的话绝对不说，对自己有害的事情绝对不做，只说对自己有利的话，只做对自己有利的事情），这就决定了当下有些国人说话做事的一个基本特点，说两面话，做两面人。在不同场合，不同利益需求下，说不同的话，做不同的事。你要我说什么，我就按照你的要求去说。这里就产生一个重大问题，作为一个人，作为一个有精神追求的人，而不只是为物质生存的人，作为一个健康的中国人，我们应该如何说话。我们的一些大学，包括北京大学，正在培养一些"精致的利己主义者"。他们高智商，世俗，老到，善于表演，懂得配合，更善于利用体制达到自己的目的。这种人一旦掌握权力，比一般的贪官污吏危害更大。[29]

人生并非没有幸福，大道就是智慧，就是幸福；人生不幸福的主要原因，就是总不知足。凡是追求身外之物的人，都是因为内心精神世界空虚无主。一个人的欲望不加遏制，只会越来越膨胀，一旦超过一个人所能承载的极限，灾难也就降临了。物质的满足终会超出人的生理极限，但是精神不会；人在精神世界获得满足时，外在的物质很难成为他的羁绊。学会静修内观，如同做自己的旁观者，这是一种道德修养。

人若是贪得无厌，罪恶或者灾祸必将临头。精神解放和个人自由的前提是，谨记老子告诫：灾祸诱因没有超过不知足的，罪过根源没有超过贪得无厌的（46）。人们常常糊涂，虚荣和生命相比，哪个更亲切？生命和财产相比，哪个更重要？获得和丧失，哪个更有危害？因此，过分贪爱溺爱，必有大的危害；贮藏愈多，损耗也愈大。任何获得必付代价，贪得必定消福耗心，最终折损健康、缩短寿命（44）。

"不贵难得之货"（3），即不要看重稀罕难得的宝物，"见素抱朴，少私寡欲"（19），即要外表朴素单纯，内心淳朴憨厚，私心、欲望尽可能少。"为而不争"（81），即做事重在专注或者服务到位，而不是和别人争夺权力名利地位，以免造成精神紧张，危害身体健康。"飘风不终朝，骤雨不终日"（23），即狂风刮不了一个早晨，暴雨下不到一个整天，所以为了持续发展，反应或者力度还是适度为好。"多言数穷，不如守中"（5），即言多必失、黔驴技穷、诸行不通，不如保守中道适度。

"去甚，去奢，去泰"（29），即应该去掉那些过分的、奢侈的和极端的。"方而不割，廉而不刿，直而不肆，光而不耀"（58），即要做到方正而不生硬伤人，廉洁而不至于把人刺伤，正直而不至于放肆无忌，光亮而不会闪耀刺眼。这就是说，做任何事都不要过，这样自己才不受损失。"强梁者不得其死"（42），意即强暴霸道者不得好死。"至誉无誉"（39），即追求无数的荣誉反而没有荣誉，"不欲琭琭如玉，珞珞如石"（39），即与其做看似高贵的美玉，还不如做平凡的坚石。

由人类的妄欲贪婪不知足所造成的悲惨事件许许多多，如金融诈骗、庞氏骗局、偷税漏税、潜规则、地沟油、三聚氰胺奶粉、苏丹红咸鸭蛋、毒豇豆等。以下的故事是让读者了解，人类的贪婪能到什么样的程度。

愚蠢的"眼镜蛇法令"

眼镜蛇毒性大，易伤人，因此早年英国统治印度时出台法律，要求每家印度人定期捕捉上交一条眼镜蛇，并予以奖励。寄希望于全体行动，使眼镜蛇濒危。然而荒野捕蛇，需要专业技巧，还不一定能捉到。于是聪明的印度人就在家饲养眼镜蛇，限期一到就上交一条。最终英国治理者发现这条法令很蠢，因为印度人交的眼镜蛇越来越多，当地蛇患越来越严重。于是英国统治者废除了该法律。人们震惊地发现养蛇不再赚钱了，于是气愤地把蛇放到街上，结果导致印度眼镜蛇泛滥。

三、瞬息快乐刺激与长久美好幸福

当今社会飞速发展，看似信息在自由传播，其实背后有形形色色谋权谋利的操控者。信息越来越发达，人的心智却在退化。要适当控制自己的欲望，许许多多人都沉溺在各种短视频和娱乐节目之中，浅层的刺激诱惑人们"上瘾"，人们对快感的要求就会越来越高、越来越苛刻，一旦停下就会空虚。而这种"快活"的感觉和持续上瘾，是通过算法设计、精准推送、诱惑欺骗、轮番轰炸所造成的"信息茧房""思维牢笼"的效果。这种针对人群的"算计"，强化人的条件发射和与浅层思维相关的动物性，霸占人们的注意力、思考力，使得人们对真正有价值、需花时间琢磨的东西视而不见。

人无法通过低级欲望的瞬间满足而获得持续的快乐，人们通过自律和梦想追求而能拥有永续的幸福。欲望和梦想所引起的人体的生理反应也不一样。

人体内分泌的激素有很多种，如典型的至少有多巴胺和内啡肽两种，到底是哪一种，视具体情况而不同。可以简单地说，追求多巴胺还是内啡肽，是人与人拉开差距的原因之一。这两种激素类型的差异，一定程度上决定着人们层次的高低，决定着人们获得的是短暂的快感或是持续的安详，瞬间快乐或者是长久幸福。多巴胺的快乐就是一个"嗨"，几乎无需努力，只需放纵自己，敢享受就能立刻舒爽。多巴胺的快乐门槛极低，是极易陷入的欲望泥潭；内啡肽的幸福看似门槛高，但如一步一步踏实攀缘而上，定能获得内心的安宁、灵魂的美好。多巴胺属瞬间心动，犹如快乐陷阱；内啡肽是长久美好，是幸福源泉。多巴胺就是触手可及的爽感和低级欲望的满足，但快乐转瞬即逝；而更高层次的幸福源自内啡肽。多巴胺易求，内啡肽难得。多巴胺让人"先甜后苦"，内啡肽让人"先苦后甜"；多巴胺好似"竭泽而渔"，内啡肽好似"吉祥长久"。随着年龄增长，每个人要尽量远离多巴胺，如果偶尔为之，权当消遣和休息，要保持清醒，不能上瘾，上瘾就是自暴自弃；应该尽可能地自律，远离多巴胺，靠近内啡肽。

内啡肽的产生，以及超越内啡肽的长久美好幸福体验，来自人对大道的信仰和服从。人类的愚昧尤可原谅，而人类的理性偏执实不可饶恕。"人类一思考，上帝就发笑。"康德早就提醒人们警惕人类的理性：理性就是把世界对象化，但忘了我们恰在其中，因根本无法真正对象化，理性本身就存在缺陷。爱因斯坦还说过："我对宇宙基本规律的理解不是通过理性思维得来的。"老子提醒我们，世界、宇宙本就"大制不割"，今天的量子理论也告知我们世界是存在状态叠加、不确定、纠缠的，"整体大于部分之和"。所以，我们认知世界，不能只有理性一个坐标，更不能只有以笛卡儿、牛顿为代表的传统狭隘的理性坐标，也不能只有以量子为代表的最新前沿的理性坐标。要全面地认知世界，我们至少需要三维认知坐标：理性、感性、灵性。所谓灵性就是信仰。如此才会对未知保持谦虚和敬畏，言行上有所"不敢"，并消除感性偏执、理性偏执，从而敬天爱人。

如果人无法认知"道"是最终本源、第一原理、根本规律、底层密码，那他就会执迷不悟，自以为自己是例外，天生特别，幸运特殊，而不知道"人生无常"，不知道人事物的聚散离合是经常发生的。在大道的规范运行下，如果说道有"道欲"的话，那怎么可能让过度的、额外的"人欲"得以肆意保留呢？"多言数穷，不如守中。"（5）作为人，若无法做到大道才会有的无私无欲（7，34，57）之品德，但至少可以做到"少私寡欲"（19），而切不可贪婪妄欲（46）。事实上，如果一个人能获得天下之宠，如果他的穷奢极欲可以被无限满足，那么他离彻底灭亡就不远了。

抑制人、事、物自然规律的激进派，相信"人定胜天"；滥用人、事、物自然规律的保守派，喜好"放任自流"。所有的妄欲和罪恶发展到最后，就会以终极形式（个人层面就是自由和生命的剥夺与被剥夺，国家层面就是战争）来表现，结果无论是输还是赢，得意的或者复仇的，都会恶性循环到山穷水尽，最终的输家是每个人和全人类。

人类在地球、星系、宇宙的变化——如大洪水、地震、海啸、星球碰撞——面前，非常弱小，微不足道得可以忽略。知足就是"为腹不为目"（12），只求满足基本需要，不追求额外的享受，更不能有贪欲。知足，就是"及吾无身，吾有何患"（13）。有时难得糊涂，吃亏可能就是福。知足才能不辱，知足才能不痛苦（44）。知足者不是不上进，而是在自我肯定中发现自己的潜力和天赋，从而给自己带来幸福。

真正的财富，是"知足者富"（33）。三天没有饭吃的人，捡到一个馒头，就是富。"名与身孰亲？身与货孰多？"（44）老子告诉我们，身体重要，生命重要，是故"甚爱必大费，多藏必厚亡"（44），爱财爱到发疯，多多益善，丢失的就会更多；藏得再多而超出应有，就是为别人所藏。

真正的福气没有标准，福气只有一个自我的标准，自我的满足。也许一杯茶、一杯咖啡、饱睡一晚就是舒服的享受，就是福。"知止不殆"（44），知止才不会有危险。不要被虚名所骗、被情感所耽、被巧利所诱、被权力所缠，凡事要在恰到好处时，刹车止步，适时止损，否则惯性使然，失去控制，滚坡翻车，一切枉然。人生的整个历程或者各个阶段，就是要在恰到好处时知止，就是应该在"功遂身退"（9）中结束或者完成多次循环，切不要落得个被惩罚剥夺的下场，这样才可以长久。

  人类社会尽管偶有纯真的天使，但更多的是一个个欲罢不能的欲望个体，忙忙碌碌，惶惶不可终日。人的一生中基本都会遇到各式各样的人，他们可以用无欲、常欲、妄欲、贪欲、贪婪等级别分为圣人、君子、良民、小人、流氓、恶棍、罪犯……有捐助奉献的、有拾金不昧的、有热衷慈善的、有蹭热度玩碰瓷的、有电信诈骗的、有挑斗好辩的、有设计陷害的……我们希望一生都不要碰到恶贯满盈的人，但我们又不得不防备遇上这样的人。在欲望横流的世俗社会大潮中，如果能够修炼自身，遵道有德，同样能淡定豁达，拥有令人尊敬的仙风道骨。

  用不争之争、用"道"去争，以替代人人之争。用与自然环境的良性互动、开疆拓土、开发深空、保护自然生态等改变人类命运的探险去替代人人之争、人与自然之争。

  欲望过剩的统治者，长于夺权立威，却疏于良治善行。身居高位的聪明人会做出愚蠢的决策，甚至权力越大越傲慢越愚蠢。从没拥有过权力的普通人，有时更容易贪赃枉法、徇私舞弊，因为"有为"，妄欲、贪婪充填了内心。愚政是难以治愈的自然绝症。那种"我判断""我坚信"等先入为主的偏见，总会演变成不顾事实的自我欺骗；通往奴役的路上，遍地是理性的自负和贪婪的欲望。主动温习历史上的灾难或者经常遭遇小灾小难，可能是避免大灾难的好方式。

  国家的贪婪不仅仅表现为军事战争，同样表现为金融战争和经济掠夺。如美国以超强国力获取美元发行权和金融霸权，先增发货币使其成为淹没并裹挟他国财富的潮水，然后离岸引爆他国市场或通过战争，驱赶资本回流，从而将增发的海量美元作为收放自如的洪水，收割其他国家以转嫁内部的困难和危机。数十年来，一直如此。如2022年美元疯狂加息，导致斯里兰卡破产等。美国通过加息收割发展中小国，沉重打击这些国家的民生。

欲望会驱使人去奋斗、争斗，欲望也会让人生不如死、欲罢不能。许多人不知道自律，不愿意自律，不愿意控制欲望，是因为他们不知道没有妄欲以后，人是什么状态。以下是弘一法师的故事，以让读者了解欲望是何物。

李叔同—李婴—弘一法师

李叔同出身富贵，锦衣玉食，但在二十多岁时，患上严重的神经衰弱，整晚不眠，内分泌失调，身体常常生病，精神也跟着恍惚。三十七岁那年，看了报上的断食法后，一时兴起，在杭州虎跑寺断食。他按照书上方法断食17天，并写下了《断食日志》。这种断食并非完全不吃，而是逐渐将进食减到最少，将欲望降至最低，然后再逐渐缓慢恢复。他尝试断食的初衷，是看能否改善自己的身体状况。不承想，断食不仅仅改善了他的身体状况，更在精神层面上将他彻底改变。断食结束后，他对好友说觉得自己已经脱胎换骨，因此用老子"能如婴儿乎"（10）一句，给自己取了个新名字"李婴"。

断食让李叔同感受到了翻天覆地的变化，他第一次体会到了饥饿。饥饿难耐时，他的眼前呈现的都是形形色色的食物，闻到的是沁人心扉的香味。断食后，他体重减轻，精神状态变好，变得耳聪目明，文思如泉涌，身体疼痛也消失了，基本没有失眠。在断食的那段时间，他体会到了没有俗世俗尘的知觉，自觉舒服惬意。这一断食，竟也将李叔同的欲望给断了，他再提不起对物质财富的欲望，对他而言，世俗的名利，包括妻子儿女，也变得不那么重要了。

三十八岁那年，李叔同留下一件书法作品，折断毛笔，了却尘缘，在虎跑寺剃度为僧，法号弘一。他将最后一份工资分割赠予自己的日本妻子和学生。他给妻子的诀别信写道："放弃你，非我薄情寡义。"世人一般难以理解李叔同了却欲望而出家，因为凡尘中人，常是欲望过多，极少碰到失去欲望的情况。他的弟子丰子恺评价，李叔同试图摆脱物质生活的羁绊，不仅仅停留在学术文艺等精神生活，而希望在灵魂生活中重塑自我。李叔同的成就涵盖绘画、写作、诗歌、音乐、篆刻、历史、教育等，他曾说："有很多人猜测我出家的原因，争议颇多。我不想昭告天下为何。每个人做事有每个人的原则、兴趣、方式、方法和对事物的理解的差异，就是说了别人也不会理解，所以干脆不说，慢慢地就会淡忘。""人最傻的行为就是急着要结果，得不到便又急又闹。殊不知冥冥之中自有天意，一切都是最好的安排……识不足则多虑，威不足则多怒，信不足则多言！"

四、人性之恶：妄欲贪婪与卑劣不可测

人是善还是恶？人是工具还是目的？在老子看来不言而喻，人既善也恶，人既不善也不恶，人就是载满欲望之身，取决于大道指引，故有多种可能。

可以说，人间有"地狱"，人间有"天堂"。当周边的人们大多心灵邪恶，那这些人的内心就是"地狱"，由他们所组成的人间就是"地狱"；当周边的人们大多心灵善良，依道而行，他们的内心就是"天堂"，由他们所组成的人间就是"天堂"。所以，我们要告诉人们，人间有天堂也有地狱，有善良也有邪恶。为人不可邪恶并试图伪装善良，因为人在做，天在看，苍天轮回不会放过任何一个邪恶者；做人也不能过于善良而没有锋芒，更不能一味善良、愚昧善良到轻信而放过邪恶，或者缺乏基本的戒备而一再上邪恶的当、被恶魔所害。为认知世界的多面性，需要知道如章莹颖、江歌等令人唏嘘的悲惨遭遇，又如谭蓓蓓、白云江案件等，从而不会幼稚或者极端地应答这个世界。对待如此的人间"地狱"或"天堂"，最好的处理方式是老子说的"善者，吾善之；不善者，吾亦善之；德善。信者，吾信之；不信者，吾亦信之，德信"（49），即对善

者当然要感恩并回以善良的报答，对不善良者也要回以妥善处置和适当的尊重，而不能简单地恶语相向，如此才是真正的善，并能创造向善的局面；对有信誉者当然要相信，对无信誉者也宁愿相信其可能守信并予以尊重，如此才是真正的诚信，并能创造信任的局面。

进化论揭示的是大自然的"适者生存"的正向淘汰结构特征，自然的进化创造了人类文明的进步，这是一种推崇"道德良善"的筛选效应；有了人和人类社会以后，复杂程度和变量增加，集权或者专制体制会放大人性的"妄欲、贪婪、不知足"等缺陷，违反自然的进化规则，出现"庸人当道，英杰被害"的逆向淘汰结构特征，愈演愈烈，会造成人类文明的停滞或者倒退，这是一种推崇"奸恶小丑"的筛选效应，即"逆淘汰"机制。直到最后遭到大道规律的严惩。

权力、财富、享乐会腐蚀每一个人，没有例外，只是程度不同。绝对的权力、财富、享乐，会导致绝对的腐败。

人们对权力的贪婪程度与出身、人品或者社会地位等关联度不大，主要取决于权力对每个人的具体腐蚀程度。权力越大越集中越独断，权力的腐蚀性越大越有危险，直至最终溃败消亡，这几乎成为一种铁律。有人认为占据社会高位者容易腐败，而不知道社会地位低下者，如果有机会获得权力将同样腐败，甚至会更腐败，只是暂时机会还未到来。这也向人们展示了权力对人性的腐败。人们在拥有权力、身处权力中心或者管理岗位时，要考虑如何慎重善待权力；同时，如果我们身处被管理岗位或者权力中心以外时，需要考虑的是如何慎重独立地对待权力，监督权力，警惕我们中华大地曾经有过的专制化、独裁化、太监化、奴婢化的余毒。我们既要防止自己成为玩弄权术者，也要防止成为高价值的工具人，最终被权力玩弄而毁亡，类似的如"愚民苛政"的商鞅、"指鹿为马"的赵高、"请君入瓮"的来俊臣等；要懂得并谨守大道，做德善信慈爱的良心人，如范蠡、苏轼、王阳明等。

鲁迅曾经指出社会丑陋现象："社会底层的人，也会经常互相伤害着，他们是羊，同时也是恶兽，但是遇到比他们更凶的兽时便现羊样，遇到比他们更弱的羊时便现恶兽样。"底层的恶体现在有了一点权力后，由于缺乏敬天爱人的信仰，在迫害同类中比谁都狠。有人说，在人生中，迟早会碰到毫无血性的阴阳人——对上级，摇尾乞怜地当狗；对下级，穷凶极恶地当狼；对同级，两面三刀当鬼。这些人还常被称为"高情商"。道不同不相为谋，有人总结，须防备狠人的三道三谋——王道：不听话就干掉你；霸道：听话也要干掉你；天道：用因果关系干掉你；阴谋家：面带微笑干掉你；阳谋家：明确告知你再干掉你；权谋家：悄悄干掉你，你还心存感激。

和平的社会管理是一级一级的构架，各岗各司其职。但在天灾人祸下，某些社会基层管理岗位上的行为不端者，突如其来地发现手中权力无比关键，甚至能够生杀予夺，会惊喜并擅权，犹如社会内乱时趁机造反夺权，似沐猴而冠。人们会发现，负责居民生活服务与管理的某些基层社区工作者，最初尽心尽责，感觉很好，但时间一长，互动产生矛盾，就开始变法折腾人，甚至恶作剧捉弄人。从最初崇高感驱使，服务为先，转变成情绪对立，拿鸡毛当令箭，出台措施五花八门，即使匪夷所思而不通情理，也敢于强行实施无碍。从往日对上司的低眉顺眼服从听命，转变为对居民的趾高气扬，为所欲为。这种时候，如何守好本分，就凭着内心深处的良知和本心，以及对大道的敬畏。

欲望大多关于权力利益、资本财富、情感情绪，而涉及它们的获取、继承、分配和平衡，是人类社会的历史难题和危险根源。所以有人说：人败皆因狂，事败皆因贪，家败皆因怨。

一旦人们旧的欲望有所满足，新的欲望就会马上出现并升腾，世俗之人的一生，永远被欲望怪兽牵着鼻子走，永远没有能停下的时候。朱载堉为明朝王子，却谢辞官爵，甘为平民，在艺术科学学术方面对人类贡献卓著。他专门为后人留下了著名的《不足歌》，内容意蕴深长。

不足歌

终日奔波只为饥,方才一饱便思衣;衣食两般皆俱足,又思娇娥美貌妻;娶得美妻生下子,恨无田地少根基;良田置的多广阔,出门又嫌少马骑;槽头扣了骡和马,恐无官职被人欺;七品县官还嫌小,又想朝中挂紫衣;一品当朝为宰相,还想山河夺帝基;心满意足为天子,又想长生不老期;一旦求得长生药,再跟上帝论高低。不足不足不知足,人生人生奈若何?若要世人心满足,除非南柯一梦兮。

与明朝朱载堉《不足歌》相呼应的是篡汉复周的王莽,他的故事具体而生动地演绎了权力贪婪的结果。

永遭世人唾骂的新朝皇帝王莽

王莽的发迹缘于当皇后的姑姑王政君。王莽出生于破落贵族,父亲早亡,与母相依为命,艰苦孤寒。由于家庭因素,他过早接触争斗而早熟,熟读孔孟。

姑姑对王莽怜爱备至,不顾非议和反对,极力提拔,三十八岁时,王莽已是朝廷重臣身兼大司马。姑姑如此行事,便有人向她进言:"王莽是您至亲,加恩未尝不可。但王莽看似敦厚,未必心存感激。一旦心存二意,您苦心白费,大汉江山危也。"姑姑私下召见王莽说:"你有今日,非姑姑之功,乃皇恩浩荡。我们王家深受汉室大恩,无论何时,我们都要恪尽职守,报效天子。"王莽装得涕泣横流。王莽利用姑姑为靠山和皇帝年幼无知,欺上瞒下,培植势力,最终一手把持朝政,位极人臣。然而王莽贪心不足要当皇帝,姑姑拼死反对,她招来王莽,准备训斥,然而王莽不再恭敬,抢先傲慢又蛮横地威胁说:"我意已决,姑姑不必多费唇舌。天命在我,汉室气数已尽,若是识趣,就把玉玺交给我。"姑姑悔恨王莽羽翼已成,无法驾驭,她无奈愤恨地摔出玉玺,玉玺落地有损,少了一角。在朝野广泛支持下,王莽登基做了皇帝,建立了"新朝"。

王莽完全靠一个人的力量和计谋，未动用一兵一卒，篡取帝位，改朝在位15年。后世有人认为王莽是"中国历史上第一位社会改革家"。他推动土地国有、均产、废奴三大政策，想恢复大周王朝的制度。但他败在轻于改作、不切实际、刚愎自用、所用非人、妄为擅动。由于大兴土木、轻启战端，导致天灾人祸，民众凄苦。公元23年，南方赤眉、北方绿林两支起义军攻入长安杀死王莽。"新朝"灭亡，随后汉朝又被恢复。

中国历史上，这种夺权情况经常出现。所以中国古代政治机制中有嫡长子接位的传统，目的就是消除无规则非法夺权的危险，有利于政府运作和社会稳定。即便如此，中国皇帝和太子，也是世界上最危险的职业之一，近四成的皇帝都不得善终。多少父子互杀、兄弟相残、母女相害的事情记载在中国的史书上。

除了对权力的贪婪以外，人们对财富的贪婪更是触目惊心。因为贪婪而导致倾家荡产，甚至招来杀身之祸的历史事例颇多，足以为戒。

权钱交易的贪婪商贾

战国时期吕不韦，富甲天下，眼光独特，结识了在赵国作为人质的秦国太子、秦始皇父亲嬴异人。后帮嬴异人回到秦国，自己弃商从政，也顺势做上了相国。嬴异人当了秦王三年就去世了，而嬴异人儿子嬴政年龄太小，才十三岁，所以国家事务全由吕不韦拍板。随着嬴政的长大，嬴政恨吕不韦私心太重、有利就上、见便宜就占，将其罢免。吕不韦郁郁寡欢，最终服酒自杀。

晚清首富胡雪岩既当官又做生意。他选择投靠左宗棠，结果财运亨通，操控了市场上所有的军火、丝、茶、船政等。后来，胡雪岩垄断上海所有蚕丝厂，结果遭到外商联合抵制。胡雪岩无力回天，只好贱卖生丝，几乎赔掉了家产。见此情景，墙倒众人推，在他那里存钱的官僚们，一哄而起，群起敲诈。更雪上加霜的是，李鸿章一张奏折呈给慈禧太后，告他收了洋人很多回扣。结果慈禧大怒，下令抄了胡雪岩的家。短短三天不到的时间，富可敌国的胡雪岩瞬间倾家荡产。六十二岁时郁郁而终。

既然人对权力、财富会有妄欲、贪婪，那么人的欲望能否测试考验？明确的回答是：无法精确探测，不可以考验。因为人的表现有多面性、叠加性，并且会因时因地而变，会因观察窥视者的不同而变。人性有好的一面，如善施；有不好的一面，如自私。但这些均属自然属性。人性具有叠加性、多样性、互动性，会呈现类似量子的"观察者效应"，即会出现仁者见仁、智者见智。并且这种观察和测试本身会影响一个具体的人的人性发展方向和最终品行。所以，老子说的"天下神器"（29）、"道法自然"（25）、"信者，吾信之；不信者，吾亦信之，德信"（49）、"道大，天大，地大，人亦大"（25），就是告诉我们，人也神圣，不可捉弄、考验和测试，考验和测试出来的不一定是条件反射下的真情流露，往往不是其真实的品质，而是趋利避害、察言观色、巧妙伪装的行为艺术表演，具有很大的欺骗性和不道德性。这种考验本身也是一种违背人性的行为。考察人的正确的做法，应该是在真实风浪中，依据绩效、道德而自然遴选和淘汰。

人性及欲望不可考验

李世民快死了，但又玩起了帝王心术。他突然把徐茂公无理由地贬官外地，并告诉太子李治："仔细观察此人，如果他因贬而不爽，说明此人不可用，赶快杀了；如他坦然接受无怨无悔，说明此人可靠，等你上位，可以重新起用他。我做恶人，为你铺路，你得了他的心，就可以尽管放心使用。"徐茂公接到贬职外放的圣旨后，没有怨言没有牢骚，连夜走马上任。

后来李治想要废除皇后，欲立和父亲同枕共眠的"才人"武则天为皇后，朝中哗然，文武百官心中均认为："本来你跟武则天暗中已经乱伦，皇家丑事一桩，现还要立她为皇后，张扬天下，让人耻笑，怎么可以呢！"本想力排众议的李治也犯难了，就咨询最资深的大臣徐茂公。徐茂公直接回答："这是您的家事，与国家无关，您有自由，轮不到别人说三道四。"李治心花怒放，立刻立武则天为皇后。此事对唐朝的危害极其恶劣，母仪天下，能只是私事吗？徐茂公不会不明白这点，他是明知故答，投其所好，甚至可以说是坑蒙下套。因为李世民死前其实是用驭人之术对他进行了一次负筛选，删去了良好品行存在的可能性，留下了奸诈欺骗使其存活下来。集权专制下会出现类似"指鹿为马"的"逆向淘汰负筛选机制"，经筛选存活下来的，无一例外都是大奸臣。

比如现代社会，也会出现类似案例。如果领导对你态度突然不好，该怎么办？首先是排查原因，看看是谁的问题，问题在哪里，如何改正自己的缺点或者沟通消除领导的误会。这种人往往被认为是憨傻，而实际是言行如一、忠诚厚实。而另一种态度则是，只要是领导态度突然不好，肯定是我做得不对，我要认真反省排查让领导顺心，这种人被认为机灵聪明，很得领导欢心和众人欢喜。其实后者往往是狡猾奸诈甚至巨奸大猾之人。

李世民等晚年犯错的原因是，久居高位者会习惯性地认为，自己总是对的，领导总是对的，下属必须坚决服从，不可以有疑问或者自己的小心思，而这是蔑视人性、轻视人性、玩弄人性，如此必遭报应。把人当傻子，把人不当人，只允许领导者欲望横溢，而不允许下属有任何欲望或者私心，并且还愚蠢地非常信任曾经被自己随意折辱的人们，这是自取祸殃。正确做法是应依照老子的善信理念，用人不疑、疑人不用。

五、人性光辉：善良与感恩及爱智慧

老子强调：足而为富（33，46）。一些俗语非常值得铭记：害人之心不可有，防人之心不可无。心向善，福未到，祸已远；心向恶，祸未至，福已失！虚心就是纳福，和气自能生春；虚心万事能成，自满十事九空。福不可耗尽，势不可用竭。花看半开，酒饮微醺。大道忌刚，天道忌满，地道忌盛，人道忌全。如果说，释迦牟尼的学说强调放下屠刀，立地成佛，那么，老子的学说则强调放下妄欲，瞬间得福，洗心革面，瞬成神仙。人们身边那些长期习惯性否定、抱怨他人有错，认为自我永远正确者，是有毒之人，源自他缺乏感恩和忏悔的习惯，核心根源是他没有建立起超越自我个体的终极崇高信仰——大道，缺乏对大道的尊敬。

对权力、财产、情感、名声、利益的妄欲和贪婪，确实是人性的弱点、缺点，也是许多罪恶的起源。但是，人性同样拥有感恩、奉献、慈善、悲悯、共情等方面的美德和优点。人性不是简单的善或者恶，生命特别是人类是处于经典规则与量子规则交界处的特殊现象[24-26]，人类言行思考的量子思维状态是不可忽略的特点。基于此，可以推论，人具有不确定性、多角色叠加性、整体不可分割性，具有善/恶、美/丑、神仙性/动物性等二象性。至于人具体会呈现哪一个特点，取决于人的本性、环境以及观察者与他的互动。

所以，我们既不能把人性看得那么不堪，也不能把人性看得那么高尚，也不能因为人性有那么多矛盾之处，而远离或灭绝人性。人性就是自然，就是从属于天地的自然属性，核心关键是我们不能掉以轻心。将人性问题看严重一点，适当防范，我们就不会遇到或者陷于贪婪等人性的灾难；将人性特点看得非常美好，过于乐观，疏于防范，我们就会一再遭遇人性的欺骗。所以有人说：当我们太娇惯，畜生便产生了；当我们不会质疑，骗子便产生了；当我们不会反抗的时候，奴隶便产生了；当我们跪下去的时候，伟大帝王便产生了……

人的高深智慧不是来自"个性"，而是来自水一样的"活性"，即大道所赋予的德行。人类的光辉和智慧，体现在老子等强调的物我平等、和光同尘，老子的平等理念超越了人人平等，且并不止步在物我平等，而是强调天、地、人与道的平等，鼓励人们与大道玄同，与孔德玄同（21）。虽然人性存在着贪欲原罪，但我们不该对人类的未来失去信心。下面以舍弃私心贪欲、弘扬人性光辉的五则故事为例。

第一个是中国乡村"一诺千金"的故事。

因一句嘱托，照顾邻家智障儿41年

浙江杭州郊区农村的宣世才，生于1969年，先天智障，从小到大没离开过村子。13岁那年，他父亲因病离世，并于临终前委托邻居宣丙水、李彩英夫妻帮助照看妻儿，此时宣世才的智力只在5岁水平，生活无法自理。两家虽同姓但无血缘关系。就因一句承诺，宣丙水夫妻就一直照顾着宣世才的衣食住行和生活起居。两年后宣世才的母亲也病倒了，半年里，宣丙水夫妻既照顾自己家的三个孩子，又照顾他，还带着他母亲去看病。宣世才母亲离世后，宣丙水夫妻承担起照顾他的全部责任。

随着夫妻俩年纪逐渐增大，为让宣世才今后生活有保障，2013年，宣丙水夫妻帮他申请办理了低保，但从来不动分毫。到2022年，夫妻俩照顾宣世才已41年，宣世才常在吃饭时对着夫妻俩笑，他俩知道，这个"孩子"把他们当作了这个世界上最亲近的"亲人"。夫妻俩用爱诠释了"一诺千金"。

第二个是帮助失学女童和孤儿的女教师的故事。

"时代楷模"张桂梅

1974年10月，满族姑娘张桂梅随姐姐从东北下放插队来到云南，成为在云南待了大半辈子的东北人。1996年，丈夫因胃癌去世，她放弃大理优越的工作环境，申请调到深度贫困山区华坪县师资最弱、条件最差的民族中学任教。她没有再组家庭，没有亲生儿女，全身心投入教育和慈善事业。在贫困地区坚持40多年，倾力

建成全国第一所全免费女子高中,至2023年,已让1804个学生实现大学梦。为不让当地女孩因贫失学,她坚持家访,遍访贫困家庭1300多户,自己近乎苛刻地节俭,把工资、奖金和社会各界捐款100多万元全部投入孩子身上。2001年,她开始长期义务兼任华坪县儿童福利院院长,成了众多孤儿的"妈妈",至2021年,她已养育了136名孤儿。

张桂梅因此荣获"全国优秀共产党员""时代楷模"等称号,获得"感动中国2020年度人物"等荣誉。

第三个是一位中国年轻人与外国老人的故事。

英国房东和中国留学生

英国的汉斯年少时和家里人闹翻,离开瑞士来到英国定居并直到退休。1999年,老人拄拐乘坐地铁回家,因行动迟缓,中国留学生宋阳主动搀扶了汉斯,一起上了地铁。在地铁车厢,两人愉快地攀谈了起来,在汉斯看来,宋阳好像是当初那个离开家的自己。汉斯热情地邀请宋阳到家做客,于是宋阳把老人送回家。到汉斯家后,宋阳发现,他家满地都是酒瓶,到处杂乱无章,汉斯不好意思地笑了。汉斯没结婚,也没孩子,一直是孤身一人。汉斯留宋阳吃个简餐,宋阳就在汉斯做饭时做起了大扫除,客厅变得干干净净。汉斯看后惊呆了,一边用餐一边邀请宋阳过来同住,宋阳犹豫着,汉斯说给他时间考虑。三天之后,宋阳住进了汉斯家。

两人协议,宋阳不需付房租,只需负责汉斯的一日三餐即可,宋阳不喜西餐,所以常做西红柿炒鸡蛋给汉斯吃。为避免汉斯吃腻,宋阳就向国内的母亲求教,学习简单又美味的新菜肴。汉斯虽然从没去过中国,但吃了8年的中餐,汉斯早把宋阳当成自己的孩子。一次宋阳出车祸,汉斯哭着跑到医院,严厉斥责肇事司机,自己掏钱给宋阳治疗,让远在英国的宋阳感受到了家一般的温暖。汉斯生病住院,宋阳也会请假去医院照顾,两人如同亲爷孙,相依为命。

2007年，宋阳不打算在英国发展，准备毕业后回国，汉斯心有不舍，但只能含泪送别。在机场，汉斯拉着宋阳的手问："我们还会再见吗？"宋阳没忍住哭了："我会每天给您打电话的，汉斯爷爷。"汉斯落寞地回到家，临睡前他习惯地说"晚安，宋阳"，刚说出口才想起宋阳离开了。一次，宋阳在电话里得知汉斯腿疼，无法下床，他忙向英国好友求助，让好友帮忙照看一下汉斯。汉斯住院的当晚，宋阳就出现在他眼前，汉斯抱着宋阳问，这是不是真的。等到汉斯可以下床了，宋阳问汉斯："您愿不愿意跟我去中国，我给您养老送终。"汉斯听了，红着眼眶点点头，但脸上闪过一丝疑问，未等他说出口，宋阳说："我父母都赞同，他们很期待您的到来。"

汉斯跟着宋阳到河南郑州定居。每天宋阳下班，都会带着汉斯上街逛公园，老头适应得很快。宋阳带汉斯做了腿部手术，在汉斯卧床期间，宋阳一家全力地照顾汉斯。节假日，宋阳常带着汉斯和家人一起出去旅游。汉斯十分喜欢中国，临终前交代宋阳："一定把我安葬在中国。"2013年，汉斯去世，宋阳将汉斯安葬在了郑州墓园，每年清明，他都会前去看望。

感人至深的第四个故事，发生在抗日战争时期的中国北方。

妈妈！《六福客栈》

英国女佣格拉蒂丝·艾伟德，出身贫寒，身体没有发育齐全，从小就受到歧视。她想参加耶稣会传教团来中国传教，却因为身材矮小、发育不良而被拒绝入团。她并没有因此放弃，而是孤身一人，由西伯利亚铁路来华，到天津再到山西，一路上历经波折，却矢志不渝，到六福客栈帮忙并传教。

1931年，20多岁的格拉蒂丝·艾伟德来到中国阳城，在这里生活了9年。她不仅学会了阳城方言，而且被当时的县政府委以"禁缠足督导专员"，监督当地妇女，禁止她们缠足。后来，抗日战争爆发，阳城遭到日军的轰炸，街头出现许多流浪孤儿。格拉蒂丝·艾伟德便开始收养救助中国孤儿，通过开办六福客栈这样的车马店，为这些孩子解决日常生活所需。1936年她加入中国国籍，并遇到中德混血儿国民党情报官林上尉，林上尉力劝她回英国，而她则以自己是中国公民而拒绝。为躲避日军的残害，她便带领百名孤儿从阳城上路，经过二十几天的跋山涉水，终于将孤儿们带到了西安。到达目的地时，她再也没有挺住而昏厥过去，她头部受重伤，肩膀中弹，还得了肺炎，而她醒来的第一句话是："我的孩子在哪里，我有100个孩子。"她完成了被一般人视为不可能的壮举。

1941年，她返回英国写了自传《我的心在中国》。英国著名作家艾伦·伯斯奇以其自传为版本写了小说《小妇人》，感召了无数欧美青年自愿前往中国抗日，包括美国飞虎队的许多飞行员。1958年，好莱坞拍摄了著名电影《六福客栈》。格拉蒂丝·艾伟德受到了全世界的尊敬。1970年，她在台湾因病去世，在她的葬礼上，悼词是这样写的：我们今后最大的罪恶，是对她的遗忘。

第五个是关于黑暗战争年代一位英国人与669名犹太儿童的故事。这个故事可以让我们深刻理解老子的"上德不德，是以有德"（38）。

温顿救了669名儿童，隐瞒50年

1988年，英国某演播厅，79岁的尼古拉斯·温顿受邀参加一档节目，平静地坐在观众席第一排。突然，身边观众全都站了起来，这些人都年过半百，白发苍苍，微笑地看着他，没有一人说话。老人整个人蒙了，不知道发生了什么。几分钟的沉默后，大厅里响起"我们都是你拯救过的孩子"的欢呼声，演播厅忽然掌声雷动，经久不息。

老人身上隐藏了整整50年的巨大秘密，在此被揭开。

1938年，第二次世界大战即将全面爆发之际，29岁的普通英

国青年温顿,去瑞士滑雪时途经捷克,看见为躲避纳粹铁蹄而逃亡的犹太儿童,他们的凄惨命运让温顿心有不忍。于是他写信联系素不相识的各国政要和海关边防,打通关节,拿出全部积蓄,接受身陷囹圄的父母们的委托,悄悄帮助669名孩子逃出纳粹集中营,给孩子们编号,安排列车将他们送去英国,为他们找好新的家庭,让这些孩子活下去。1939年,在伦敦车站,一位记者无意中拍下温顿与获救孩子。他用一己之力拯救了669条生命,而儿童的父母均丧生在纳粹的集中营和焚尸炉。温顿把所有资料都锁进箱子里,放入地下室50年。

整整50年,他从未提起。直到1988年,温顿妻子打扫地下室,无意中踢到旧箱子,看到里面一张张孩子照片、一张张获救名单……人们将最高荣誉授予他,而他平静得一如往常,只简单说:"做好事,不是为了让人知晓。我不是故意保密,我只是没说而已。"

2015年,温顿先生逝世,享年106岁。

在本章结尾,笔者要强调,敬畏信仰大道,能接纳认知欲望,而不被妄欲所绑架,人就会进入圆融智慧的境界。马斯洛认为,1%的人能达到智慧的人生之境。当愈趋近这种境界时,人生会愈有喜乐、愈有意义。智慧者作为"自我实现者"(成长者)拥有以下8种特征:

第一,观察判断善预测。有超乎寻常的判断力,对人事物观察透彻,只根据现有,就能够正确预测将要发生的演变。

第二,独立慈爱愿奉献。能享受独居喜悦,也能享受群居快乐;喜欢有独处时间面对自己、充实自己;不依靠别人来树立自己的安全感。像要满溢的福杯,喜乐吉祥,常愿与人分享,却不会向别人收取什么。

第三,宽容悲悯有爱心。宽容接纳自己、宽容接纳别人,泰然面对顺境或逆境;对不完美的现实,往往是先接受、不抱怨,然后主动担起改善现状的责任;虽知人类有很多丑陋劣根性,但仍满怀悲天悯人、慈善爱人之心,能从丑陋中看到别人善良可爱的一面。

第四,平等待人尊重人。他们的朋友或许不多,但所建立的关系,却比常人深入。他们可能有许多平淡如水的君子之交,素未谋面,却彼此心仪,灵犀相通;他们比较民主,懂得尊重不同阶层、不同种族、不同背景的人,以平等和爱心相待。

第五,少私奉道有使命。对人生怀有使命感,投入精力解决与众人有关的问题。不愿以自我为中心,不会单顾自己的事。

第六,圆通不偏擅哲理。他们有智慧明辨是非,不会像一般人采用偏执的黑白、善恶、好坏等绝对二分法分类判断;说话含有哲理,常有诙而不谑的幽默。

第七,纯朴自然有童真。单纯、自然而无伪;大脑装满智慧,内心葆有善良。对名利没有强烈的需求,不戴假面具,不讨好别人。

第八,懂得欣赏简单事物,从一粒细沙能见天堂。天真好奇如孩童,能不断地从最平常中找到新乐趣,从平凡中领略人生的美;心思单纯如天真孩童,极具创造性。会真情流露,欢乐时高歌,悲伤时落泪。与那些情感麻木,喜好"权术""控制""喜怒不形于色"的人截然不同,他们的衣着、生活习惯、行为方式和处世为人态度,似乎比较传统、保守,然而心态开明,必要时能超越文化与传统的束缚,也会犯一些天真的错误。专注真善美时,会对其他琐事不太在意。[23]

第五章

永恒大道：古今中外几千年的人事物例证

一、道的本体：第一原理和量子视角

道，是一切的第一原理。

宇宙、自然界由大爆炸产生，这让人们感到神秘并不可理解。如果人们简单关注一下我们身边的事物，就能知道与大道奥秘有关的圆形、圆状、圆曲线等无处不在。比如，飞机外形和翅膀的流线型、河流形状的流线型、沙粒形状的圆球形、恒星行星的圆球形、纤维的圆柱形、树木枝干的圆柱形、细胞的圆球形等，都告诉我们大道的运动蕴藏在亿万人事物之中。为了便于运动、减少阻力，众多事物采取了圆球圆柱形。当然也可以换个角度理解，大道就是圆形循环，不停进化，凡是阻挡运动和规律的一切，不是被毁灭而消失，就是被改造为圆球、圆柱、圆曲形。而这一切源自局部看似静止，实质上整体处于运动的大道规律。所谓灵性，指的就是大道的无处不在、运动不息、圆形轨迹、自在永恒、绝对智慧。

尽管我们不知道如何描述无形、无影、无踪的暗物质、暗能量，但今天科学解释的物质世界、今日世界是从漫无边际的"无"中生成的（用老子的话讲，即无之极端"无极"），是从最初世界亿万人事物的起始点"有"（有之始端"太极"）开始的——无限小的奇点量子波动引起的宇宙大爆炸，直至延伸到今天。那时物质能够采取的是立方体的还是圆球状的？无法知晓、无需知晓，无论最初瞬间是什么形状，很快所有物质都将采取流线型，或者圆球、圆柱、圆曲形，如此既可以有利于运动、减少阻力并与周边达成和谐，又可以最大程度地保留自身。而规定圆特征的"常名"、"恒名"、第一原理、宇宙常数，是几乎永远无法精确求取的带无限不循环小数的 π。

由此既可见道法自然的大道至简，也可以想见道法自然的深不可测、神秘无限。

"有生于无"（40）。"无"是大道的第一特征。

老子强调"道"即"一"，是一切的本原，是一个整体，是有感知和智慧的混沌一体。这个道是"无"也是"有"，无有互生，"无有二象"纠缠、叠加而融为一体。道是根本的本原和规律。为什么我们要认知本原？因为一切从它开始，知它才能知道一切，尽管我们不能完全知晓它，但尝试知晓它，就能走向光明正道。为什么我们需要认知规律？因为规律就是周期，就是会循环发生的人事物，尽管我们不可能知晓规律的全部，但只要心中充满敬畏并有所把握，就能少一些失误和痛苦。

在科技几乎一片空白的几千年前，老子就探讨描述了宇宙"有物混成，先天地生"（25），即宇宙之间一直存在着不可言明的道，它浑然一体，在未有宇宙天地之前，它就已经存在。它不生不灭，是天地亿万人事物的源头。它虚空，无形无象；它实有，融入不同的人事物，呈现不同的形象，赋形成象为无尽无边的人事物。

老子让我们学会打开"第三只眼"，看到宇宙的起始，看到循环往复、互变互生的实有和虚无，看到实数、虚数、复数……

从无到有与现代物理

玻尔的学生，美国著名的量子物理学家、黑洞学说的创立者约翰·惠勒曾这样赞扬老子："现代物理学大厦就建立在'一无所有'

之上，从'一无所有'导出了现在的所有。真没想到的是，近代西方历经数代，花费大量物力财力才找到的结论，在中国的远古早已有了思想的先驱。"

"视之不见……听之不闻……搏之不得……三者……故混而为一。其上不皦，其下不昧，绳绳兮不可名，复归于无物。是谓无状之状，无物之象，是谓惚恍。迎之不见其首；随之不见其后。执古之道，以御今之有。能知古始，是谓道纪。"（14）

看不见、听不到、摸不着，三者的形状无从探究、浑然为一。称其为"一"的理由是：其上不明亮，其下不阴暗，无头无绪、延绵不绝、不可名状，循环运动又回复到无物无形无象的状态。这就是无形的形状、无物的形象，这就是"惚恍"。迎着它，不见它的头首；跟着它，看不见它的后尾。把握着早已存在的"道"，来驾驭现实存在的人事物，能认识、了解一切的初始，这就叫作认识"道"的规律。

暗物质与暗能量

通过哈勃太空望远镜，人们发现宇宙不仅在膨胀并且在加速膨胀，从此加速度中人们可以判断暗能量的存在。爱因斯坦最早提出暗能量这个概念，它在宇宙中占据极重要地位。从引力场研究中，人们间接知晓了暗物质的存在。我们现在已知的物质是由电子、质子、中子、以及极少量正电子、反质子等构成。什么叫暗物质，什么是暗能量，人类到目前一无所知，只知道它占据了宇宙超过95%。宇宙总能量中只有不到5%是已知物质的能量，即其余超过95%仍处于未知状态，其中26.8%为暗物质，68.3%为暗能量。

"天下万物生于有"（40）。

老子指出，道在时间上先于天地存在，与天地存在融为一体并起核心作用。道既以虚的形式存在，好似无形无象，处处存在，只是没有固定具体僵化的形象；道又以实的形式存在，各具不同的形象模样。老子所阐述的宇宙真理与老子之后几千年的现代物理学、天文学所挖掘的宇宙起源奥秘是如此相似。这远远超越了2500多年前当时人类的智慧。

一个无限小，小到似乎存在却又不存在的点，在物理学上被称为"奇点"。"奇点"是天体物理学概念，是宇宙刚生成时的那一瞬间状态。空间和时间在此点开始或者完结，有类似于黑洞的无限高密度，其体积无限小，时空方程的分母无限小，所有物理定律在此失效，它具有无形的能量，宇宙之初在此点上发生，而老子就在此点上看清了过去和未来的宇宙真理和奥妙。这就是老子当时所说的"道生一"，道是一切的母体，是我们这个有形世界和宇宙的起源。

先于"实有"就已存在的大道，即"虚无"。大道虚怀若谷、包容一切、浑然一体、无形无象、难以确定、寂静无声。理解这一点非常重要，它是"玄之又玄，众妙之门"（1）。实际上，老子观到了"奇点"之后，竟然又观到"奇点"之时，甚至观到天地创生之时及其之前，老子竟然观悟到道是"象帝之先"（4）。老子不仅仅观到了"有"是天地之母，甚至观到与"实有"互补的另一面，即融为一体、无法区分、作为"有"出生初始背景的"无"。

奇点大爆炸形成宇宙

当代量子科学理论告诉我们，宇宙诞生于138亿年前，在大爆炸中形成，万物从无到有。具体为，一个质量、能量、热量、密度均无限大，而体积无限小的奇点，因为量子波动而爆炸了。最初的爆炸一切混为一体，含混朦胧，无法区分，爆炸后时间、空间、物质、能量、热量等瞬间开始形成，产生了基本粒子及随后的中子、电子、质子等。爆炸膨胀不断进行，爆炸的云团尘埃不断冷却形成星云，进而逐步形成了宇宙，诞生了天地，如行星、恒星、黑洞，而后产生了人类。时至今日，爆炸的边缘作为宇宙的边缘仍在对外拓展。而大爆炸之前，是没有我们这个宇宙的，也没有任何空间、时间，什么都没有。起点是一个时间、空间不分的，没有空间和时间概念的，无限小而接近无的奇点，因为偶然的量子波动而爆炸。奇点的奇妙之处在于，物理学和宇宙演化膨胀证据可推算确定它的存在，但又无法证明它的存在，它事实上是一个存在又不存在的东西。当然奇点再往前，是套装的多宇宙，还是宇宙膨胀收缩的生死轮回循环？是否可能就是一组数据编码？今天的科学已经无法回答。目前还没有人知道。

"天下万物生于有，有生于无。"（40）

按照老子的认知，确实存在一个作为万事万物一切的本原和规律的大道，但老子不知道如何称呼和描述它，它的名字可以叫作"无"，以代表天地未出生之前的无形无相、无声无息、浑然一体的那个始端；它的名字可以叫作"有"，以代表它是天地万事万物的有形有相、有声有息、千姿百态的那个生母。所以，若人们能恒常处于"无"，如"虚无"的状态，就能观察到一切的奥妙；若恒常处于"有"，如"实有"的状态，就能观察到一切的临界。"无"与"有"两个字，同出于道而字不同，共同称之为道，方才基本正确圆满，这就是玄妙，玄妙中的玄妙，也是认识一切玄妙的入门。所以，我们的实践和认知一切的本原和规律，都需要从"无"和"有"两个方面去观察体悟，只有"无"和"有"及其互生互变才是永恒之道。

干细胞与人的从无到有

人类因为量子理论的启发而发现DNA，从而创立当代的分子生物学，建立了干细胞学说。具体为：干细胞是生命的起源细胞，人体起源于单细胞受精卵，即第一代干细胞，而在此之前，只有男性的精子和女性的卵子，都属于"无"，受精卵是第一代干细胞，即新生命，属于"有"。这个受精卵经历卵裂，即干细胞持续扩张，细胞数量增加；进而干细胞开始分化成面向眼鼻耳喉四肢内脏等器官发展的各类不同功能的细胞，形成胚层，随后这些功能细胞有序排列形成不同的组织器官和胚胎，经历发育等一些后续过程。最后生命离开母体而出生，开始独立发展。这也是一个从无到有的过程。

"道可道……此两者，同出而异名，同谓之玄。玄之又玄，众妙之门。"（1）

老子认为：道，先于人类而存在、先于天地而存在；道是无也是有，道不是无也不是有，道是一切的本原和规律。这告诉我们，道不仅仅是无，也不仅仅是有，更不仅仅是无有之间简单的互变互生和共存，而是这些所有的总成。如以量子思维去理解，道具有"无有二象性"，类似于"波粒二象性"。

"波粒二象性"是量子世界、量子态物质和能量的存在方式。一方面，量子可以类似"无"，或者表现为"能量"的"波动性"，可以用"场"去表达；另一方面，量子可以类似"有"，或者表现为"物质"的"粒子性"，可以用"场"的激发去描述。粒子处于能量最低的基态，即"基态场"，"场"能被激发形成各级高能量状态的粒子。基态的"量子场"可算作是"量子真空态"，即类似于"无"的真空态是物质或者能量的存在状态之一，一切物质性粒子都可以从真空态中被"激发"出来。[30]

充分体现量子规律的世界最小单位，如基本粒子，是物质的初始根源，也是能量的初始来源，其颗粒尺度可以无穷小，其波动范围可以相当大，取决于概率半径的取舍。由"波粒二象性"规律和特征可知：其"粒子"性，相当于"有"；其"波动"性，相当于"无"。

量子论与波粒二象性

处于量子态的物质表现形式是不同于我们习惯的经典态的：量子态主要指微观世界，但不限于微观世界；经典态主要指宏观世界，但不限于宏观世界。而最能从形象和理论上展示量子论的典型代表，就是波粒二象性。例如，光同时具有波和粒子的双重性质，并超越简单的双重性质的加和。粒子是波，波是粒子，两种性质叠加、纠缠在一起，具有不确定性、不可分割性，这对我们传统惯性的经典认知和规律是一种超越。简单描述，光是波也是粒子，光不是波也不是粒子，光是光量子。2015年，科学家成功拍摄出光同时表现波粒二象性的照片，自然界所有的粒子，如光子、电子或是原子等都能用一个波动力学微分方程来表达，如薛定谔方程，请注意，这是一个包含虚数和实数的复数方程。

当被探究对象（如物质）小到不能再小，即为"无"；达之极限，即为"无极"。这个阶段时间和空间消失，从而展露出人们难以得知的"大道"的玄妙。"天下皆谓我：'道大，似不肖。'……若肖，久矣其细也夫！"（67）普天下的人都说，道是一切中最大的，这种最大的存在，大到无法描述它。如果硬是要描述它，向着事物的由来根源深究下去，就会找到它的踪迹，可以说它是永久的存在，就是那细微渺小而最基本的存在——"无"。这个"无"可以说就是量子、基本粒子，这时粒子显露出奇妙，因为它接近于道。小到无限的存在"无"，展现的是无处不在的、一切的共同根基，即大到无限的"道"。道的特性，就是兼具最大与最小，是两个对立极端的完美和谐统一。

量子论告诉我们，量子是波粒多状态叠加，具有无限可能性，在被测量或者观察之前，都不会拥有严格的属性，如一个粒子可能同时出现于两个或者多个地点。当它一旦被测量或者观察，它的叠加态会崩塌而消失，便陷入经典的现实世界，只能存在于某一个地点，成为某一种模样。量子的存在形式与观察者相关，即存在观察者效应。

《老子五千言》中，类似于量子状态的描述语句很多，特别是关于大道的，主要类近于二象性、叠加、纠缠、不确定、不可分割性，分别见如下章节：1，2，4，14，15，21，25，28，36，40，41，42，43，45，47，54，63，67。特别明显的章节是：1，14，15，21，25，67。

"同谓之玄。玄之又玄，众妙之门。"（1）

"无""有"的"玄之又玄"与"波粒二象性"隐约具有类近性，如"粒子性"与"波动性"就是一体两面、互补互变的"玄之又玄"状态。人们对世界基本单元的认知是不断深化的，由原子继续细分为夸克、介子、轻子、强子、胶子、希格斯玻色子（W玻色子）等，颗粒尺度可以玄乎地不断细分下去，而奇妙之处在于此过程中"粒子性"和"波动性"并存并互相转换，直到最后到达"玄之又玄"，无法再区分"粒子性"和"波动性"的"超弦"境地，如弦论所描述的世界底层。

世界物质底层的弦论

弦论认为宇宙的基本是弦，弦在空间运动，才产生了各种粒子。不同的粒子就是弦的不同振动模式。世界的一切相互作用，所有的物质和能量，都可用弦的分裂和结合来解释。超弦理论，是引进了超对称的弦理论，指世界的基石为十维时空中的弦。

组成世界的最底层是比分子、原子等更小的量子形态，如基本粒子，它们当然具有波粒二象性。绝大多数基本粒子都极其短命。这些自然界的基本单元、基本粒子，如电子、光子、中微子和夸克等，看起来像粒子，实际上不是粒子，而是极微小的、一维的、具有不同振动模式或各级振动态的"玄之又玄"（1）的"弦"。弦的尺度约为普朗克长度（1.6×10^{-33}厘米），这些弦不停地振动，每种振动模式都对应有特殊的振动频率和波长，不同频率对应于不同的质量和能量，犹如乐器琴弦的一个振动频率对应于一个音阶。

宇宙就像这些弦的各种可能振动态，犹如无形无状的音符，通过相互关系而组成交响乐。这些弦通过相互转换而不断产生和消失。

"朴散则为器……大制不割"（28）；"故道大，天大，地大，人亦大"（25）；"有无相生"（2）；"无，名天地之始"（1）。

显序和隐序与宇宙全息论

全息照片里面的人像，如果切成两半，从其任何一半中仍能看到原先完整的人像；如果把它撕成许多碎片，仍能从各块碎片中看到原先的完整影像。

全息论的核心思想：宇宙是不可分割的、各部分紧密关联的整体，任何部分都包含整体的信息。任何一个点，都涵盖着整体所有信息，类似于"故道大，天大，地大，人亦大"（25），众生众物平等。

"大制不割"（28）。著名量子物理学家玻姆是现代全息理论的最早提出者，他把世界看成一个整体，用此理论来解释量子跃迁与各类量子力学现象、宇宙演化、人类意识等科学与哲学难题。

宇宙是其各部分间全息关联的整体。在整体中，各子系与系统、系统与宇宙之间全息呼应，呼应部位较之非呼应的部位在物质、结构、能量、信息、精神与功能等宇宙要素上相似程度较大。子系包含系统的全信息，系统包含着宇宙全信息；子系是系统缩影，系统是宇宙缩影。宇宙本质上是一个全息投影，是一个幻象，犹如全息照片；局部包含全部，而全部又包含局部。

用宇宙全息论的进一步表达是：从隐显信息总和上看，任一部分都包含整体全部信息，即一切事物都具有时空四维全息性，一切都存在着相互的全息对应关系；整体包含部分，部分包含整体，每部分中都包含其他部分，同时它又被包含在其他部分之中；物质普遍具有记忆性，事物总是力图按照自己记忆中存在的模式来复制新事物。全息是有差别的全息。

与老子的道的"无有二象性""有无相生""无中生有"理念类近的是，玻姆提出了显序和隐序（即分别为显展序和隐卷序）的概念来解释量子态和宇宙的基本结构，该理论大致可以描述为：客观世界存在两个层次或两个维,一个维在生物学和物理学的层面上显示自己,玻姆称之为显序;而另一个则在比较深的层次,我们无法直接认识,只能间接地了解它。对宇宙的正确描述必须包括后者这个根本的层次,玻姆称之为隐序。隐序的基本特征是,在时间和空间(显序)中所发生的一切都被折叠在内,犹如电脑压缩文件及其解压展示的视图画面。基本粒子看上去是实体,实际上它们来自基本的折叠隐序。

隐和显的关系通过一些例子就容易理解。肉眼直接所见的三维独立个体,实际是更高维整体的投影,由于人类不能理解更高维度的整体性而误以为所看到的是一个个独立的人或物体,例如三维立体整体的实体的手与按在二维平面的五个独立指印。高维能够容纳低维、理解低维,而低维难以理解高维。一维包含零维,如直线由点构成;二维包含一维,如纸上可画直线;三维包含二维,如盒子可装纸片;四维包含三维,长宽高和时间四维时空里有我们三维的人。提高维度,就大大增加自由度,增加展示度、美感度。一维只是一条线,描绘方式有限得可怜;二维是面,可以描绘各种图画,甚至以假乱真的、假三维的世界,二维美感比一维多无穷倍;三维是立体,三维可描绘的空间和可能性及美感度比对二维又增加无穷倍。人需要提升意识的自由度,提升维度。

二维生物与三维生物相比较而言,前者是愚者,后者是智者。智者讲愚者不可理喻,是指三维事物无法用二维语言准确描述。三维的人对理解和表达更高维度事物存在同样困难。即使我们所处的世界并非三维,可能是四维、五维、六维……而我们的直接感知只能是三维而已,如果我们人能够直接感知时间,进而熟知历史,包含了第四维,就已经绝顶智慧了。

宇宙全息论由著名量子物理学家戴维·玻姆在《整体性与隐缠序:卷展中的宇宙与意识》一书中提及,由诺贝尔物理学奖得主、荷兰著名理论物理学家G.霍夫特于1993年正式提出,并得到了雷纳德·萨斯金的进一步阐述。

美国普林斯顿大学的 John A. Wheeler 学派则认为世界是由信息构成的，信息才是最重要的，物质和能量不过是信息附属物而已。人们因此思考，极小体积中的极大信息存储容量的终极是多少，能透过一粒沙看世界吗？真是"一花一世界、一叶一菩提"吗？

"天之道，损有余而补不足；人之道，则不然，损不足以奉有余。"（77）

上述前半句表明，天地自然能够让多的变少，少的变多，如高山崩塌，低谷淤平，逐步走向均匀化，耗散平均化，地壳内力消耗殆尽，结果可能就是"熵增"而一片死寂。后半句指出，快速发展的人类社会，在"人之道"，特别是在欲望驱使下，发生财富权势的局部聚集归趋，贫富差距必然是在不断增加的，犹如"熵减"，类似著名的"马太效应"。到一定程度以后，必然产生巨大的贫富差距。

熵减能得以存在的前提、可持续的先决条件，就是资本和权力能够谦逊、包容、少私、寡欲、自律、自然、慈善、奉献，以求得大道天地百姓大众的接纳和允许。否则，温和的运动或者暴力的革命（熵增）就会发生，这就是"天之道"在起作用。就犹如，癌症就是一种能够从外界掠夺资源能量从而实现自组织、自有序的，善于熵减永生的细胞，从而害死宿主主人。为治病救人，要么有效控制癌的扩增，要么通过熵增将其消灭，如断绝其周边毛细微血管的外源营养输送。

"人之道"和"天之道"，是互补互变的两种力量和统一的普适性规律。以"人之道"的方式获取外部资源，借助"熵减"，新陈代谢，保持活力。而一旦走到极端，要么"天之道"以平衡和柔和的方式进行"熵增"干预；要么"天之道"以强力出现，失衡崩溃，污染灭绝，暴动战乱等剧烈的"熵增"就会出现。

老子的天道、人道和熵定律

熵的概念源自物理学,表示系统的无序程度,体现了能量从集中到耗散、从有序到混乱的状态变化。熵定律被称为科学定律之最,表明在自然过程中,一个孤立系统的熵(即"总混乱度")不会减小,不可阻挡地朝着混乱与荒废发展(熵增)。最终整个宇宙各处物质都一样,温度也一样,不再发生任何运动,一片死寂。例如,打扫干净的房屋,即使封闭,天长日久自然就会混乱肮脏;清除干净的田地,即使封闭,久而久之自然杂草丛生,要避免或者改变这一切,就需要对外开放,引入能量,必须有外力加入去付出劳动,才能加以改变。

熵定律决定了宇宙的命运,人类也受其支配。尽管宇宙的暗淡死寂,是千百亿年后的事情,用不着杞人忧天,可一个系统或者组织,包括个人的存在和发展,即可见的未来是存是亡,是停滞还是发展,却近在眼前。要让某一个有限的系统变得有序(熵减),就需要对外开放并从外界吸取能量来抵抗熵增,让系统变得更加有序,增强社会或者组织的生命力,自然自由才能自组织,互补协作、松弛有度才能自复制(如DNA双链)。对人的意义同样,谦逊、开放、包容、少私、寡欲、自律、自然,就能熵减而充满生命活力,健康长寿。

二、道的运动:虚静反向弯曲循环

大道的圆形循环往复运动是一切运动的基础,其特点是从"无"到"有"和从"有"到"无"的双向反向循环运动。明白了"无有二象性",即"无"和"有"的特点,无有的共生性、互变性,无有的不可分割性,无有之间的确定性和不确定性,就基本明白了道。

"有物混成,先天地生。寂兮寥兮,独立不改,周行而不殆,可以为天下母。吾不知其名,强字之曰'道',强为之名曰'大'。大曰逝,逝曰远,远曰反。"(25)老子认为,大道虽"无""有"

同在并互生，但"无"更基本。道的运动，关键在于动态的"生"，初始是源起的"静"，生生不息，在于物质间的相互关系和作用；静而守道，无为之为，道德善为，寂静微扰，微动永续。老子从对自然的观察感悟中发现，"道"无休止的圆形运动和变化的循环回复规律，即从"静"到"动"，从"小"到"大"，从"大"到"逝"，从"逝"到"远"，从"远"到"反"，从"反"到"复"，从"复"到"归"，从"归"到"静"。

"大直若屈"（45）；"昔之得一者：天得一以清……"（39）这个"一"，即道。时空局限僵化，是无法观察到"道"的；放开空间尺度、时间跨度，将会发现，"道"从来不是直线，而是曲线，是运动着的"弦"，就像天下没有完全的绝对直线，只有绝对的曲线和相对直线，这个曲线就是弦波。世界中包含世界，弦波中包含弦波，黑白位相周期律动，就犹如传统经典的阴阳鱼，整个阴阳二鱼合一的曲线就是"一"，一个一气呵成的"一"。

相对论与光线弯曲

人们通常认为光线是最直的，光总是沿着直线传播；事实上，光从来都不走直线。爱因斯坦指出，光线会在引力场中发生弯曲。他的狭义相对论认为，光速对所有惯性系观测者都相同，不论它们的速度如何，推论就是能量和质量是等效的。如此也就是说，一束光的能量就对应着一定的质量，也就可以受到其他物质的引力作用。他的广义相对论指出，质量制造空间扭曲，曲率使物质运动。质量越大，引力场越大，扭曲得越大，光线穿过扭曲的空间当然会改变方向。总之，加速度可以使得光线弯曲，当光线经过有引力的地方时，就会发生弯曲。

"致虚极，守静笃"（16），虚是似空非空乃无穷，有"虚"，才能大容无限，功用不穷。"虚而不屈，动而愈出"（5），虚无而致不可穷尽，生生不息，不断涌现，有着无穷的动力。"虚其心，实其腹"（3），以朴实无华充实人们的心灵，平和心态，对生活充满信心。老子像看中"无"一样，看重"虚"，以获得对大道更深层次的理解和最大程度的运用。老子不仅仅看到了"实有"的世界，同样看到了"虚无"的世界，看到了虚实互变不可分；好似让人们不仅仅看到了实数，还看到了虚数，看到了能描绘一切的、实部虚部结合的复数。

量子世界的许多奇异来自虚数部分。意识与实体的联系，可能类近于虚数与实数的联系。认知世界需要从务实到悟虚，从实践到理论；改变世界则从悟虚到务实，从理论到实践，如同从"务虚会"到"路演"。

虚数与量子理论

笛卡儿1637年给出"虚数"这一名称，与"实的数"相对应。甚至莱布尼茨在1702年都说过："虚数是神灵遁迹的精微而奇异的隐避所，它大概是存在和虚妄两界中的两栖物。"欧拉1777年首创符号 i 作为虚数的单位，第一次用 i 来表示 -1 的平方根。"虚数"不是想象出来的，而是一种确实存在的，可以用图示给出直观的几何表达。

在量子力学最为全面核心的薛定谔方程中，包含有虚数。薛定谔方程是虚部、实部结合的复数函数，这也可见"核心的"量子规律与我们通常所见的"表面的"规律的不同之处，这也暗示世界的一切是虚实结合和相互转化的，超出我们过去所陷于的单纯"实有"世界。而在宇宙的起点，宇宙大爆炸一直延伸到今天，虚实一直是相互结合、互变共存的。量子力学如同打开了人类的"第三只眼""天眼"，使得人类看到了更广阔的一切，让人们可以在更高层次和维度研究理解什么是物质、意识和精神，以及探讨它们共轭相互关系的可能。

量子力学很多地方都要用到虚数，并且回避不了，这让物理学家很困惑。毕竟真实世界的测量值都是实数，就连薛定谔本人，最初推导方程时都想不用虚数 i，但如那样表达和计算都太复杂，只好为简便起见又保留了。很长时间里，虚数在量子理论存在的必要性，一直令人疑惑。潘建伟和范靖云两个团队分别在 2022 年同时独立通过实验验证确认了虚数的必要性，即仅用实数不能够准确描述标准量子力学的实验结果。

"万物负阴而抱阳，冲气以为和。"（42）

"孔德之容，惟道是从。道之为物，惟恍惟惚。惚兮恍兮，其中有象；恍兮惚兮，其中有物。窈兮冥兮，其中有精；其精甚真，其中有信。自古及今，其名不去，以阅众甫。吾何以知众甫之状哉！以此。"（21）

老子告诉我们，德善信慈爱的音容笑貌就源自道。道是真实存在，道不一定可见可知，常常隐于无形，不依赖于人类的感知而真实存在，犹如气场、能量场、量子场。老子明确指出，道是以"象、物、精、真、信"的方式，即表象、实物、精气、真理、诚信的递进的方式而展现真实存在，同时，道又是"恍惚窈冥"，难以感知把握。从古到今，道的威名永恒流芳，已被众人认知它是一切之父，我何以知晓众物众生一切之父的上述模样？依照道的规律，由表及里、由宏及微。

在老子的描绘中，大道虚虚实实，虚中有实，实中有虚，是虚实结合的承载体，其微小至极，飘忽不定，看不见，摸不着，犹如一个捉摸不定的"气"，故"专气致柔"（10）。道就是"无"和"无形"，场的概念不仅包含在"道"的概念中，而且明确表达在"气"的概念中。[31]

气与场及量子场

老子所说的"气"，有可能就是今天的"场"。万物的阴阳两方面，在充满空虚、无所不及的"气"的作用下达到和谐状态。万物是由阴阳气三者和合而成，即"万物负阴而抱阳，冲气以为和"（42）。场，往往是看不见摸不着的普遍存在。场，是物质存在的一种基本形式，具有能量、动量和质量，能传递实物间的相互作用，例如经典的电场、磁场、引力场等。场动成波，如风场，根据树叶总体波动，人们知道风的存在、方向和大小；如磁场，人们从发现一种能吸铁的东西，到明白磁场的波形轨迹、大小和方向。经典物理学的场是光滑的、连续的，性质有理论最小值或者理论最大值，这种认知不再适用于量子世界。

量子场不仅存在于拥有任何场源，如质量或电荷源的地方，而且无处不在、无时不有、普遍存在。没有电荷、质量、场源的"真空"，并非完全是真正的空。"真空不空"，其中仍然存在这些量子场，即使"大脑一片空白"时，起码还有量子场的存在。太空绝大部分是真空，其中没有任何物质或者传递粒子介质，无线电波能穿越太空的原因就在于此。无论宇宙是来自大爆炸，还是大爆炸前的另一个宇宙（诺贝尔奖得主彭罗斯的循环宇宙观点），量子场与宇宙一直同在。由于场的量子性质与海森堡的不确定性原理相结合而产生的量子涨落，也存在于整个空间，拥有每种可能的量子模式和状态，其出现的特定概率可以推算。

物质存在有两种形态：一种是由基本粒子所组成的实体，另一种是感官不能觉察的场态。每一种基本粒子，即波粒二象性的超微粒子，就是一种场。生命或者人恰恰处于量子和经典规则的交接区域，"气"的本质可能就是超微粒子及其场，可称为生命的气场。现代科学与之可近似对应的就是"量子场"。当然人的精神状态可以影响人体场的强弱大小，人体之气具有自主可控性的特点，即可受意念控制。

人们很容易僵化地认为，"道法自然"（25），就是顺其自然，而忘记了"道法自然"的真正内涵，其含义是大道不模仿任何外界事物的行为和方式，独立自主、自由，自然而然，周行不殆，这里的"自然"更多的是一个动词的缩写词。当然描写大自然的中国字"自然"也源自老子,这个词是名词。

对于我们人类而言,因为"人法地,地法天,天法道"(25),所以"道法自然"就是要以道为准绳和核心,以德善为依据,独立判断。因此,在此前提下,是顺、是逆还是借或还均可以,顺逆借还都能道法自然。关键是要能得道多助,否则失道寡助。要因应自然,适当有度,最小损耗,最大利用,德行善果,以德配天,为道所容,如此便没有后患。

顺流而下,逆流而上

通常情况下,鱼都是顺流而下,偶尔逆流而上,如鲤鱼跳龙门。而最为新奇的是贪吃的虹鳟死了还能游,甚至逆流而上,其根源是虹鳟柔软的身体能够巧用迎面而来的水流,借力打力,反向推动自身的前进。其原理就是当水或气体经过一根棒槌的时候,棒槌后方就会出现一连串左右交替的涡旋,这就是卡门涡街。其临近两个涡旋还会相互帮忙,发生相长干涉,导致一股朝着棒槌方向的逆行水流,把附近的水流往棒槌那儿撸。那么,逆行水流终止于卡门涡街的末端棒槌直径 2 倍处,即抽吸区的边界(人们野外游泳危险区)。但是和人类不同,虹鳟特别喜欢逛卡门涡街,喜欢追着抽吸区跑。

另如,小鸭幼鹅以长长"一"字形的编队跟随"妈妈"向前游,如此阵型游泳前行更省力,可以节省很多能量,原因是能够乘浪和传浪。此雷同于船舶前行,水面前行的水禽之身后,也会产生开尔文船行波系,以约 39 度角向后传播。兴波当然有一定程度的耗能,要使得这个能量不被白白浪费,能被全部利用、吃干榨尽,就得采取此种队形。如六只小鸭如此尾随母鸭,小鸭乘坐母鸭所兴波浪以减小自身的兴波能耗,进而前行。乘波而行给所有尾随小鸭带来福音,第一只最省力,第二只次之,第三只到最后一只,所有个体兴波阻力都趋于零。整个群列达到巧妙动态平衡,系统总兴波阻力维持恒定,每只小鸭都是波浪传递者,可将来自身前的波浪能量传给尾随个体，此阻止了波浪能量向周边辐射耗散，以利大家均衡平分。

三、老子道论：后世名家的继承、同鸣、契合

"无，名天地之始；有，名万物之母。"（1）

《老子五千言》第一章开宗明义，"无"和"有"都是作为万事万物根源和来源的道之表现方式。"无，名天地之始；有，名万物之母。"（1）"无"是天地开始时的整体状况和背景；"有"是原初生出万物的母亲。"始"和"母"都强调的是根源和来源，但有所区别。

"有"和"无"二者同出一处，同源而异名。"无"相应于"妙"，无边无界，不确定；"有"相应于"徼"，有边有界，具有精确性——二者有所不同、有所分工。"虚无"的里面还有"虚无"，"实有"之中还有"实有"，就叫玄；"虚无"与"实有"难以精确区分、分割，也叫玄。"无"和"有"同在，并相生互补互变，"虚无"的里面还有"实有"，"实有"之中还有"虚无"，就是玄的里面还有玄的"玄之又玄"，"虚无"能转变为"实有"，"实有"能转变成"虚无"，环环相扣，无穷无尽。万事万物及其来源都呈现"有"和"无"两种形式的"无有的玄之又玄"状态，对"有"和"无"二者的深刻认识，是认知大道和世界万事万物的"众妙之门"。

康德与老子

德国著名哲学家、天文学家、古典哲学的创始人康德（1724—1804），是德国较早涉猎老子学说的哲学家。他确信，斯宾诺莎的泛神论和亲自然的思想与老子思想有关。他同时认为，老子所称"道"的"上善"在于"无"，即这种以"无"为"上善"的学说，就是一种通过与神格相融合、通过消灭人格从而取得自我感觉消融于神格深渊之中的意识。

康德所描述的"消灭人格"，实际含义是指超越自我。人格的

发展可以理解为是一个螺旋上升的否定之否定的跃迁过程。最初状态的初生之人是无我的，随后自然成长并自我实现，进阶到有我的状态，再经过否定之否定跃迁，重新复归到更高层次的"无我"境界，这就是"复归于婴儿"，如此状态的人超越了自我的局限，葆有献身精神，能将自我生命保护提高甚至奉献给另者生命，能将个体才能和生命去服务并塑造集体的灵魂和精神。

康德把老子学说看成"自我意识下的哲学""醉心于超验之物"。黑格尔部分地接受了康德的观点。

可以这么说，康德理解了老子的"人法地，地法天，天法道，道法自然"（25）所寓含的逐步升华与超越，而没有完全理解老子的"故道大，天大，地大，人亦大。域中有四大，而人居其一焉"（25）所寓含的一切平等，即超越了"人人平等"之上的"道、天、地、人四者之间的平等"，因为四者均由无形的大道贯串始终，这就是大制不割（28）。

黑格尔绝对精神与老子之道

黑格尔（1770—1831），德国哲学家。马克思哲学批判地继承吸取了黑格尔哲学的"合理内核"即辩证法思想。黑格尔在《历史哲学》中说："中国人承认的基本原则是理性，叫作'道'……道为天地之本，万物之源。中国人把认识道的各种形式看作是最高的学术……老子的著作，尤其是他的《道德经》，最受世人崇仰。"黑格尔称赞老子是"与哲学密切相关的生活方式的创始人"，认为老子的道文化就是一个可行的世界管理理念，人类现在所传播的就是这个理念和具体的做法，让每个接触这个理念的人心里都充满希望，充满阳光，更加热情幸福，合乎自然地去生活。

以诸玄识为代表的一些学者引述德国哲学家艾尔伯菲特在《德国哲学对老子的接受》中的描述："欧洲中心论的哲学奠基者黑格尔，以欧洲中心论的方式，让非欧洲文化为其自己的体系服务，并使得非欧的思想传统不再有尊严。"诸玄识等进而认为19世纪的黑格尔的许多思想及观点，衍生或者摘抄于公元前5世纪的《老子五千言》。如以《小逻辑》为代表，黑格尔辩证法中"绝对精神"主导一切，从"一""虚无"开始，包含"无"和"有"，然后矛盾展开，经过"正反合"，从"绝对精神的异化"到"绝对精神的复归"，即最终回到绝对精神本体，与《老子五千言》十多处概念和表述高度相似。该书从内容上看，几乎就是《老子五千言》核心思想的减缩版，将老子的"道"平移为"绝对精神"，直接地使用"有"和"无"的概念不下百次，论述"有无对立统一"等。

冯友兰说："老子在第一章讲了三个概念，一个是'有'，一个是'无'，一个是'道'。这是老子最概括、最抽象、最难懂的一部分。……黑格尔的《逻辑学》，从三个概念讲起，一个是'有'，一个是'非有'，一个是'生成'。这并不是说谁抄谁，也不是说他们对于这三个概念的理解和用法都完全一致，只可以说，在这一点上，他们所见略同。"[32]

"道生一，一生二，二生三，三生万物。万物负阴而抱阳，冲气以为和。"（42）玻尔家徽上新添加上去的阴阳鱼图案常为人们津津乐道。[30]

太极阴阳鱼图案与玻尔

1937年，诺贝尔物理学奖获得者、量子物理学家玻尔应周培源的邀请，来到中国访问和讲学。周培源陪玻尔看了京剧《封神演义》。当玻尔看到姜子牙指挥天下英豪和各路神仙的令旗时，立即对令旗上面的太极阴阳鱼图案大加赞叹，自认为和他的互补理论非常相似，他所引领创立的基本粒子原理、波粒二象性等原理均可用此图去阐释。因杰出的科学贡献，丹麦国王1947年封玻尔为"骑象勋爵"，爵士徽章应镌刻被封者族徽，于是他亲自设计，并且采用了太极阴阳鱼的元素，还刻下一句拉丁文箴言：对立即互补。玻尔的"对立即互补"契合了几千年前老子的"万物负阴而抱阳"（42）

理念。

大道本体自身是一切的本原,如何认知"道"呢?道由"无"和"有"所组成,好似是"无有二象性",类近于量子的"波粒二象性";道至少具有"有""无"两面,此外还至少存在着既是"无"又是"有"、既不是"无"又不是"有"的不确定的第三面(超越"无""有"两面,如硬币的侧面),甚至更多的面。所以,悟道,先从认识"无"开始,随后认识"有",先从"无""有"两个确定的极端方向切入。例如,用简单的通俗语言描述,禅修静坐对应于"无",忙碌烦躁对应于"有",当自如地感知体悟"无""有"之后,就要学会体悟"有"中之"无","无"中之"有",以及"有""无"的不确定性。先宁静无欲地观悟纷纷扰扰的欲望世界,后从纷纷扰扰的角度去观悟宁静无欲的世界;先从"虚无"观"实有",后从"实有"观"虚无"。

爱因斯坦与《老子五千言》

美籍华裔数学大师陈省身1943年在美国认识爱因斯坦时亲眼所见,爱因斯坦书架上的书不多,但有《老子五千言》德文译本。陈省身总结道:"西方有思想的科学家,大多喜欢老子、庄子哲学,崇尚道法自然。"爱因斯坦家族图书馆展示的爱因斯坦的藏书里确实有《道德经》和《老子与道教》,笔者存有此电子照片。据传有人曾经问过爱因斯坦对老子《道德经》的感受,他说真的看不明白!可见爱因斯坦的淳朴坦诚。联想爱因斯坦对量子论及量子纠缠的怀疑,他有这样的感受可以理解。

"道可道,非常道;名可名,非常名。无,名天地之始;有,名万物之母。故常无,欲以观其妙。常有,欲以观其徼。此两者,同出而异名,同谓之玄。玄之又玄,众妙之门。"(1)(注:历史版本中,西汉马王堆之前的是"恒道",以后为避讳汉文帝刘恒之名,故被改成通行本的"常道"。)

老子说：如能用人的语言描述的道，就不是那永恒不变的"大道"；如能用人的语言描述的名，就不是永恒不变的"真名"。无，是天地混沌未开之际的开始状态，有，是万物生成的源头母亲。因此，要常在"无"中去观察领悟"大道"的奥妙，要常在"有"中去观察体会"大道"的端倪。"无"与"有"这两者，来源相同而名号相异，可称为玄奥，而且是玄奥中的玄奥，是宇宙天地亿万人事物一切奥妙的入门。

汤川秀树尊崇老子

汤川秀树在 1949 年获得诺贝尔物理学奖，是日本第一位诺贝尔奖获得者，他在量子理论的基本粒子领域做出杰出成就。他如此理解《老子五千言》第一章："真正的道，即自然法则，不是惯例之道、常识之道。真正的名或概念，不是常见之名、常识性概念……17 世纪之前，亚里士多德的物理学是'常道'，牛顿力学确立，并被称为正确的'道'，它便成了物理学上唯一的'道'。'质心'这种新名，不久成了'常名'。20 世纪物理学又从超越'常道'、发现新道开始。如今，狭义相对论、量子力学等形式的新道已成了'常道'，'四维时空''几率幅'等奇妙名称，几乎成了'常名'，因而必须再寻不是常道之道，并非常名之名。如要如此思考的话，两千多年前老子之言常能让人获得非凡的新意。"汤川秀树喜欢阅读老子、庄子，他称赞老子是看透人类最终命运的智者。汤川秀树在探讨人类创造性思维的著作《创造力与直觉——一个物理学家对于东西方的考察》中写道："老子是在两千多年前就预见并批判今天人类文明缺陷的先知。老子似乎用惊人的洞察力看透个体的人和整体人类的最终命运。"

"道可道，非常道；名可名，非常名。"（1）

老子思维的开放性、开创性、批判性和创新性，极其突出。对"道可道……非常名"的另一种解释是，任何探索出的道路，可以成为今后实践的道路，但不能成为我们永恒不变的道路；任何探索出的认知，可以成为今后的认知，但不能成为我们永恒不变的认知。

李政道与测不准的道和名

诺贝尔奖获得者、物理学家李政道1972年10月2日在香港大学发表演讲："牛顿力学已被量子力学代替了，在量子力学中有条很基本很重要的'测不准定律'，它说明我们永远测不准一切，任何物体假如能完全测定它在任一时刻的位置，那同一时间，它的动量（即质量×速度）就无法固定。对普通一般物体来讲，动量不定，就是速度不定，进而就无法预定这物体将来路线了。从哲学上讲，'测不准定律'和老子的'道可道，非常道；名可名，非常名'，颇有符合之处，所以近代物理学有些看法，与中国太极和阴阳二元学说有相似的地方。"

"孰能浊以静之徐清？孰能安以动之徐生？"（15）；"独立不改"（25）；"知其白，守其黑"（28）。

老子对大道本体的描述是"有物混成，先天地生"（25），是"其上不皦，其下不昧"（14），犹如见上下前后的临界点、分界处。上面或前面是不明不晰，下面或后面是林林总总隐藏不住；这个"有物混成"，既是"绳绳兮不可名，复归于无物"（14），也是"无状之状，无物之象，是谓惚恍"（14）。而这"有物混成"与"大爆炸"理论中宇宙约150亿年前的"奇点"，以及大爆炸后最初产生的基本粒子多种多样，多么相似。对于"惚恍"，老子表述"吾不知其名"（25），但他肯定"有物混成，先天地生"。可见，老子的"无"，不是通常世俗之人臆想的那个什么也不存在的为"零"的"无"，而是特定含义的具有存在性的"无"。大道的"无"，不是世俗之人眼睛所看见的"无"，不是没有事物存在的"无"，而是隐藏着的尚未显形的未来的"有"。一旦条件吻合，就能"有无相生"。

海德格尔与老子大道思想

"向死而生"的存在主义哲学的创始人——大哲学家海德格尔（1889—1976），非常尊崇老子。他请朋友为他写一幅中文条轴，"孰能浊以静之徐清？孰能安以动之徐生？"（15）。意思是说：谁能在浑浊中安静下来，使它渐渐澄清？谁能在安定中活动起来，使它出现生机？道！这段话兼顾动静，即静中之动，静动。说明老子不单是守柔不争，更有不争之争。

海德格尔认为西方哲学从古希腊开始就跑偏，忘记了存在本身，将其与具体存在的"存有之物"（即世俗之物）混淆。哲学本原含义是"爱好智慧"，其最高的目标应该是指向绝对的智慧、绝对的真理（即道），也就是作为亿万人事物基础的存在本身。而他惊喜地发现，老子的"道"，就是对"存在本身"最直接而简洁的描述！人们可以在亿万人事物中寻觅大道，因道无所不在，即使一切皆灭，道依然不受影响而存在，"独立不改"（25）。所以，不能沉迷有形并无穷变化的万物之中，而忘记作为根源与归宿的道。

"道可道，非常道"，即"道，可以用言语表述的，就不是永恒的道"，因为真正的"存有本身"确实是超乎言说与理解的。他认为"道"超越了形而上学，是一种存在思想，"道生一""道"是万物本原、思想根源。他认同老子对于"无"的内涵的论述，认为在"存在"的现实存在里，伴随"无"的"存在"，他在论真理的本质中强调"知其白，守其黑"，认为天、地、神、人四者各为一方，"四方"协调隶属，与老子"四大"（25）思想相对应。

"是以圣人之治，虚其心，实其腹，弱其志，强其骨"（3）；"人法地，地法天，天法道，道法自然"（25）。

托尔斯泰视道为神

托尔斯泰不止一次地承认，自己受到中国文化很深的影响，表示喜爱中国文化。在中国的诸子百家中，托尔斯泰特别钦佩老子，不仅给予热情的评价,还亲自翻译了《老子五千言》的部分章节。托尔斯泰认为"老子学说的实质与基督教是相通的",他是从基督教的角度来接受老子学说的,在他的心目中,老子的"道"就是"神",所以他把"道"译为"神"。当有人问他世界上影响最大的文化名人是谁?他说:孔子是很大,老子是巨大。

老子的"道可道,非常道;名可名,非常名。无,名天地之始;有,名万物之母"(1),他译为:"可以叫得出名的神,不是永恒的神;可以称呼的名,不是永恒的名。还没有名的东西,是天和地的本原;有了名的东西,是世界万物之母";老子的"人法地,地法天,天法道,道法自然"(25),他译为:"人像地,地像天,天像神,神像他自己本人";老子的"故常无,欲以观其妙;常有,欲以观其徼"(1),他译为:"只有没有欲望的人,才能看清那神的本质;为欲望所驱使的人,不能完全看清那神";老子的"人之道,为而不争"(81),他译为:"圣者默默地教导别人,他创造一切真实的东西而丝毫不攫为己有";老子的"不尚贤,使民不争;不贵难得之货,使民不为盗;不见可欲,使民心不乱。是以圣人之治,虚其心,实其腹,弱其志,强其骨"(3),他译为:"对圣哲的赞美,在民间会产生争论。轻易得到的珍贵物品,在民间会产生偷窃。贪看能激发淫欲的对象,会使民心骚乱。因此圣者为了治理民众,就要排除内心的愿望,压制自己的意志,增强自己的体力"。托尔斯泰晚年时,灵魂处于极度焦虑之中,与老子的相遇,为其对人生的思考增加了一个参照系,他自称因此而获得了"良好的精神状态"。[33]

"以道佐人主者,不以兵强天下,其事好还。师之所处,荆棘生焉。大军之后,必有凶年。"(30)

黑塞尊崇老子大道智慧

赫尔曼·黑塞(1877—1962),德国作家,诗人。黑塞出生于德国，后迁居瑞士并入籍，获得1946年诺贝尔文学奖。1907年，父亲将老子介绍给他。1914年，第一次世界大战爆发，住在瑞士的黑塞目睹了战乱频仍的人间惨状，人类失去了生活的平静。他崇尚浪漫、喜爱自然、反对战争，结果被批判和攻击。黑塞寻找精神解放的路线，开始研究中国文化，特别是老子思想。一战结束后的1921年，对老子的探究极大改变了黑塞对自我、人生和世界的认识，他在给好友、法国著名作家罗曼·罗兰的信中说："多年来老子带给我极大的智慧和安慰，对我意味着全部的生活真谛的就是'道'这个字。"相信矛盾对立不可调和的西方人普遍不理解道家思想，1922年，黑塞在写给奥地利著名作家茨威格的信里说："目前老子在德国十分流行，但所有人都认为他的理论十分矛盾，其实老子的哲学思想根本不矛盾，而是辩证看世界，认为生活是两极的。"黑塞断言："我们现在急需的智慧都存在于老子的书之中，将其准确翻译成欧洲语言，就是我们当前面临的唯一精神使命。"

"三十幅，共一毂，当其无，有车之用。埏埴以为器，当其无，有器之用。凿户牖以为室，当其无，有室之用。故有之以为利，无之以为用。"（11）

无用之用与夏普莱斯

2001年诺贝尔化学奖得主夏普莱斯曾每天读一小时《道德经》，他认为，其中的哲学思维正在他的研究中得以体现。他非常欣赏老子的一句话——"故有之以为利，无之以为用"，他认为这道出了"点击化学"的哲学真谛：平时不会反应的碳-杂原子的结合，看起来似乎没什么用处，可当带上了特殊的官能团后，就会具有很高的选择性。他在2001年获奖之后，离开熟悉的领域，转变思路，探索条件温和、针对性强的"点击化学"，引发了化学界划时代的变革，影响远超他2001年的得奖成果，因此于2022年再次获得诺贝尔化学奖。

有关罗素、汤因比、李约瑟与老子的共鸣和关联性,第一章已经涉及,在此不再重复。

"天下之至柔,驰骋天下之至坚"(43);"柔弱胜刚强"(36)。

约瑟夫·奈的软实力与老子

约瑟夫·奈是哈佛大学杰出教授、肯尼迪政府学院教授和院长,曾任美国副国务卿、国家情报委员会主席、国防部助理部长,被评为美国外交政策领域最具影响力的学者,2011年被《外交政策》评为全球前100位思想家之一。他一直强调老子思想的重要性,2021年他曾如此表述:"中国的软实力有很多来源。其一是中国的传统文化,它非常吸引人;其二是中国经济重要性,过去40年,中国使数亿人摆脱了贫困而广受称赞,产生了影响力、吸引力。软实力的理念可以追溯到中国伟大的思想家,比如老子。我可能是使用了'软实力'这个词,但在中国哲学中,通过吸引力去影响他人的概念很早就出现了。"

"无为而无不为"(48);"大道泛兮,其可左右。万物恃之以生而不辞,功成而不有,衣养万物而不为主。常无欲,可名于小;万物归焉而不为主,可名为大。以其终不自为大,故能成其大"(34)。

普利高津与自然自组自发

诺贝尔化学奖得主、耗散结构理论创始人普利高津迷上了道家自组织思想,他在自己的众多著作中,如《从存在到演化》《从混沌到有序》《探索复杂性》《确定性的终结》等,喜欢引用老子、庄子的原作。他认为"无为而无不为"具有"自组织""自发运动"的思想,如果与西方传统结合起来,也许能导致一种面向未来文明的自然模型。他评价道:"在探究宇宙和谐奥秘、寻找社会公正与和平、追求心灵自由和道德完满这三个层面上，道家的思想对我们这个时代都有新启蒙思想的意义。道家在两千多年前发现的问题，随着历史的发展，越来越清楚地展现在人类的面前……'耗散结构理论'对自然界的描述非常类近于中国道家关于自然界中的组织与和谐的经典观点。"

"我无为，而民自化；我好静，而民自正"（57）。

哈耶克与老子思想是否有关？

诺贝尔经济学奖获得者、西方现代自由主义经济学家、政治哲学家哈耶克于1966年9月在朝圣山学社东京会议发表了题为"自由主义社会秩序诸原则"的讲演。后人则传说哈耶克的自发社会秩序理论契合了老子的精髓——"我无为也，而民自化；我好静，而民自正"。

中国经济思想在西方的传播，是从法国重农学派开始的，重农学派是西方第一个经济学派别，是西方经济学的真正鼻祖，该学派提出了"自由放任"的经济思想，直到现在"自由主义"思想仍然在西方经济学中居于主流地位。魁奈吸取老子的"无为"思想，第一个把"无为"翻译理解成"自由放任"，创立依赖自然法则的重农经济学。亚当·斯密经济学思想也来源于重农学派，该学派是中国思想与西方经济学之间的桥梁。甚至有人说，创造西方经济学的是一批汉学家，因而有人开玩笑讲，老子是西方经济学教父。哈耶克是20世纪最重要的自由主义理论家，当代自由经济的鼻祖。他的"自发秩序理论"被看作亚当·斯密理论的重要发展和补充。

尼采与老子有关联吗？

尼采（1844—1900），德国著名哲学家、西方现代哲学开创者、语言学家、作曲家。在尼采看来，打着真理旗号的人或思想都在骗人，目的是让别人听从并服从自己，以满足其私欲——权力意志。

他讨厌、贬低苏格拉底是一位专门蛊惑年轻人的辩证法大师，在他眼中，苏格拉底不是古希腊文明的精华，也不是古希腊文明的根本。古希腊文明代表了人的欲望和激情的精神意志，即人的本能！这些不是来自苏格拉底的理性，而是酒神狄俄尼索斯的欲望；理性是世间社会的秩序和规则，欲望才是古希腊文化的破坏力和创造力。他贬低柏拉图、嘲讽康德，甚至看不起基督教及其上帝。他的观点与老子差别极大，甚至相反，但传说他对老子敬仰有加，如评价老子《道德经》时说："像一个永不枯竭的井泉，满载宝藏，放下汲桶，唾手可得。"但目前并无证据表明他的话语评价的是《道德经》。

"道生一，一生二，二生三，三生万物"（42）；"我有三宝，持而保之。一曰慈，二曰俭，三曰不敢为天下先。慈故能勇；俭故能广；不敢为天下先，故能成器长。"（67）

李-约克三生万物定理

科学是不断进步的动态概念，任何科学定律、理论、体系，都有可适用、可应用的边界，这界限常以特定的自然常数为标志。光速是向无穷大探索时，牛顿力学难以逾越的边界；普朗克常数是向无穷小探索时，牛顿力学难以逾越的另一个边界。人们几乎公认，在生长、演化、生命等复杂性领域，主要应用量子、混沌、分形理论等。混沌破灭了牛顿经典思维的简单性念想；最新的分形理论揭示"空"是"潜在的"，即隐藏着的存在，对于生长而言，"空"或"无"比"有"更有价值；量子的波粒二象性则更颠覆了牛顿经典思维的基本逻辑。在这些领域，代表多的起点和生成演化起点意涵的自然常数"3"，成了牛顿力学也似乎难以逾越的又一个边界，从而"3"也就有了类似宇宙常数的意义。混沌学始于"三体问题"。19世纪末，彭加勒表示："经典力学能很精确地解答单体、二体问题，但对如日、月、地三者的相对运动等三体问题，无法给出精确解。"

1975年，约克和李天岩发表《周期三意味着混沌》，文中证明并建立了"李-约克三生万物定理"。乌克兰数学家沙尔可夫斯基在此之前用数学证明了"3"在所有自然数中的特异性、领先性，建立了"沙尔可夫斯基次序和定理"。

"3"往往是系统演化的第一个突变点，由此可以理解，"三角恋爱"、三国演义、质子三夸克、视觉极限三光子的魅力所在。中文特别关注"3"的集成突变，如：三人为众，三虎为彪，三石为磊，三木为森，三口为品，三水为淼……而这些思想与数千年前就存在的老子"道生一，一生二，二生三，三生万物"思想极其吻合。李约瑟曾经指出：以前西方科学是在笛卡儿-牛顿的机械主义的旗帜下阔步前进……如今西方现代科学正与中国传统的自然观体现出越来越深刻而惊人的相通……[34]

四、治业治身：道本、德容、善行、信果

每个人治业治身，均应该以大道为根本，以大道为准绳：遵从大道而为，就会有品德高尚的仪容，就会行为善利四面八方，就会言而有信，信而有果。

"持而盈之，不如其已；揣而锐之，不可长保。金玉满堂，莫之能守；富贵而骄，自遗其咎。功遂身退，天之道也。"（9）

商圣、道商鼻祖范蠡

范蠡（前536—前448），是老子传人中第一位成功的政商两栖达人，被称为商圣。范蠡岁数小老子三四十年，北魏李暹为《文子》作注称范蠡是老子的弟子文子的学生，意即老子的第二代传人。范蠡是楚国人，春秋末期政治家、军事家、商人，被经商者当作财神，被从政者奉为典范。他出身贫贱却博学多才，多次艰苦创业。他年轻时与文种相识，相交深厚，因不满楚国政治黑暗而与文种一同投奔越国，辅佐越王勾践复国灭吴，功成名就后急流勇退，夜晚乘

船悄然而去。他劝告文种"飞鸟尽，良弓藏；狡兔死，走狗烹"，而拒绝归隐退出的文种虽后来身居高位，但最终被勾践所害。范蠡退隐后遨游于山水之间，经商期间三次成为巨富，三次散尽家财。后定居宋国陶丘（今山东定陶），开始了后半生的实业生涯，自号"陶朱公"，被后人尊称为"道商""商圣"，被誉为"忠以为国，智以保身，商以致富，成名天下"。

相传范蠡设计了十年助越灭吴的战略，其中一条是实施"美人计"，让吴王沉迷女色。范蠡历经千山万水，在诸暨浣纱河畔访得义德才貌皆备的西施，随后将西施献给吴王，与之里应外合消灭吴国。灭吴后的庆功宴之夜，范蠡悄然带走西施不辞而别，乘上阿得大叔的小木船，穿越护城河，转圈后直向太湖而去。

"抱朴"（19），"小国寡民"（80）。

陶渊明的桃花源与小国寡民

陶渊明（约365—427），东晋诗人、辞赋家、散文家。曾任江州祭酒、建威参军、镇军参军等职，最后出仕彭泽县令，仅八十多天便弃职归隐田园。他是中国第一位田园诗人，被称为"隐逸诗人之宗"。陶渊明对世界非常淡然，具有傲岸不屈、追求自由的人格，崇尚老子、庄子、列子等的自然美学。他创造了一个乌托邦式的人类理想栖居地——桃花源，而其艺术原型出自老子的"小国寡民""知雄守雌"思想。他将安贫乐道作为自身生存的追求，用"去名利、守穷居"来保持大道和真性，以守真的方式终其一生。

"故知足不辱，知止不殆，可以长久"（44）；"多言数穷，不如守中"（5）。

苏轼的老庄情结

苏轼（1037—1101），号铁冠道人、东坡居士，思想家、哲学家、文学家。他一生才华超众、思想独立而屡遭打击。他敬仰老子、庄子等哲理道家，鄙夷迷信的道教方术。他越不幸，越旷达，越超然，坦然面对宦海浮沉、生活悲喜，以超脱尘世的心态化解愤懑不平，用生花妙笔挥洒豪情。他对老子有景仰之语："博大古真人，老聃关尹喜。独立万物表，长生乃余事。"他为老子作诗《楼观》（秦始皇立老子庙于观南，晋惠始修此观），还创造了"大勇若怯，大智若愚""博观约取，厚积薄发"等具有老子境界的著名文句。

苏轼二十一岁即得主考官欧阳修的赏识，二十六岁踏上仕途。顺境之中的苏轼，认为贾谊经不起政治打击而郁闷而死，是因"不善处穷"。老子的"知足不辱"就是面对逆境，"处穷"的良方。

他不主张遽变，反对"求之过急"，曾接连上书反对王安石变法方案，于是引起王派排挤。为了远祸，先后外任杭州通判，密州、徐州、湖州知州。"乌台诗案"后被贬黄州，苏轼却用淡泊宁静的心态去面对人生，用道家"坐忘""心斋"之法修身养性，文学创作进入新的境界，趋近虚静、无为、超然、旷达。1091年，苏轼以翰林学士奉召还京，不久派知颍州，后改知扬州、定州。后被贬惠州，又遭受妻子病逝打击，他反视生命本原，用道家长生久视的养生态度医治身心剧痛，将陶渊明的诗歌几乎全部唱和了一遍。苏轼与陶渊明在诸多方面都表现出惊人的相似。

苏轼六十多岁时，又改贬琼州流放海南。当时"食无肉，病无药，居无室，出无友，冬无炭，夏无寒泉"，但他"胜固欣然，败亦可喜。优哉游哉，聊复尔耳"。他随遇而安，在黄州、惠州、儋州都造了房子，准备在那里终老。最后苏轼获赦北还，行至常州病逝，去世前的诗作有回归混沌、天人合一之感。

"故贵以贱为本，高以下为基……是故不欲琭琭如玉，珞珞如石。"（39）

王阳明与老子道家

王阳明的"此心不动,随机而动"隐含着老子"无为"的精髓。"每临大事有静气",更要没有事时的"有静气",如此才能此心不动,不对事情进行过多的人为干扰,至多适时小心微扰一下,这就是"无为"真谛。

王阳明最欣赏老子:"故贵以贱为本,高以下为基。是以侯王自称孤、寡、不穀。此非以贱为本邪?非乎?故至誉无誉。是故不欲琭琭如玉,珞珞如石。"(39)

王阳明认为,屈从处下,是谦虚和尊贤的态度,能得到人们的尊重和爱戴,这是一种难得的气势和风骨,自觉高贵者很难真正做到这一点。他不管是做官还是治学都能屈从处下,丝毫没把自己当成达官贵人,待士兵如兄弟,同吃喝,能聊天。他每次的重大转折都与不期而遇的道士相关。如九华山的"蔡蓬头"道士,二十年间两次相遇的"无为"道士。1488年,因父母之命和媒妁之言,十七岁的王阳明只身来到南昌岳父家成婚,新娘十七岁,是江西布政司参议诸养和的女儿。结婚当天,王阳明见离她家不远处有个"铁柱宫"道观,就好奇进入,忘记了时辰,与九十六岁"无为"老道就长寿和养生打坐聊天谈了一夜。第二天中午诸养和亲自带人四处找寻才找到了穿着新郎官礼服的王阳明。临别,道士说:"以后要保重,我们还有见面的机会,下一次我们见面,你的人生将迎来转折点。"王阳明追问:"何时能再见?"道士回答:"二十年后。"二十年后,因得罪了刘瑾,王阳明为躲避追杀,误入一座寺庙,见一位老道静坐。脚步声使老道睁开了眼,他看了看王阳明,哈哈一笑,说:"我终于把你等来了。"此时无为老道已一百一十六岁,容貌和二十年前一样。王阳明把自己的经历一五一十地说给道士听,说完他们各自叹了一声。在道士的开导下,才有了后来的龙场悟道,才有了继往开来的心学。

王阳明倡导"做个内心光明的人",他临终前留给弟子们的最后遗言是:"此心光明,亦复何言。"

"功遂身退，天之道也"（9）；"祸兮，福之所倚；福兮，祸之所伏"（58）。

曾国藩和大道至拙

曾国藩"一生三变"。他最初在京十多年，勤奋努力，崇尚儒家理学，讲求直接，奋发有为、积极进取；后投笔从戎镇压太平天国，推崇法家学说，严刑峻法，不留后患；南京久攻不下，咸丰七年（1857）回家奔丧。其间，他回想自己能文能武，战功赫赫，不但没得到朝廷应有的功名或者封赏，还因为锋芒毕露，与同僚矛盾重重。夜深人静，辗转难眠，心态失衡，最终病倒了。欧阳兆熊为他医治，看出了病症所在，开了方子："岐、黄医身病；黄、老治心病。"他年轻升迁得意时，早把读过的《老子五千言》忘却，此次再读老子，随即醍醐灌顶，在人生低谷期大彻大悟，彻底改变，前后判若两人。他奉旨再次率军驰援浙江，他用"大道"带兵，最终攻克南京。日中则昃，月盈则亏，曾国藩深得"花未全开月未圆""物极必反""盛极而衰"之精髓，做人做事不求圆满，甚至主动求缺惜福。

他将别人的功名排列在自己之前，主动申请裁撤湘军。他推崇道家思想，懂得以柔克刚，以小博大，明白"刚柔互用，不可偏废，太柔则靡，太刚则折"的至理。以"敬胜怠，义胜欲；知其雄，守其雌（28）"自勉，深谙"物壮则老"的道理，进而功成身退，急流勇退，防止惹祸上身。他"戒盈满"，书房为"求缺斋"。曾国藩说："天下之至拙，能胜天下之至巧。守拙，才能勤、慎、韧。"他的许多对联很有老子的境界，如：大处着眼，小处着手；群居守口，独居守心。天下无易境，天下无难境；终身有乐处，终身有忧处。战战兢兢，即生时不忘地狱；坦坦荡荡，虽逆境亦畅天怀。

老子能教导人们感知幸福

著名主持人白岩松，自封为《道德经》的义工。网上有大量他本人传播《道德经》的视频以及相关的深入报道汇总，这里摘要一些网上记载的他的观点："《道德经》是除《圣经》外翻译语种最多、发行量最大的书籍。5000字的东西，越往里看越能看出深意。这是我的生命之书，助我突破人生瓶颈。"他认为该书有点像巴赫的音乐，看似非常简单，实则越看越复杂。《道德经》如同一位智者，给了他无数的启迪和警醒，解答了他的很多人生难题，引领着他前行。以前，巨大的压力曾使他五年抑郁，三度欲自我了结，却被老子"救醒"，所以他表示，永远不要低估读过《道德经》的人。

上善若水式的管理和成功

马云爱读《道德经》。2020年9月18日，在世界知识论坛上，马云与潘基文对话时，两人都表示很喜欢老子，崇敬老子，世界应该以"上善若水"的态度，去应对疫情、动乱、战争。郭台铭强调领导人要以德服人，他常引用《道德经》中的"天之道，不争而善胜"（73）；"人之道，为而不争"（81）。日本"经营之神"松下幸之助最推崇老子的管理哲学，透过文字表面深刻理解老子的精神实质，拿来就用。他深受《道德经》启发，将"素直"作为原则，直接以"水的哲学"经营松下，把企业带到世界500强。"我并没什么秘诀，我经营的唯一方法是经常顺应自然的法则去做事"；"过分追求欲望的结果是不仅不能舒适，反而会感到痛苦，丧失自我"。在松下公司的花园里有一尊老子的铜像，下面石座上刻着中文：道可道，非常道。

"道隐无名。夫唯道，善贷且成。"（41）

企业隐形冠军与道隐理念

自三四百年前《道德经》传入德国至今，德译本已达80多种，研究老子的专著有 700 多部。许多德国家庭都藏有一本《道德经》，可见德国人对老子的喜爱。可能德国人天性"保守"，然而保守、谦退、内敛，正是老子所提倡的保证永续、长存的智慧之一。德国历史悠久的企业，有一个共同特点：慎对扩张、控制规模、不喜负债、很怕"上市"；不出风头，不贪大求全，追求独特，愿做"隐形冠军"。所以，德国是世界上家族企业最多、历史最悠久的国家之一，仅次于日本。据 2016 年的统计，一个 8200 万人口的国家，具有 200 年以上历史的家族企业有 837 家，"百年老店"超过千家。具有危机意识、注重风险准备是每个德国企业家非常明显的特征。

"生而不有，为而不恃。"（2）

稻盛和夫对老子思想的继承

稻盛和夫的一生脱离不了"道"，据说，他经常温习《老子五千言》，最为推崇"无我""利他"的思想。他在 27 岁和 62 岁时分别创立京瓷、KDDI，两家均成长为世界 500 强企业。他 78 岁时又临危受命，以零工资出任日航董事长，将日航从破产边缘救回。他"不居功自傲"，谨记"万物作而不为始，生而不有，为而不恃，功成而弗居"（2）。稻盛和夫的精神导师是西乡隆盛，后者的人生信条是老子的"富贵而骄，自遗其咎。功遂身退，天之道也"（9）。

稻盛和夫的人生观令人敬仰。他认为，真正的贫穷不是没房、没车，不是穷困潦倒、身无分文，而是脸上的肤浅，是眼中的空洞无物，是心灵的一片空白，是思维的高度贫困，是精神的极度匮乏，是茫然随波逐流的心。真正的贫穷是无所爱，无所寄，无所望，无所期！人为什么来到这个世上？是为了比出生时有一点点进步，或者说是为了带着更美一点、更崇高一点的灵魂死去。

在处理世俗社会的"有"和"无"方面，稻盛和夫有着深刻的理解，他认为，人们总把幸福理解为"有"，如有房、有车、有钱、有权……而幸福往往来自"无"，无忧、无虑、无病、无灾，"有"

多半是给别人看的,甚至用于面上荣光并炫耀的,而"无"才是你切身感受到的、必不可少的。形态各异的与欲望有关的有形幸福,是为了服务于内心无形幸福而存在的。

五、社会治理:无为无不为,无为无不治

"圣人无常心,以百姓心为心"(49);"天之道,损有余而补不足"(77)。

毛泽东与《老子五千言》

毛泽东对《老子五千言》爱不释手,每到一处必将之带在身边,并且惊奇地感叹:"这是本兵书!"他常引用书中的"鸡犬之声相闻,民至老死,不相往来"(80),"不敢为天下先"(67),"民不畏死,奈何以死惧之?若使民常畏死,而为奇者,吾将得而杀之,孰敢?"(74)"祸兮,福之所倚;福兮,祸之所伏"(58)等句。

有人认为,毛泽东的"实事求是""群众路线和全心全意为人民服务""独立自主""打土豪和分田地""共同富裕""卑贱者最聪明和高贵者最愚蠢",是分别批判继承了"孔德之容,惟道是从"(21),"圣人无常心,以百姓心为心"(49),"独立不改"(25),"天之道,损有余而补不足"(77),"贵以贱为本,高以下为基"(39)。[35]

笔者认为以老子为源头,中华的"谋势""战略"走过了不断拓展进步的三个阶段:第一,老子强调以弱胜强,指出应避其锋芒,善用他人之力,欲擒故纵;第二,孙子针对两强相争,强调"知己知彼",先胜后战;第三,毛泽东创造性地强调任何时候都不能失去主动权,擅长"你打你的,我打我的"。

"道冲,而用之或不盈"(4);"大道废,有仁义;六亲不和,有孝慈;国家昏乱,有忠臣"(18)。

老子道家文化与金庸和邓小平

金庸以道家哲学和文化及审美为基础，一共创作了十五部作品，展现了中华文化的博大精深，包含了忠肝义胆的儒家、豁达超然的道家、慈悲为怀的佛家等，而其中道家甚是突出并为主体。金庸笔下的侠客既豪爽率直，又仙风道骨，常道化归隐，精神境界是天人合一，人生态度是随性自然，处事作风是无为无不治。具体体现为精神上的自由，对个体生命的尊重，独行于天地之间的道家品格。这些侠客与老子、庄子类近，似神又似人，纯真似童，物我同生，天地与共，自由无拘，超然脱俗，笑傲江湖。金庸小说中的人物居处，常幽静典雅，似桃花仙境，世外乌托邦，承载着自由的灵魂。

金庸的武侠小说包罗万象，除琴棋书画、文史酒茶外，老子的精神也隐匿其中。如令狐冲、任盈盈这些取名源自"道冲，而用之或不盈"（4）。"冲"与"盈"一虚一实，天生一对。此外，"冲"通"盅"，指器中无物的虚空，冲虚道长之名也应该由此而来。有人指出令狐冲与冲虚道长的较量，应该源自"大道废，有仁义；六亲不和，有孝慈；国家昏乱，有忠臣"（18）。

1981年7月18日上午，邓小平在人民大会堂福建厅门口迎接迟到了几分钟的金庸及其家人，大赞金庸的武侠小说。金庸说："邓副主席本来可以当主席，但你坚持自己不做，这样不重个人名位的事，在中国历史上，以及世界历史上，都十分罕有，令人十分敬佩。"邓小平回答："名气嘛，已经有了，还要什么更多的名？一切要看得远些，看近了不好。"金庸谈起中国传统的清静无为治理模式。三起三落、饱经忧患的邓小平说："我们担任领导的人，也不能太忙，往往越忙越坏事。不能出太多的主意。如果考虑没有成熟，不断有新的主意出来，往往要全国大乱。政治家主意太多是要坏事的。领导人宁静和平，对国家有好处，对人民有好处。"

1992年，金庸说："邓小平从来不是教条主义者，且一向具有中国人的实用态度。""邓小平的为人，深谙人情世故。"1997年，邓小平去世，金庸说："邓小平先生肯定是中国历史上、世界历史上一位伟大的人物。在我心目中，他是一位极可尊敬的大英雄、政治家，是中国历史上罕有的伟人。"

经济学家张五常评价："邓小平能做到的，是其他人做不到的。中国两百多年来，没有出现过思路这么清晰的一个领导人。中国历史翻来翻去，都是泪水，只有邓小平一个人，成功改革中国。"他认为邓小平的主要观点是，你想要社会有进步，一定要鼓励每个人发挥个人所长。这些话与老子、亚当·斯密、弗里德曼等说的相同，但邓小平做到了，因为他的信念是要社会有进步，而社会是由人组成，就要鼓励每一个人发挥他们的潜能。[36]

"上善若水"（8）；"天之道，利而不害；人之道，为而不争。"（81）

潘基文和奥巴马与老子

2015年8月4日，奥巴马54岁生日，时任联合国秘书长的潘基文向其赠送自己的书法作品，该书法作品上写着作为他的人生信条、源自老子的"上善若水"四个中国汉字。潘基文极其喜欢《老子五千言》，总是引用书中的话来论证道理。2011年6月21日，潘基文成功连任联合国秘书长。潘基文的第二届任期从2012年1月1日开始，为期5年。当天下午，潘基文宣誓就职。他引用老子的名言"天之道，利而不害；人之道，为而不争"（81），强调天道的安排总是有利于万物，而有德之人做事，也总是有所作为又不违背大势。这正是他追求的境界。据说，有美国政客给老子起了个外号叫"总统之师"，因为奥巴马喜读《老子五千言》，在他从政历程中，因运用老子思想而获胜并受益匪浅。

"昔之得一者：天得一以清，地得一以宁，神得一以灵，谷得一以盈，万物得一以生，侯王得一而以为正。其致之也，谓天无以清，将恐裂；地无以宁，将恐废；神无以灵，将恐歇；谷无以盈，

将恐竭；万物无以生，将恐灭；侯王无以正，将恐蹶。"（39）

这里的"一"即是道，阐明了失道前后的社会与自然状况。当然老子的"一"或者"道"比当今简单直浅的"环境生态"理念要深刻得多。

生态环境意识与绿党

1962年，蕾切尔·卡尔逊女士以一部《寂静的春天》掀起了美国甚至全人类的环保运动，引发了全球环境意识的觉醒，首次提出"生态学"概念，让"环境"首次被纳入公共政策。该书首次系统揭示了人类使用传统化学农药对生态系统造成的破坏，倡导自然生态保护、提倡生物进化理论、坚持生态相互关联不可分割的整体概念，唤醒了全人类的环保意识，促使农药等化学品实现向绿色化转型，随后衍生出联合国人类环境大会、环境发展大会、可持续发展会议、气候变化会议、绿色低碳循环发展等全球会议，同时也衍生出极端生态理念的、全球范围的政治意识形态政党——绿党。

"天地不仁，以万物为刍狗。"（5）

祭天敬上帝的典礼上使用的草扎的狗，被称为刍狗。典礼进行中，草狗居高位，高高在上，接纳祭拜供养；典礼结束，草狗被扔在一边，作为垃圾废物而被焚烧。其意是指，世上的人常活在自己的世界里，太把自己当一回事，常以自我为中心，或悲或喜，一切以世界是否围着自己转为判据，可是地球的运转不会为任何一个人的离去而停下一皮秒以示哀悼，一切如常，一如既往。万物均等，高低贵贱均如同刍狗没有差别。每个人都是刍狗，天地自然不仁，只有大道永存。

道的本性是运动和变化。道法自然，是纯粹的自然而然、自发而然，独立依照自己固有的、非人为的规律运动和变化。人是道的下属第三级别，也是天和地两个自然界的下属，当然需要遵从"道"的自发自然并"天人合一"，从而才能实现无往而不胜，避免遭到自然界的报复和惩罚。

韦伯与老子的社会发展

德国社会学家、古典社会学奠基人马克斯·韦伯，他的著作开宗明义地表明，他关心的不是作为哲学家的老子，而是拥有社会学家地位和影响力的老子，所以他更多关心的是把老子硬加封为始祖的道教和运用老子治国方法的帝王。他说："事实上，中国历史上，每当道家思想被认可，如唐初，经济就发展得较好，社会丰衣足食。道家重生，体现在不仅看重个体生命，也看重社会整体的发展。""老子也认为，最高的得救，是一种神秘的、天人合一的心灵状态，而不是西方那种禁欲的、用积极行动证明的受恩状态……这种忘我状态是他们所特有的，可能是老子创造的。"

"和其光，同其尘。"（56）

单纯从尺度角度，大道可以细小到类近于波动光子、尘土微粒那样的大小，如此只有微观世界或者量子世界的物质或者存在可以与之比拟，如同质子、电子、轻子、光子、中微子、夸克之类，尽管老子当时不知道当代所发现的基本粒子等。此外，这句话也表示，老子希望人们要具有如同大道那样的德行品行，即和光同尘，既能像阳光那样明亮照人，又能像尘土那样低微谦卑。

朴槿惠的政治崛起与健康养生

朴槿惠于2013年至2017年成为韩国第十八任总统，也是韩国历史上首任女元首。但由于"闺蜜干政"等事件，她卸任后被判入狱，面临25年徒刑。2013年当选时，她曾说是一个中国人写的书，让她在逆境中崛起并继承父业。

她是韩国前总统朴正熙的长女，命运坎坷，几起几落，尝尽大喜大悲。她9岁就以第一女儿身份入驻总统府，22岁时，母亲遇刺身亡，27岁时，父亲遇刺身亡，极度的悲伤让她陷入绝望。此时，冯友兰《中国哲学史》成为她人生的导师、人生的灯塔，让她振作起来，重新思索人生。她说："不矫揉造作，顺其自然是最佳修身之道，这正是道家的无为、无心。"她留给世人的印象是，微笑中有着含蓄与智慧，温柔的女性气质是强大的内心。她虽看淡金钱、名誉和权力，但她入狱的罪名恰恰与此三者相关，可见单单防止自己的贪欲还不够，还得警惕身边人的贪婪。

她上任总统时，已是奶奶级年龄，可镜头前的她却皮肤白净，十分年轻。她在父母双亡后，终日思绪混乱，身体很糟糕，身上出现不明斑点，没有医生能够诊治。1987年读完了冯友兰的书，她"重新找回内心平静的生命灯塔"，逐步恢复了健康。那时始，她严遵道家养生说，简服简食，从不吃饱，常年保持腰身苗条。她学道家丹田呼吸法帮助精神健康，吸气凸腹，屏住几秒，再吐气凹腹，因而感觉"心静了"，"胃和肠舒服了，好像五脏六腑回到了该有的位置，也恢复了信心"。

"使我介然有知，行于大道，唯施是畏。"（53）

梅德韦杰夫与老子方案

2010年6月，时任俄罗斯总统梅德韦杰夫在国际经济论坛上向与会者建议，遵循中国古代伟大哲学家和思想家老子的教诲来应对世界金融危机。他引用"使我介然有知，行于大道，唯施是畏"（53）、"得与亡孰病？甚爱必大费；多藏必厚亡。故知足不辱，知止不殆，可以长久"（44）等老子思想。他认为金融危机根源是消费主义、资本和人的欲望膨胀，如果能够做到知足、知止，那么就可能避免这样的危机："如果我们遵循中国哲学家的遗训，我认为，我们能够找到平衡点，并成功走出这场巨大的考验。"他常被人称为"老子的信徒"。他经常引用："太上，下知有之；其次，亲而誉之；其次，畏之；其次，侮之。信不足焉，有不信焉。悠兮其贵言。功成事遂，百姓皆谓：我自然。"（17）"知人者智，

自知者明。胜人者有力,自胜者强。知足者富。强行者有志。不失其所者久,死而不亡者寿。"(33)

"治大国,若烹小鲜。"(60)

里根与美国的"老子热"

里根是美国第四十任总统,连续任两届。在 1984 年访问中国期间,他了解到道家学说。他在 1987 年的国情咨文中,引用老子"治大国若烹小鲜"这句话,阐明其施政纲领,结果吸引了美国 8 家出版公司争译出版《道德经》。哈珀－柯林斯(Harper-Collins)出版公司以 13 万美元购得史蒂芬·米歇尔(Stephen Mitchell)译稿出版权,该书版税高、发行量大、影响广。米歇尔对"无为""不争"等老子治理思想的深刻分析和认同,不仅迎合了出版商、赞助商的需求,也满足了经济低迷时期人们寻找出路,希望从中汲取管理智慧、推动经济复苏和快速发展的迫切需求。[37]

"衣养万物而不为主,常无欲,可名于小;万物归焉而不为主,可名为大。以其终不自为大,故能成其大"(34);"生而不有,为而不恃,长而不宰,是谓'玄德'"(10)。

道生万物,但它生长万物而不据为己有,有所作为而不贪功,为万物之主而不主宰,这就是蕴含自然无为、至深至大之德。

老子与服务型领导力

道对宇宙秩序和万物的引领和规范作用,采用的是"万物归焉而不为主,则恒无欲也,可名于小",即"以服务求发展、求进步"的方式,在服务中体现领导力。哈佛大学商学院詹姆斯·赫斯克特(James Heskett)教授开创了"服务型领导力"课程,他明确表示他的观点来自老子。"万物归焉而不为主,可名为大。"万物归属道,但道不愿主宰万物,也不愿成为万物之主,这种胸怀可以称为伟大。在这整个过程中,为建立和谐秩序和成就他人,道扮演的是胸怀远大、谦卑渺小的服务者。

每个人都应该有服务奉献精神，关键看领导者、圣人们如何以身作则，而不是投机取巧，虚伪假装自己有高尚道德。"以其终不自为大，故能成其大。"（34）圣人治国，不是让自己伟大，而是要让民众走向伟大；不是使自己成为中心，而是让人人都能成为中心。圣人之所以能成就伟业，是因为他尊重天道，让每个人心中的天道做大，让每个人有了自驱力，不需外界的规范或者逼迫，真正自由发挥来自内心的动力，去创造、去服务、去关爱。如此民众就变得伟大，从而成就共同的伟业。

"大道废，有仁义；六亲不和，有孝慈；国家昏乱，有忠臣。"（18）

大道被社会或者治理者废弃，就有了宣传仁义礼仪的必要；社会或者治理者巧智计谋频出，虚伪奸诈就会盛行不衰；家庭族亲失和分裂，就有了彰显出孝慈的需要；国家陷于黑暗混乱，就能知道谁是忠良贤臣。

失信社会奸伪盛行

1900年，慈禧太后得密报，洋人欲逼她归还政务于光绪，慈禧气愤异常，决定向十一国同时宣战。她命董福祥攻打使馆，数日不下，又令炮兵头目张怀志助攻，于是张怀志（后成为北洋政府参谋总长、陆军上将）架好大炮瞄准使馆区，却不敢开炮，担心一旦使馆区全毁，洋人与慈禧争斗必会找替罪羊，他定成倒霉蛋。于是他直奔荣禄府，请顶头上司手书发炮命令为据。荣禄不承认也不否定此命令，也不肯写字句，张怀志干脆赖在荣府不走了。荣禄最后被逼无奈，嘟囔了一句：横竖炮声一响，里面是听得见的。张怀志立马大悟，跑出荣府，让炮兵重测方位，目标瞄准使馆后方空地，重炮齐发，轰了一天一夜。后来还是慈禧嫌太吵，下旨停止炮击。后人讲：董福祥重兵久久攻不下使馆区，是狡猾；张怀志不肯炮击是狡猾；荣禄不肯写手令是狡猾；张怀志炮击空地是狡猾……

六、皇帝宝典：历代的尊崇或秘笈

"大道泛兮，其可左右。"（34）

秦始皇与老子

秦始皇嬴政是为纪念老子建立祠堂清庙的第一人。欲要灭其国，必先去其史，秦始皇为防止反秦复国，在李斯的建议下，下令焚书，被焚书籍主要包括非秦国官史之外的六国史书，歌颂各自国家历代君主贤明的诗歌等。《诗》《书》和百家语除博士官收藏的以外，其他百姓藏书都集中到郡，由郡守和尉监督烧掉，但医药、卜筮、种树等技术类书籍不在禁列。但《老子五千言》得以幸存。

秦始皇二十八年（前219），始皇封禅泰山，乃建老君祠于楼观之南，世给庙户，亲制祝文曰："大道泛兮，其可左右。（34）老君去则西游，反则东顾。朕方有事蓬瀛，愿垂影响。"

当年关令尹喜截下了老子，老子住进了终南山里尹喜盖的小楼"楼观"，在那里写就五千言，后骑牛西去。尹喜扔下工作，每天在此楼观潜心研阅《老子五千言》并加以宣传。后来为纪念老子，秦始皇嬴政在此建了清庙，之后汉武帝又在此建了座老子祠。楼观台被道教认成了发源地。

"一曰慈，二曰俭，三曰不敢为天下先。"（67）

文景之治与老子

汉文帝刘恒是将老子思想运用于治国并取得成功的第一人。他的母亲姓薄，本是南方吴国人，原是俘虏，偶然被刘邦看中，提升到内宫，成了妃子，为刘邦生下了刘恒。薄姬是有文化修养的贤妻良母，喜欢老子，懂得谦让无为，未像戚妃那样高调而遭吕后嫉恨和迫害。得力于母教的影响，刘恒也喜欢读老子，因而有了他后来的成就。他和他的儿子汉景帝刘启在位的四十年，被后代推崇为"文景之治"，他们用老子思想为汉朝打下了四百年基业。

刘恒八岁起，一直和母亲在一起，受母亲的熏陶和影响。当时全国饱经战乱，百废待兴，亟需休养生息。汉文帝刘恒恪守老子所教的三宝法则："一曰慈，二曰俭，三曰不敢为天下先。"（67）道治天下。他登基后第一令就是"大赦天下"，第二令就是休养生息，不准向皇帝奉献宝物。刘恒即位后，一身袍子穿了二十年，缝缝补补没换过新的。有人想给皇帝修个露台，预算需百金，他舍不得，不让做，说："百金，中人十家之产也。吾奉先帝宫室，常恐羞之，何以台为！"

"慎终如始"（64）；"玄之又玄"（1）。

忽必烈与老子

元世祖忽必烈在登基当年（1260）和第二年就连发两道关于太清宫的圣旨并立碑保护老子故里太清宫。太清宫圣旨碑现在保存完好，嵌于鹿邑太清宫太极殿前右侧槛墙内，此也是中国最早的一块白话文石碑："令旨使臣军马，宫观内不得安下，所有栽种树木，诸人不得采斫，专与皇家告天祝寿……仍仰张拔都儿常切护持太清宫，令住持道众更为精严看诵。"

忽必烈是中华历史上一位伟大的皇帝，而且是一位少数民族皇帝，还写下了《元世祖御旨老子赞》文，命人刻碑于太清宫，现已不存。光绪《鹿邑县志》上录有全文：大哉至道，无为自然，慎始慎终（64），先天后人。含光默默，永劫绵绵，东启尼父，西化金仙。百王取则，累圣信传，众教之祖，玄之又玄（1）。

历史上的皇帝与老子

汉朝咸宗，魏朝烈祖，唐朝高宗、玄宗、肃宗、宪宗，宋朝真宗、仁宗，明朝太祖等皇帝均有御制石刻赞颂老子。

　　唐玄宗、宋徽宗、明太祖、清世祖为《老子五千言》写序或者注释。明朝万历和嘉靖皇帝常常研读《老子五千言》，清朝康熙和乾隆皇帝都喜欢研读老子，康熙还将《老子五千言》列入文武百官的必读书目。

唐朝命名《老子五千言》为《道德经》

　　唐朝李家皇族出身北狄鲜卑族，具有部分少数民族胡人血统，寒门子弟发达得了天下，想抬高自己的身世，于是想到了老子。唐高祖李渊刚建立了大唐，就拜了老子做祖先，把老子尊为"李姓始祖"，重修了楼观台。

　　唐高宗李治直接追封老子为"太上玄元皇帝"，比太上皇还高几个级别。唐玄宗李隆基一天做梦，说是梦见了白胡子老头，醒后立即下令重修楼观台。梦里老子还告诉他，楼观说经台附近有尊老子玉像，结果还真被挖了出来，玄宗遂将玉像迎回兴庆宫，供奉在大同殿。玄宗下诏：全国各地均设玄元皇帝庙；在长安招收学生钻研《老子五千言》，并把其改名为《道德经》，以显示重视程度；王公大臣皆需熟读《道德经》；把《道德经》列为"诸经之首"；皇帝亲自为《道德经》作注解，并颁行天下；同时将道教立为国教。

　　贞观年间，唐太宗应古印度东天竺国王"童子王"的请求，让西行归来的玄奘法师将《道德经》翻译成梵文，以便传回古天竺。于是同年，唐太宗发动玄奘大师等学僧和道士翻译《道德经》，并将其传往国外。玄奘对《道德经》原文心存敬意，但对河上公序及各种版本的注释等内容多有批评，因注释的版本与《老子五千言》的精髓相去甚远。玄奘认为《道德经》是伟大的，但被后人牵强附会的道教方术等注释坏了。唐太宗李世民和玄奘可谓是向国外传播《道德经》的先驱。

七、大道泛在：音体美、建筑、医药

"故道大，天大，地大，人亦大。"（25）社会发展根本而言是人的发展，而不仅是物质的发展，或精神的发展。本节主要讨论大道对音乐、体育、美术、建筑等的影响。

"善者，吾善之；不善者，吾亦善之；德善。信者，吾信之；不信者，吾亦信之；德信。"（49）"无为而无不为。"（37）

老子思想与西方通识

道是一种统治宇宙的超越人格的神圣秩序。老子的思想很容易被中国以外的世界其他地区所接受，尤其在西方受到热烈欢迎，那里的书店和图书馆有许多老子的《道德经》。西方强调的"有为"，不仅包括人们对金钱名利的无止境追求，而且还包括人们试图理解进而妄图改变宇宙运行的方式。老子的"无为无不为"思想对那些对西方的"有为"已经感到厌倦的人而言非常有吸引力。"随它去，它会自行其道"成为信奉老子哲学的西方人，特别是生态环境论者的至理名言，当然也有一部分人认为可以适当地改变自然。佛陀认为没有理由因奢侈而自豪，遂放弃了他在社会中的名利地位；而老子则告知人们，每个人都是这个充满了偏见和欺诈的社会的一部分，并劝告人们言行端正，合乎道德，对得起天地良心。老子揭示，道通过其包含的对立互补、连续互变的事物，如阴阳、冷热、胜负等，而显示并发挥作用；告诫我们如果没有准备好死亡，就不能很好地拥抱生活。老子说过的最富智慧的话是一句简单得最易导致误解的话：万物是其所是（即"道法自然"）。[38, 39]

小熊维尼形象沿革与老子道家

近100年前，英国作家米尔尼于1925年创作的小熊维尼，融入了道的思想。美国作家霍夫在1982年进一步继承光大米尔尼的创作，通过这些生动的动物角色和相关事件，富有想象力地介绍了道家哲学，天真单纯的小熊维尼似乎成为老子的最佳代言人。霍夫的书再版四次，被美国很多高等院校指定为选读教材。该书通过作者、小熊维尼、小猪皮杰等的对话来阐述老子的"无为"，生活乐趣的根本所在就是顺应事物的自然发展，做"无为"之事。小猪皮杰如此评价"无为而无不为"（37）："小熊维尼并不是很有头脑，但他从来不会使坏，他做傻事，但事情总是往好的方向发展。"[39]

"大音希声，大象无形"（41）；"见素抱朴"（19）；"有之以为利，无之以为用"（11）；"有无相生"（2）；"道之为物，惟恍惟惚；惚兮恍兮，其中有象；恍兮惚兮，其中有物；窈兮冥兮，其中有精"（21）；"视之不见……听之不闻……搏之不得"（14）；"虚而不屈，动而愈出"（5）。

老子道家审美及其意境

老子等道家思想对中国人的审美观等有着广泛而深刻的影响，美的根源在于道，体现为"有无""虚实"等的变化。"虚实"的美学根基在于"有无"，"有无"源自老子。重要的理念包括："故有之以为利，无之以为用"（11）；"有无相生"（2）；"天下万物生于有，有生于无"（40）；"周行而不殆"（25）；"虚而不屈，动而愈出"（5）。最高的境界是"道"："道之为物，惟恍惟惚；惚兮恍兮，其中有象；恍兮惚兮，其中有物；窈兮冥兮，其中有精。（21）"道"是混沌一体的状态，无法感知，无法看见："视之不见……听之不闻……搏之不得。"（14）"道"是"无"，是"虚"，但不是绝对的"虚空"，而包含着"象""物""精"等实体，是虚实融合为一的。

如果说西方美学注重写实，那么以老子为代表的中国古典美学注重神韵和情感共鸣，从自然而然、自然之美、无为无不为的角度出发，探究弦外之音、形外之象、言外之意、象外之征，渲染而达天人合一、物我两忘的意境，对诗歌、绘画、书法、戏曲、建筑、茶道等艺术产生了深远的影响。典型如中国画的"留白""写意""虚实相生""大音希声，大象无形"（41），强调"见素抱朴"（19），淡雅空灵，清逸神韵，甚至"不着一字""无画处皆成妙境""至静大音""心领神会""主客共鸣"。美的最高状态是"妙"，美的生命是自然，美的涌现之源是虚静。

"功遂身退，天之道也"（9）；"千里之行，始于足下"（64）；"胜人者有力，自胜者强"（33）。

足球皇帝贝肯鲍尔与老子

在1990年第14届足球世界杯上，德国队夺冠后，主教练"足球皇帝"贝肯鲍尔宣布卸任。四年前第13届足球世界杯上，他带领德国队获得亚军。在接受《明镜》周刊采访时，他引用了老子的话："功遂身退，天之道。"贝肯鲍尔对老子情有独钟，公文包里常年带着《老子五千言》。时任中国驻德使馆参赞李念平说："假如遇到贝肯鲍尔，得有准备，他会与你谈老子。"因为贝肯鲍尔从小就爱看《老子五千言》，他最喜爱的格言是"千里之行，始于足下"（64）。当他称雄世界足坛，不忘老子忠告"胜人者有力，自胜者强"（33），并以此作为他的励志座右铭。

"不出户，知天下；不窥牖，见天道。其出弥远，其知弥少。"（47）

披头士与《内里之光》

1968年，全球著名摇滚乐团披头士《内里之光》（The Inner Light）中有"不出户，知天下；不窥牖，见天道。其出弥远，其知弥少"（47）的歌词，歌颂道无处不在的普适性、内在性，成为披头士的代表作之一，被称为披头士的圣经，流传极广。

老子解释道的普适性、普遍性，无时不在，无处不在，道以不同的方式和形式呈现于、内化于亿万人事物，内化于你我他。每个人如果能够主动感悟，皆可以成为得道行德者。

"大道泛兮，其可左右。万物恃之以生而不辞，功成而不有。衣养万物而不为主，常无欲也，可名于小；万物归焉而不为主，可名于大。以其终不自为大，故能成其大。"（34）道的无处不在、无论内外，创生万物成就了功业，与被创者融为一体而不占有。如同基因是前代在后代体内的延续，而基因并不占有后代。

"上善若水"（8）；"无为而无不为"（48）。

上善若水与李小龙的功夫

李小龙是全球功夫武术的巅峰，让"功夫"一词写进英文词典，在好莱坞开辟了"功夫片"电影。他的截拳道是由五大部分精要组成的系统：武学理论、格斗技法、训练方法、思维方式、内在精神，以达到"无法为有法"的武道最高境界，"以无形为有形""以无限为有限"，实现以武入道。其核心思维方式，就是若水思维。他的武学是："保持空灵之心，无形无法像水一样。水入杯成杯子形，入瓶成瓶子形，入茶壶成茶壶形。水能载舟亦能覆舟。"如，强调在训练中、在格斗中应松柔，保持意识整体流动与觉察，绝不僵化固守某处，一旦捕捉或引诱出破绽，即如水渗入克敌制胜。在实战中，突显步法和移动，强调若水般的高度流动性和机动性，借此掌握主动，以适应任何对手。他认为："当某人武技上日趋成熟，那么他的形式应是一种无形之形。其成长成熟过程，如同冰塑成形的水一样。只有当武技上没有了形式，才能拥有所有形式；只有当没有了风格，才能适应所有风格。"

李小龙的女儿李香凝出版的《像水一样吧，朋友》一书，总结了父亲的智慧、哲思和勇气，以及他关于"水"的哲学思考。李小龙练武遇到瓶颈时，师父叶问的建议是："永远不要违抗自然，不要硬碰硬，要因势利导加以调控。"起初李小龙不理解，久而久之逐渐领悟，之后不断超越自我，一生求知。他随道而变，不按照套路出牌；觉知活在当下，如水一般"随流"；柔顺积极地适应，保持灵敏和适当的紧张；心怀目标，追求自我实现；宽容待己，刻苦修行，有急有缓，不走极端，不守执念，温和有力。

"有之以为利，无之以为用。"（11）

贝聿铭设计思想与老子

2019年，享誉世界的"现代建筑的最后大师"贝聿铭在纽约家中辞世，享年一百零二岁。巴黎的卢浮宫玻璃金字塔、华盛顿国家美术馆东馆、波士顿肯尼迪图书馆、香港中银大厦、多哈的伊斯兰艺术博物馆……他留下的不少作品都成了世界各地所在城市的地标。尽管他高中阶段即离开中国大陆，接受西方教育，但贝聿铭认为："我吸收能力最强的少年时代是在中国度过的，'中国性'深深烙印在我身上，无论如何，也很难改变我是一个十足的中国人。"给了他莫大启发的，是苏州园林，这些建筑设计让他感悟到创意是人类的心灵手巧和自然造化的共同结晶。尽管贝聿铭在美国喝红酒、吃西餐，也读《道德经》《论语》《孙子兵法》《史记》及唐诗宋词，他生前坦言："老子的思想对我建筑思维的影响大于一切。""我时常读老子，我相信他的著作对我建筑想法的影响可能远胜于其他事物。""有之以为利，无之以为用"（11）是他贯穿一生的设计理念。

"知其白，守其黑，为天下式。为天下式，常德不忒，复归于无极。"（28）

中国书画的知白守黑

中国书画以水墨为特色，其艺术性体现在笔触涂抹的白黑深浅、浓淡焦湿，虽传承了一千多年，但人们始终在"知白守黑"的框架下尝试如何创新。因为"知白守黑,知雄守雌,知荣守辱",几千年来已经成为中国人公认的平安之道,这在中国书画中也得以充分反映。

中国书画艺术家常认为守黑容易知白难,实际上知白容易守黑也难。也就是说,在中国的水墨书画艺术中,留白与用墨同等重要,处理"对立矛盾—和谐共存—互相转化"的能力,标志着艺术家的艺术境界和造诣。如能将这些要素运用得游刃有余,达到简朴而全面的层面(接近三生万物的境界),就能化多为一,达到大道的境界,进入"无为无不为"的状态,如有神助,笔画游走如有神。我们看八大山人、扬州八怪、齐白石、张大千、吴昌硕、李可染、李苦禅、徐悲鸿等书画大师的作品,都有大量的恰到好处的留白。他们讲究"知白守黑"的功夫,欣赏"花未全开月未满圆"的心态,即"功夫在书画之外",相融天地、合于自然、悟道通禅、明德至善。

"躁胜寒,静胜热。清净为天下正"(45);"致虚极,守静笃"(16)。

中国画静逸而不刻意

老子说:"躁胜寒,静胜热。清净为天下正。"(45)"致虚极,守静笃。万物并作,吾以观复。"(16)中国画受人青睐,源自强调人性的"至善",给人一种步入山水,游居两可,静心畅神,恬淡虚无的"入静"的状态。可见,中国画是让人静下来的艺术,其不表现战争、血腥、暴躁、焦虑,而追求宁静致远、天人和谐。在生态恶化、空气污染严重、社会压力大增的当代,中国画不啻是镇静剂、慰藉人心的良药。

中国画最高境界就是"自然",源自"天人合一"的理想规范。中国笔墨文化里,没有刻意求新的位置,否则就会留痕、做作,刻意打造反而走向反面。"刻意""苛求",终不能达最高境界。中国画论强调传承和独到。人人本有基因差异,独立自由准确表达自己，个个都能新颖"独到"，自然就是新的。新不是刻意"创"出来、"求"出来的，而是"水到渠成"，自然下意识地流出来的。

笔者一位朋友，是超导材料方面的院士，几年前登山遇到一位采药的隐士，问秦岭有四千多种草，怎么辨别？隐士说山上的草其实只有两种，一种是阳性，生长在阴坡；一种是阴性，生长在阳坡。中医相当多的思想源自老子，唐代药王孙思邈从小熟读《老子五千言》，辨证施药，常年在秦岭终南山采药，他的千金方奇妙无比！

孙思邈与老子

孙思邈是京兆华原（今陕西铜川耀州区）人，传为楚大夫屈原的后人，隋唐时期养生学和医学相结合的集大成者，被后人尊称为"药王"。他自幼体弱多病，因看病问医耗尽家产。但他从小就聪明过人，18岁立志学医，长大后崇尚老子、庄子学说。孙思邈一生著述80余部，包括《老子注》《庄子注》。

北周静帝时，杨坚执掌朝政，召孙思邈任国子博士，孙思邈无意仕途，坚决不接受，一心致力于医学。隋开皇元年（581），见国事多端，孙思邈遂隐居陕西终南山中，著作《千金要方》等。孙思邈一边行医，一边采药，淡泊名利，拒绝入朝做官，广泛搜集单方、验方和药物。

唐太宗即位后，召孙思邈入京，见他70多岁容貌气色、身形步态竟如同少年，十分感叹："有道之人真是值得人尊敬呀！原来世上竟真有这样的人！"唐太宗想授予孙思邈爵位，但被他拒绝了，仍在民间行医。唐高宗显庆四年（659），孙思邈完成了世界上首部国家药典《唐新本草》。唐高宗上元元年（674），孙思邈年高有病，恳请返回故里。若干年后与世长辞，享年有说101岁或者125岁，还有说141岁，甚至165岁。

"朴"是道的另外一个名字，在《老子五千言》中出现了8次。如："见素抱朴，少私寡欲"（19）；"道常无名、朴。虽小，天下莫能臣"（32）；"万物……化而欲作，吾将镇之以无名之朴。无名之朴，夫亦将不欲"（37）；"为天下谷，常德乃足，复归于朴。朴散则为器，圣人用之，则为官长。故大制不割"（28）。

屠呦呦与葛洪及老子

在美国麻省理工学院的走廊墙壁上，悬挂着有史以来影响世界的十一位化学家，因炼丹而闻名的葛洪是其中之一。葛洪是东晋著名道教人士、医药专家，敬奉遵从老子，著有《抱朴子》一书，书名源自老子"见素抱朴，少私寡欲"（19）。2015年诺贝尔生理学或医学奖得主屠呦呦，她也是中国第一位诺贝尔奖（科学类）获得者。1972年受葛洪《肘后备急方》中对青蒿截疟的记载启发，在青蒿提取物药效不稳的烦恼中，从"青蒿一握，以水二升渍，绞取汁，尽服之"记载中获得新研究思路，改用简单有效的低沸点溶剂，如乙醚等萃取，富集了青蒿的抗疟组分，最终发现了青蒿素。

八、大道百家：老子学说与其他学说

如果说，影响人类的古希腊三贤苏格拉底、柏拉图、亚里士多德，是具有伟大传承关系的三代师生，那么可以说，影响世界的古中华三代师生——老子、孔子、孙子，也是具有直接师承或者间接传承关系的。

在古代，水是地球上非常丰富的资源，几乎无处不在。而分别被认为是古中国和古希腊第一位哲学家的老子和泰勒斯，他们对水的认知，竟然如此相近！

泰勒斯的"水"与老子的"水"

尽管2500余年前，古中国和古希腊可能根本没有接触和来往，甚至几乎同时代的彼此都不知道对方的存在，但泰勒斯对水的认知与老子"上善若水"的认识相近。被人们认为是西方哲学史上第一个哲学家的泰勒斯（Thales，前624—前546），也认为万物产生于水又复归于水，不管世界万物性质如何不同，变化如何多样，它们总是来自同一本原又回到同一本原即水之中。其主要思想为"水是万物的始基""水是最好的"。[31]

泰勒斯因观察星空而失足掉入水坑，遭其女奴嘲笑，他却把观察到的知识用于预测橄榄油丰收而发了大财。

西方哲学的核心概念"逻各斯"（logos）的创立者是赫拉克利特，东方特别是中国哲学的核心概念"道"的创立者是老子，他们在关于人类的核心概念、宇宙观、辩证逻辑方面具有令人震惊的相似之处。

赫拉克利特的"逻各斯"与老子的"道"

赫拉克利特（Heraclitus，约前544—前483）在辩证逻辑的开创和发展方面，与老子同时代，他就像是古希腊的"道家"。令人惊讶的是，公元前6世纪的两位伟大先哲的宇宙观极为相似。赫拉克利特认为万物永远变动，其变动在一定的尺度范围按照对立统一与和谐的规律进行，这就是他创立的关于世界万物运动变化原理的"逻各斯"学说。如果说"逻各斯"是西方哲学的核心概念，那么"道"就是东方特别是中国哲学的基础及核心概念。

赫拉克利特有一句名言："万物皆流。"他与道家的共同之处，即把对立互补互变的双方看成一个事物的整体，不仅仅强调变化的连续，还强调一切变化都是循环的。赫拉克利特说："朝上和朝下是相同并同一的"；"上帝是昼和夜、冬与夏、战争与和平、饱足与饥饿"；"冷的东西使它自己变暖，暖的变冷，湿的变干，干的变湿"。[31]

赫拉克利特为研究哲学而放弃王位，最后饿死在牛栏。

著名物理学家、美国加州伯克利大学的卡普拉教授，在1974

年研究近代西方物理学与东方神秘主义的关联性以后,在《物理学之道:近代物理学与东方神秘主义》[38]一书中,对老子思想给予高度赞誉。突出提及的有:"将欲歙之,必固张之;将欲弱之,必固强之;将欲废之,必固举之;将欲取之,必固与之,是谓微明"(36);"曲则全,枉则直,洼则盈,敝则新"(22);"知其雄,守其雌……知其白,守其黑……知其荣,守其辱"(28);"道可道,非常道;名可名,非常名"(1)。

卡普拉教授论老子和道家

卡普拉认为,从道的运动是独立统一、不断相互作用并互变的概念出发,道家提出了人类行为的几项基本原则:①每当想达到任何目的,就应当从它的反方面入手,"将欲歙之,必固张之;将欲弱之,必固强之;将欲废之,必固举之;将欲取之,必固与之,是谓微明"(36)。②每当想保持保有任何事物,就应当允许其某些对立面的互存共生,"曲则全,枉则直,洼则盈,敝则新"(22),否则追求纯粹极端或者原教旨,在不可能消灭的转化面前将变得徒劳无益。③全面认知大道的永恒绝对性,把握概念的相对性,以指导实践,处于不败之地。如认识阴与阳的相对性,善与恶的相对性,并不一味追求超越自然的极端,包括至善,而是试图保持阴阳、善恶之间的平衡,强调知阳守阴、知恶守善等,"知其雄,守其雌……知其白,守其黑……知其荣,守其辱"(28)。

老子对人为而获得的知识、推理、语言描述充满怀疑,故而第一句话就是"道可道,非常道;名可名,非常名"(1)。老子认为,自发性是道的运动原理,所以人应该遵从道的运行方式,这就是"无为",即克制违背自然的行为,从世俗和妄欲角度看似"无为",实际效果已经到达了"无不为"的境界。[31]

经过中国改造,进而在日本发扬光大,传遍全世界的禅宗,强调在日常事务中的醒悟,在每一个动作中体验生活的奇异和神秘,其修行方式简单明了,似乎平凡无奇,但寓意很深,难以做到。禅宗希望人们通过长时间的修行以获得精神上的巨大成就：重新获得人们原初本性的自然性。禅宗对自然性、自发性的强调，无疑源自道家。[31]

诸子百家的渊源及关联

儒家崇尚仁义礼乐，关心人生，重人伦社会，将人伦次序"反向"推广扩展至社会和宇宙。道家关注则极其辽阔，无所不包，大道至简，无为无不为，返朴归真。道家视域"正向"地由大道、天道、地道推广到人道，也由宇宙观"正向"推导出世界观、社会观、价值观、人生观；道家的大道思想、修养方法和生命哲学对儒家影响很大，并被后者吸纳，如老子的"道""气""自然"等理念。

老子是道家创造性的集大成者。道家渊源是生于夏朝晚期，后为商朝开国元勋，被尊为药祖、厨祖及道家开坛鼻祖的伊尹，姓姒名挚；再往前当然是轩辕黄帝、神农炎帝；再往前就是伏羲、女娲。儒家较早的渊源是商末周初的西周开国元勋周公，姓姬名旦。道家和儒家最早的共同远祖是伏羲的"易"的理念。道家与法家的共同渊源，就是《老子五千言》，经申不害、韩非发挥改造，成就了法家的理论体系。法家更早的渊源要上溯至夏商时期的理官，其后有春秋的管仲、战国的商鞅等。道家与兵家的共同渊源，可追溯至姜子牙（姜子牙为神农炎帝五十四世孙，伯夷三十六世孙）。姜子牙用兵之道被道家、兵家共同尊崇，老子的"不以兵强天下"（30），"以奇用兵"（57），"兵者不祥之器"（31），以弱胜强（36，78）等思想，对兵家的战争观和战略战术有明显而深远的影响，故《老子五千言》常被看作是兵书。

孔子坚守了老子早期的礼乐思想；尹喜（关尹子）继承发扬老子后半生的成熟思想[40]。

无为无不治。（3）

老子哲学与道家、道教方术

老子是倡导信仰大道的哲学家。老子离世几百年后，他先被后世视为道家的灵魂，后来又被道教用作图腾，这些均没有征得老子本人的同意，是后人的一厢情愿。当然，道家、道教都对保护、传承、光大老子思想做出了贡献。汉朝统治者总结了秦朝快速衰败的历史经验，选取了相对平和的老子"无为"思想作为执政方针，抬出始祖黄帝作为大旗，建立"黄老之学"。在官方推动下，民间信仰也随之以黄帝和老子为偶像。后因董仲舒横空出世，请求汉武帝独尊儒家，黄老之学于是下沉民间，并形成很多分支。众多分支流派与神仙方士鬼怪之说合流，形成道教的早期教派。东汉时佛教正式进入中原，汉明帝为他们修建了白马寺，佛教迅速扩展。受到佛教组织化模式的启迪，道教也开始了组织化运作，将道家思想全部搬来，加以改造为其所用，从而最终形成道教。道教奉黄帝为始祖，老子为道祖，张道陵为教祖。道教的某些活动与道家"无为"的理念存在某些冲突相悖，如"一人得道、鸡犬升天"以及迷信方术等。

"少私寡欲"（19）；"致虚极，守静笃。万物并作，吾以观复。夫物芸芸，各复归其根。归根曰静，静曰复命……知常容，容乃公，公乃全，全乃天，天乃道，道乃久，没身不殆"（16）；"故从事于道者，同于道；德者，同于德；失者，同于失。同于德者，道亦德之；同于失者，道亦失之。信不足焉，有不信焉"（23）。

老子及道与佛

佛教初入中华时，为便于传教，有人描绘说释迦牟尼是老子的弟子，传说老子西出函谷关，去了古印度点化了释迦牟尼。佛教发达后，有人就流传老子是释迦牟尼派到中国探路的徒弟。释迦牟尼是一位放弃王位、出家成为苦行僧的王子，历经苦难，参悟成佛，被称为佛陀。历史上，强调般若智慧的佛教，因为慈悲为怀，用佛教理念治国的政权最终逃不开衰败、灭亡的命运。所以有人说，佛法讲出世，不能治国，但可修身。禅宗是中国式的佛教，追求当世解脱，其部分吸纳了老子、庄子等道家思想。佛道异同体现在：老子及道倡导"少私寡欲""清静自然"，也有因果，如"求道者会与修道者相交，颂德者会与有德者来往，不求上进者与随遇而安者很有共同语言……"；佛倡导"无欲无求""因果轮回"。道者强调当下领悟大道、掌握规律得以自然洒脱，以出世的精神做入世的事情，重在此世；佛者消灭此生人欲以实现来生佛欲，追求来世进入极乐的梦想，以此世的修炼为来世做铺垫，重在来世。佛者强调人生和一切的"无常、缘起、性空"，以便"破我执"。

笔者感悟，就人生意义的话题，儒告诉你，不论地位高低，只需知晓此世，仁爱义礼，奋发有为；佛告诉你，不论你有否财产、子嗣，你还有下辈子，你需在此世"悟空"出世，跳出世代轮回；道告诉你，需以出世的精神，做入世的事情，以道为主，得道多助，无为无不为。

"道冲，而用之或不盈。渊兮，似万物之宗……湛兮，似或存。吾不知谁之子，象帝之先。"（4）

老子说："大道好似空虚无形，但它的功用永无止境。它深渊一样广大，好似世间亿万人事物的祖宗；它幽隐虚无难见，但又真实存在并运行。我不知道它是从哪里产生出来，但它存在于天帝之前。"在老子的心目中，大道是世界一切的起源，是无和有的起源，是造物主天帝的起源。

"道生一，一生二，二生三，三生万物"（42）；"视之不见，名曰夷；听之不闻，名曰希；搏之不得，名曰微。此三者不可致诘，故混而为一"（14）。

老子和基督及上帝

在中国传教时，早期的基督教徒难以确定"God"对应的中文词，故用拉丁概念"Deus（天上的）"的音译"徒斯"代之。最早翻译

"God"为"上帝"的是1595年编写《交友论》的利玛窦。久而久之,中国人误认为"上帝"就是西方的专有名词,而不知道其源自中国远古。事实上,在利玛窦进入中国之前,中国人就经常使用本土"上帝"一词(见当时朱载堉的《不足歌》)。

17世纪到19世纪,在老子及其学说进入欧洲时,他被看成来自东方的"先知",而不单纯是哲学家。法国传教士、同时也是法国科学院院士白晋,依据"道生一,一生二,二生三,三生万物"(42)认为,中国古人早就认知三位一体的"上帝"。

法国传教士马若瑟(1666—1735)从"视之不见,名曰夷;听之不闻,名曰希;搏之不得,名曰微"(14)中惊奇地发现"yhwe(雅赫维)"等于"夷希微",就是上帝耶和华的名字。法国传教士傅圣泽(1663—1739)认为:"道是神,道代表着基督信仰的神,是救世主;道是唯一,是宇宙之创造及保存者,在本质上与宇宙真主合而为一。"诺贝尔文学奖得主赫尔曼·黑塞的父亲,即德国的约翰内斯·黑塞于1914年发表《老子——基督降世之前的真理见证人》。

"咎莫大于欲得;祸莫大于不知足"(46);"道者万物之奥。善人之宝,不善人之所保"(62)。

基督教的"原罪"概念与老子的"多欲不知足"概念

基督教认为"世人都犯了罪",这个原罪就是人类始祖亚当和夏娃违背God(上帝)的命令,偷吃禁果而犯下的罪,在后世代代遗传,无人幸免。这禁果的功效在于能让人眼明耳聪,知善恶。结果因为人类有了智慧,产生了自以为是的辨别力和好恶感,从而有了一切痛苦和罪恶之源,由此而生懒惰、自私、嫉妒、贪婪、傲慢、暴怒等。

上帝后悔造人,意图重新来过,想用大洪水将人类清除。因上帝对人类的诺亚这家的义人还仅存一丝希望幻想,让他们躲进方舟幸存下来，结果繁衍出的人类，罪恶仍未减少。最后，上帝让自己的独子耶稣降落世间，去唤醒并拯救人类，却受难被人钉在十字架上死去，用他的血替人类赎罪。信靠耶稣基督，得与上帝沟通，可以赦免罪恶。最终，基督教成为西方文明的精神核心。

老子认为："咎莫大于欲得；祸莫大于不知足。"（46）"含德之厚，比于赤子"（55）表明婴儿离道德最近，成人世界是妄欲的大染缸，见识越多、智巧越多、欲望越强，与大道德行越远。老子苦劝"绝圣弃智""见素抱朴"（19），"为无为，事无事"（63），怀念"结绳记事"的原始，犹如怀念未吃禁果的亚当、夏娃与伊甸园。早在基督教诞生500多年前，"罪人与救赎"的观念就出现在老子的表述中："道者万物之奥。善人之宝，不善人之所保。美言可以市，尊行可以加人。人之不善，何弃之有？故立天子，置三公，虽有拱璧以先驷马，不如坐进此道。古之所以贵此道者何？不曰：求以得，有罪以免邪？故为天下贵。"（62）

老子认为道是独立不改、周行不殆的存在，是天、地、人、万物的本原。而基督教的"道"是"太初有道，道与神同在，道就是神"。

"强梁者不得其死"（42）。

林语堂与老子

林语堂集散文家、小说家、翻译家等于一身，他对老子、庄子等充满了欣赏和推崇，老子的道家思想已经深入他的灵魂，他因此始终认为道家可以救世界。他用英文写成的向外国人普及中国文化的经典之作《老子的智慧》，后又翻译成中文。他认为，老子凭借一双犀利之眼，看穿了人世间的是是非非，多听听老子的话好处很多。人生在世，需要智慧，而老子具有异于常人的智慧。他说："老子的隽语，像粉碎的宝石，不需装饰便可闪耀。"林语堂以诗歌的形式对老子的思想加以概括："我教人以愚中之智，弱中之强，水及未玷污的新生婴儿的柔顺的力量。我教人以谦卑的功课，张得过满则折弓，废物有用，居下位的有益。海成为江河之王，不是因为它低于众谷吗？甚至在战场上金铁交鸣声中，仍是兵哀者必胜！"林语堂自诩"两脚踏东西文化"，晚年对基督教有所研究。他认为，老子与耶稣都相信阴柔能制胜，"强梁者不得其死"（42）。他总结并指出老子有关爱及谦卑之力量的训言，在精神上与耶稣独创的、卓识的、闪光的训言相符合，有时字句也惊人的相似。所以他感叹："老子和耶稣在精神上是兄弟。"

"生之畜之。生而不有，为而不恃，长而不宰，是谓'玄德'。"（10）

阿拉伯世界与《老子五千言》

相较于英、法、德等地区，《老子五千言》在阿拉伯世界的翻译起步较晚，但阿拉伯的译者与读者赞叹：老子思想是广博深远的、惊人且完美的哲学体系，现代文明的诸多问题能从中寻找到解决之道。《老子五千言》直击译者和读者的心灵：老子思维是具有心理抚慰性和"治愈性"的智慧。他们特别认可老子"道法自然"思想在现代人心灵世界建设中的重要价值。中东和欧洲盛行的哲学是矛盾，如善与恶，左与右，和平与战争，夜与昼，等等，而"道"却重在融合，而非矛盾。阿拉伯的受众认为，读了这样的经典，更多的人会享受到平和，整个人都会改变，包括改变生活。阿拉伯专家学者坚信，现代文明面对的诸多问题，能够从老子这位中国先贤的思想中受益甚多。老子思想很像阿拉伯苏菲派哲学，其核心是寻找真理。他们认为老子是"和平的天使，安详的使者，美德的圣徒，知足的典范，万灵之灵'道'的传播者"，赞颂老子的"道"，是"拥有一切却不以君王自居，恩泽普惠却不以美德自诩，蓄养万物却不加以主宰"的伟大母亲。

"为无为，则无不治"（3）；"无为而无不为"（37，48）。

韩非子与老子

韩非子是历史上注释《老子五千言》的第一人。韩非子将老子的很多话利用发挥成权谋诈术。俗话说"道生法",韩非子等法家将老子的"无为"改造成管制压迫的政治理论。韩非子认为,君主的大德,就是顺随"无为",让别人替他"无不为",甚至变成将杀人放火、伤天害理的"脏活"专派给手下人干,防止脏了君王的手。道家认为,人本来完全是天真的;法家认为,人本来完全是邪恶的;儒家认为,人之初性本善。道家强调个体的独立自由;法家强调社会的残酷统治。法家将老子的思维向另一极端发展下去,如,将袖手旁观、非情感的超越无我,发展成残酷无情、服务于君主统治的、以功利为目的的利己主义;将上善若水的"道",替换为冷静算计、残忍狠毒的"理",以"理"解"道";放弃事物的完整性、包容与和谐,而强调事物客观性,强调对立和冲突。结果导致不少人冤枉老子是阴谋权术之祖。

韩非子尚法不尚贤,重术不重道,从非常黑暗的视角看待人性的好利好欲趋向,看待世道政治等,并加以利用维护君权,反对儒家强调的仁义慈惠,而突出法家的法术势。

在对老子的继承方面,韩非子是把"道"改造成了"法";庄子则是把遵道而行的"无为无不为"变成了消极应付,放任自流。

在处理国际关系问题上,韩非子继承老子的思想,他说:"国小而不处卑,力少而不畏强,无礼而侮大邻,贪愎而拙交者,可亡也。"

"祸莫大于轻敌,轻敌几丧吾宝。故抗兵相若,哀者胜矣。"(69)

"夫兵者,不祥之器,物或恶之,故有道者不处。"(31)实在万不得已而应战时,也要"恬淡为上":"胜而不美,而美之者,是乐杀人",打了胜仗不要得意洋洋;得意,就表明喜欢杀人。

在战争中杀了人,也要为他们举办丧礼:"杀人之众,以悲哀泣之,战胜以丧礼处之。"(31)这就是老子倡导的人道主义精神,也是它之所以提出"慈"的原因，他要统治者多点慈爱之心，爱养百姓而不可轻杀。

老子和孙子是亲传还是隐传

《孙子兵法》是倾向于道家的兵家著作，是全球最著名的兵学典范之书。其思想与老子道家有传承关系。孙子"知胜之道"的"道"与老子的无形之道类近；"兵者，诡道也"体现了老子的冲盈转化和运用。老子深邃智慧与孙子超人谋略的结合，可以让人从容应对屈辱与不幸，获得机遇和成功。在字里行间，可以看出《孙子兵法》和《老子五千言》的许多联系、相通之处。

老子认为"兵者不祥之器，非君子之器，不得已而用之"（31），又说："吾不敢为主，而为客；吾不敢进寸，而退尺。"（69）意指军事家不能主动挑起战争，而只能进行防御性的战争。孙子说："非利不动，非得不用，非危不战。"孙子也赞成被动而战。

老子提出："以正治国，以奇用兵。"（57）他把治理国家和用兵相对比，提出了治国和用兵要采取完全相反的方法：治理国家，管理民众要"正"，要公道正派；而对敌用兵则要"奇"，其中就包含诡诈的意思。孙子在兵法中明确提出"兵者诡道也""兵以诈立"，他强调与敌人斗谋，要在谋上先战胜敌人，要"先胜而后求战"。要在谋上战胜敌人，就必须使敌人意想不到，也就是用"奇"。

老子强调"上善若水"（8），"天下莫柔弱于水，而攻坚强者莫之能胜，以其无以易之。弱之胜强，柔之胜刚，天下莫不知，莫能行"（78）；孙子认为"夫兵形象水，水之形，避高而趋下；兵之形，避实而击虚"。老子认为"故道大，天大，地大，人亦大"，"人法地，地法天，天法道，道法自然"（25）；孙子有"一曰道，二曰天，三曰地，四曰将，五曰法"。老子提出"知人者智，自知者明"（33）；孙子拓展为"知彼知己，胜乃不殆"，"知彼知己者，百战不殆；不知彼而知己，一胜一负；不知彼不知己，每战必殆"。

当然，同样的理念，表现形式有差异，老子重点讲"弱兵"如何应对"强兵",如何不争之争;而孙子主要讲强兵如何对付"强兵",如何善于斗争。

  在春秋时期,受老子影响至深却不为外界所知的,可能就数兵家代表人物孙子。老子不但有孔子、尹喜、文子等名载史册的正传弟子,可能也有不记名的隐传弟子。老子素来强调"生而不有,为而不恃,长而不宰"(51),功成而不居的无为之功。他教过谁,肯定不会声张。而孙子也是功成身退,不知所终,与老子很像。但目前的资料至少说明孙子很可能确实是老子的学生亢仓子(庚桑楚)、文子的弟子,并受亢仓子、文子的教诲和影响而隐居著作《孙子兵法》。还有人说孙子是看了《老子五千言》之后自己感悟出来的。另一猜想是,据史料记载,约公元前511年,35岁的伍子胥与24岁的孙子带着吴军去城父时,曾路过老子故里,也许此时,他俩拜会了60岁被免职在家的老子。

第六章

道观德观：宇宙、世界、人生、价值

我们需要能驾驭现代科学技术、政治治理哲学、精神世界真善美的主人——心灵，即大道。大道是永恒真理、永恒智慧、永恒道路、永恒方法。

在中国古代贤哲中，老子第一个赋予"道"以宇宙本体的含义。道为无有同体、有无相生，以无为始、以有为母。就无而言，无之极端，即为无极；就有而言，有之极端，即为太极，也是"奇点"。宇宙最开始几乎没有物质，只有能量，由相对论质能公式 $E = mc^2$ 可知，物质在一定条件下可由能量转化而来，即"道生一"，然后是宇宙大爆炸中的"一生二，二生三，三生万物"。

"致虚极，守静笃"（16）"坐进此道"（62），即放空大脑、敞开胸怀，静坐冥想而达极致，从而如同进入大道本体，以大道的视觉去观察一切。什么是道？老子在第一章做了非常全面的描述："道"只可以被粗略地描述，但无法被全面描述；那种能被精确描绘的、通常意义的"道"（道路、道法），就不是真正永恒的大道；"道"只是一个无法描述时的暂用名，事实上，给"道"起名，至少需要两个名字，一个是"无"，这个名字代表"道"是万物之初始的含义；一个是"有"，这个名字表示"道"是万物之母的含义。无欲无私如同出世，能见大道之"无"的状态，观察懂得大道深刻的奥妙；有欲有私如同入世，而观察知晓大道所展露的端倪。

"无""有"同出于大道，两个名字虽不同，但称谓所指是同一体；"无""有"重叠融合、"无""有"纠缠难分，就是玄妙中的玄妙，把握好如此玄妙的"无""有"的关系是认识并进入一切奥妙的大门。

用通俗的话讲，老子的道观启发我们，以出世的精神，做入世的事情，即要学会并能够：无欲出世，而见"无"，故见大道，观其妙，这样出世就能寻得大道，与道同体，安放灵魂；入世有欲，而见"有"，观晓人道，尊重人性，少私寡欲（19），做好人世间的事情，实践运用大道，实现德善信慈爱。

常常会出现一些"真诚的"犯罪者、犯错者，他们犯罪或犯错并非源自妄欲、贪婪，而是毁于其没有道德的认知，他们自认为在从事正确的、有益的事情，犯罪或犯错而不自知，即缺乏以道观察世界的能力，缺乏独立自由良善的道德观，完全没有从大道的角度看问题的能力。这些人是失去智慧能力的"可怜虫"，可怜又可恨。

可以说，阴阳是道，左右是道，无有是道，静动是道。即使有所偏向，意识向左的人，可以左得有"道"，而不能左得无"道"；意识向右的人，可以右得有"道"，而不能右得无"道"。简而言之，道行守中，苍天关照中道、慧根之人。人间正道是朴真。中道，就是运动成长之道，核心在于：不极端，心有大道德善；同时，不要成为被"魑魅魍魉"蒙骗的"善男信女"。此外，不能过高估计人的认知和力量，因为人极易偏向。

一切皆要以大道的眼光观察之。老子的宇宙观、世界观，就是道观[38]；老子的人生观、价值观，就是德观；老子的方法论是道法、玄妙之法。老子的宇宙观、世界观、人生观、价值观，具体可以阐述为：无极与无有相生的宇宙观，太极与阴阳和生的世界观，神仙与返朴归真的人生观，平等与剔除价位的价值观。

一、老子心中天道人道的异同

人道就是人们主观上的那一套经验和理论，天道是宇宙万物都必须遵循的规律和法则。人道离大道最远，天道离大道最近。老子始终语重心长：希望人类敬畏并信奉大道，放下傲慢和妄欲，时刻参照天道而善作善为；放下一厢情愿的人道，遵循无处不在的天道律则，让人生旅程圆满。

老子认为宇宙的现象，就是虚实并存，从虚到实、虚中生实、实终归虚。无法理解老子那无有并存、从无到有、无中生有之大道的人们，可以从最接近大道的、容易理解的天道与地道切入。在认知进阶中，先明白人际交往的"人道"，然后懂点自然生态环境的"地道"，同时观察研究斗转星移的"天道"，人们自然就会感悟出那背后无法得见的"大道"。因而可以形象通俗地表达为：所幸为人，立于大地，仰望星空，心见大道。

就德行和认知层次而言，大道高于天道，天道高于地道，地道高于人道。从大道经过天道、地道而到人道，"实有""欲望"的成分占比逐渐升高，达至极致；从人道经过地道、天道而到大道，"虚无""无为"的成分占比逐渐升高，达至极致。

传统"命运"的含义："命"是由天注定的，而"运"是人可以改善或改变的。能主动低下高贵傲慢的头颅，彻底改变进而服从天道的，就是通常所说的圣贤。他们知道三尺之上有"大道"的"神明"在观察自己的言行是否规范；"人不为（修）己，天诛地灭"，君子如能够自我修行、修身改善，就可得以长生；而普通人大多难以改变，随波逐流，自生自灭，代代循环。改变需要付出极大的毅力和耐力，需要放弃许多条件反射般的即刻享受和习惯，这对于沉醉于"奶嘴乐""今日有酒今日醉"的绝大部分普通人而言，十分痛苦。人们多是积习难改、禀性难移。

"人法地，地法天，天法道，道法自然"（25），这一观点受到当代物理学家们的称赞[31]。在老子心目中，最接近大道的是天道，随后是地道，最后是人道。因此，人道中就会留存许多不符合大道的东西。老子说宇宙有四大根本——道大、天大、地大、人亦大，四者分别从不同层次反映了大道的根本规律。在大道规范下，各自又有自己的道。第一层面是大道，它只遵从其自身的规律和意愿，所以大道效法的是自然而然；"道法自然"中的自然，并非全然指生态自然，而是自然而然，包含了自由、自主、自驱的意思；第二层面是天道，它效法大道，一切唯大道是从，一切跟从大道；第三层面是地道，其效法天道；第四层面是人道，效法地道。每一次的效法都会有失真和变形，特别是人的意识、欲望和言行加入后，更会有偏离大道的情况存在。每个人不仅仅是肉体的自身，也是大道在我们肉体的显身，我们的身体和精神都属于大道，只是我们其实不知"道"，还常常妄欲发作。如果我们能够坦诚地观察研究自己，以道的真朴安定内心和言行上的"妖魔"（37），就能观见大道。所以，人道可以有人的感受和期望，但归根结底，要遵从、服从、效法大道（25）。

"天道无亲，常与善人。"（79）所谓"善人"，并不是凡夫俗子认为的"好人"，而是指遵循天道而有德行的人。比如，从大数据的角度分析，遵守红绿灯交通规则的人，其人身安全的保障率肯定大大高于不遵守交通规则的人，但这并不能避免某些特殊时刻意外的发生。在大自然中，不能说晴朗一定比下雨好，老鼠蟑螂一定比猫狗坏，这些世俗的差异、好坏的分别，都是从人的角度去定义的。从天道角度看，世界上所有的一切都是过程性存在而已，根本无所谓好与坏。

这也指出了"好人未必有好报"的真义：好与坏是人类或者个人的主观评价。在老子的眼中，天下亿万人事物，没有绝对的好或者绝对的坏，好、坏是相对概念，好中可能有坏，坏中可能有好，相互都在转化中。普通人心目中的"好人"和"坏人"，是以"我"或者"人类"为中心来进行判断的，顺则好，逆则坏。而天道是一视同仁，平等对待亿万人事物，没有任何私心偏爱。

天道与人道的差异可以描绘得很直白：效法天道，能让人间走向和平正道；效法人道，就会走向贫富悬殊的歪道。

天道不追求功德圆满，天道只讲永续平衡，没有非黑即白、非敌即友的分别心，宇宙中的一切，亿万人事物都要平衡。失控了、倾斜了，就通过渐变或者突变，减损有余弥补不足，以回复到原初的平衡点或者新的可持续的平衡点。天道的核心，是损减富余者而弥补不足者。

而人道则不然，是损减不足者以奉献给富余者，理由是前者之所以成为不足者，原因在于效率低、没有能力、缺乏智力。人道是根据大多数人的利益，经由大多数人制定出来的社会规范、潜规则，但真理有时只掌握在少数人的手中。所以，难有绝对的公平，只有相对的公平。减损不足以奉献给有余，就太不公平了。人类社会常出现马太效应：让富有的人更富有，让贫穷的人更贫穷。而在自然生态中，虽然有弱肉强食、适者生存，但也有相生相克，多样性共存。

谁能将富余主动奉献给天下黎民百姓？唯有大道、天道和那些看似平凡的遵道者，他们才是得道的圣人——不露锋芒，有所作为而不去占有，有所成就而不居功自傲，就是不愿意显示自己的贤能。

比如，人生性贪图享乐，很难主动地留出时间、停下脚步，去安静反思、审视未来，更难以舍弃人世间林林总总的诱惑。因为人们大多不会主动地去均匀收入、改正缺点、弥补不足，所以，老天看不下去，就会以令人吃惊的方式进行矫正，帮助弥补或者清盘重启。

对权力、名利、欲望等有执念者，会在官位晋升、声誉影响、财富积累、情爱婚姻方面受挫，这就好像天道在提醒这个人：不要过于执着，否则会判断失误、情绪失控、言行变形。与其受欲望煎熬，还不如去认识自己，拥有自知之明，看到并弥补自己的不足。

没有失去，人们不会珍惜所有。那些心痛的丧失，是在用时间金钱作为代价，警醒贪欲的诱惑。没有牺牲，人们不足以铭记。无辜的牺牲者是以生命为代价，唤醒更多的生命觉醒。

从学习的角度看，知识、能力、方法林林总总，多种多样，不可胜数。从悟道的角度看，万宗归一，亿万人事物核心在"大道"。

人类通常的知识或者能力学习是在做加法。学得越多越好，多多益善，求知欲越强越好，都是纯粹的加法；而思维精神灵魂上的悟道，是做减法（48）。从道的角度看，宇宙的第一原理只有一个，就是大道，其看不见、听不到，摸不着，似乎包裹在亿万人事物之中，需要人们削减其各种外在包装或者各种阻隔，才能真正感知到大道。因此，在修炼中，计谋、技巧、骄奢、淫逸等越少越好，贪欲越弱越好，要做减法，就连仁义、礼仪的提倡都要适可而止。防止让虚伪习惯成为社会潮流，使得社会偏离大道。尽量以大道观天下，让"道为"而不是仅仅依赖"人为"，如此展现的是"无为而无不为"（48）。

二、无极与无有相生的宇宙观

老子非常清晰地描绘了他的宇宙观：有一个浑然天成的永恒，天地形成之前就已存在，听不到它的声音，也看不到它的形体，空虚寂静，不靠任何外力，独立自然存在，永不停息，循环运行，动力不竭，可视作万物根本。我不知它名字，所以勉强称它为"道"，或给它起名叫"大"。它广大无垠，运行不息，遥远伸展，又返复本原。此域界有四大，而人居其中之一。所以说道大、天大、地大、人也大。人取法地，地取法天，天取法道，而道独立不改、自然而然。

老子也描绘了大道的特点形象与感觉：想注视它的人，却无法看到它，想聆听它的人，却无法听到它；想搜寻触摸它的人，却无法直接感知它，但能确定它的存在。它难见难闻难及，本就是混沌一体。它上面并不明亮，它下面也不昏暗，绵延不绝又不可名状，总之是看不见物体的虚无状态。这是没有形状的形状，没有具体物象的形象，这就叫作"惚恍"。去迎接它，看不见它的头；去跟随它，看不见它的后。运用古已存在的"道"的运行规律，可以解决当今的具体人事物问题。能知道古代宇宙的原始，就知道了道的规律,开始道的纪年。

据传,宋代周敦颐著《太极图说》,并根据陈抟的《无极图》,引老子的无极概念进入易学,从而有了"无极生太极"的含义。无极就是道,道的终极性的概念,是比太极更加原始、更加终极的状态。所以后人在理解的基础上,创造了这一句话:无极生太极。

"知其白,守其黑,为天下式。为天下式,常德不忒,复归于无极。"(28)"无极之外,复无极也",无极便是无穷,宇宙无边无际,无穷之外,还是无穷。"无极"就是"无"的极限。"有生于无",但不是总能"无中生有",因为只有在"无极"状态,"无"才能生"有"。

所谓"无极"就是指"无"处于极大值,而"有"处于极小数值的状态。对应来说,这就是我们当代人常热衷的"鸿蒙""元宇宙",所不同的是,当代世俗之人关注的是有形世界的角度。所谓"无极",即"无"几乎是全部,"有"几乎尚未呈现为一个无限小的"奇点"之时。大道可名"无有",两者一体;元始为无极,无极生太极,即宇宙生出奇点,也就是"无"生出"有","有"生出天下万物,万物负阴抱阳,冲气以为和。万物含道,依道而行。道即"无有","有"显示差异性,"无"显示统一性;"有"代表实体存在性,"无"代表虚空存在性。"无"之极限是无极,"有"之极限是太极,无极生太极。继而宇宙万物从无到有,逐渐演变发生。

现代人至多有世界观、人生观、价值观,但很少有宇宙观,而在2500多年前的古代,更少有从"无"到"有"的宇宙观,更不可能有让当代专家学者能够认可的具有现代科学意识的宇宙观,而老子恰恰是唯一的例外。他早早地确立了惊世骇俗,直至今日仍然正确,并能与当代科学相容的宇宙观。

《老子五千言》的宇宙观就是道观,是"以道观之"的"无"和"有"的运行规律。道,既是物质也是意识,既非物质也非意识,是不能简单用物质和意识的观念去理解的终极存在和规律。

"道"，作为孕育一切的母体，包括孕育宇宙的母体，是一个柔弱、无形的能量之海。"道"是超越一切的最高存在、绝对存在，其他都是相对的。一切的一切，如宇宙、天下万物虽然衍生于"道"，但因已从母体中脱离，它们与"道"的本体特征和德善信慈爱是有落差的，因此它们无法直接简单等同于"道"。一切的存在源自道，宇宙是按照"反者道之动，弱者道之用"的规律运行的。作为大道下一级表现形式的天道，是没有私心的，不追求自己的欲望，依照自然而然运行。

老子有着超越几千年的宇宙观，所以才能写出如此令人惊叹、匪夷所思的《老子五千言》。他告知后人，道是宇宙的起源，后有天地，然后有人。即天是道的第一显形代表，地是道的第二显形代表，人是道的第三显形代表。

老子的"道"之原型，最初来自自然环境、世俗人间，不是来自天上，而是源自人们日常接触过的道路，但随后概念化、理论化、超限化，道的含义已经超越道路、胜似道路。"道"是用头脑（首）走路，不仅仅包括地面道路、河中水路、天上行星运动的轨道，也包括光子、电子、原子等无法测准量子状态的轨迹，更包含老子开宗明义所申明的"有"和"无"两种性质，以宏大可见的方式，或者极微不可见的方式，渗透在一切之中。

当时传统观念认为世界的主宰是"天"，老子则把天降格为天空，而将无法完全认知的大道规律神圣化。道是先天地而生，道独立存在，不靠外力推动。道生一切，是天地之父，万物之母，宇宙的起源。

调节、辅助而不是主宰、操控看得见的一切、看不见的一切，一切的主角，是从不自以为是的神秘导演"大道"。由大道而生成了我们物质精神的世界和暗物质、暗能量的世界。大道无形，无形则能形无尽，绵绵不断，精彩纷呈。大道既具有"无"的整体混沌合一性、又具有"有"的分形特异性。

大道以"无有二象性"进入了宇宙、世界及不同的具体器物之中,而表现为既有特色差异又若即若离的主干或分支,既宏大又微细之道。如,大道进入宇宙,就是宇宙的根本之道;大道进入世界即成自然之道;大道进入分支的无生命世界,就是物理之道、化学之道、材料之道;大道进入生物世界,就是生命之道、生存之道、生态之道、社会之道;大道进入人生,道贯入人生历程,胎儿继承母体父体之道,而开始了胎儿之道,形成了自身固有的道。除了上述的分道以外,道在人的身体内部又形成了支道,影响着每个人一生的命运。而人类的经脉分布网络,可能就是无形的人体之道在个体上的表现。道的差异是大道同、小道异,小道异就产生了许多大变化,各有其特色之道、独特规律和可行之道。

三、太极与阴阳和生的世界观

《老子五千言》的世界观就是道观,以道观之的阴阳和生的运动规律。

宇宙天地、亿万人事物,一切都是由道衍生而成的。一切的本原是道,道先于宇宙而存在,又是宇宙的实质和根本。道成宇宙的最初阶段是混沌,是物质也是精神、非物质也非精神,一种类似波粒二象性一般的存在,非常类似于宇宙大爆炸之前的状态。道由"无"经无极而生"有",诞生了最初的奇点(道生一);奇点分裂而成为阴和阳,也就是二(一生二),阴阳二气对冲而有和气,生成天地人"三才"(二生三),然后此三者和合生天下万物(三生万物),万物均含有阴阳互补对立二气,以及和合新生的第三气。此处的"气"类似于"无",即为"场"。

老子认为世界上最伟大、最谦逊的是水,深藏不露,惠及万物,所以,水几近道(8)。水是生命之源,具有滋养万物生命而不声张显摆的德行,它就像贯穿于天地宇宙万物之间的大道,以无声无息、有形无形的方式,渗透在世间一切有生物质之中,在所有的植物、动物、微生物之中。离开了水,一切生命均不再存在。

老子认为，在这世界上"飘风不终朝，骤雨不终日"（23）。尽管有暴风骤雨，但缓慢改变是常态。缓慢持续不断地改进或者进化，是最值得关注运用的状态。静动比躁动、慢变量比快变量更为持久有效，并且不会招致大自然的报复。"浊以静之徐清"（15），灰尘、沙石等只要静下来，在水中都会慢慢沉淀，水就会慢慢地恢复清澈如初。

老子认为，世界上"阴阳冲和"有利于生长，"无有冲和"同样甚至更有利于生产。世界人事物需要尊重服从"无有相生、阴阳互补、冲气为和、大制不割、混沌守一"的运行规律。无形的世界混沌一体。在有形的世界，需要强调的是，虽有阴阳两面性，但并不存在可以分割的明确界限（大制不割），阴阳不断互相转换而维持一种动态平衡。整个世界就诞生在这个动态过程中。

老子说，在这个世界，要充分利用好"无"和"有"。由数面实体墙壁构建出的屋子，其内部的"虚无"的空间才是最重要的。由泥土加工而成的罐子，其内部空间才是最实用的。正如一切有形的依赖于无形的（11）。老子认为，既要发挥已存在、已拥有各类资源的作用，但更要发挥那些看似不存在、也没有什么用的各类资源的功效作用，因为后者往往比前者更为有用（11）。

老子希望建立朴实而不大肆宣扬贤德的社会风气（3）。不宣扬贤德，使百姓不争名夺利；不珍贵难得的财货，使百姓不起偷盗之心；不显耀足以引起贪欲的事物，使民众心智不被迷乱。所以，圣人的治理原则是和百姓一起做到：排空心机，填饱肚腹，减弱偏执，增强筋骨，不求巧智，没有妄欲。那些巧智阴谋者也就不敢妄为。按照"无为"的原则去善为有为，顺应自然，那么天下就有了太平。

老子倡导尊重民众首创的治理体系（57）。应该允许民众自由，少干预他们，民众自然能创新造化；统治者如能让社会静养，民众自能端正风尚；统治者不要无事生非、没事找事，民众自然走向富裕；没有妄欲贪婪，民众自然会憨厚淳朴。这就是以"正"治国，让民清静，还民自由，让大道自然发挥作用，民众自会安乐，上下自然和谐，民富国强。治理社会、服务民众，须用正道，尊重民众需要，尊重民众智商，治理是为了民众的发展。无为无不为，无为无不治，治是为了不治，让民众走向自我治理，自己管理，永续发展。如此才是治理良道、治理的最高境界。

老子认为正确的国家治理方法，就是以正治国，无为无不治。治国和打仗不同，治理国家，贵在道德天下、光明正大；而战争的法则，则需要兵者诡道，以奇制胜。老子是如何知道这些的？因为古往今来，很多自以为是的统治者，用战争的法则去治理国家，严刑峻法，苛政高压，法令越来越庞杂，盗贼却越来越多。越是用法令限制民众，压制民众，各种叛乱、反抗、钻空子、私藏武器的事情越多，因而国家纷乱、社会黑暗，稀奇古怪的事件层出不穷。尽管法律政令是治国的利器，但它应该是为了保护民众而存在的，重在守护民众权利。但许多统治者，公权私用，以民众为敌，以用兵之法对待民众，民众当然会以统治者之道反过来对抗统治者。

老子强调以道治国，让民众得到德的滋养。治理大国，好像烹煮小鱼，不能翻来覆去经常折腾，否则社会乱成一锅粥，就无法收拾。让"道"莅临天下主导治理，鬼也神气不了，原因不是鬼没有了力量，而是其不再能起作用，就伤不了民众。不但鬼的力量伤害不了民众，圣人因为有道，也不会伤害民众。这样，鬼神和圣人都不会伤害人，所以德的恩泽就会降临民众（60）。

老子主张在世界上建立谦卑退让的国际关系。大国要有像居于江河下游那样的心态和做派，让天下百川江河都交汇在自己这里，处在天下雌柔的、包容的状态。雌柔常以静定而胜雄强，这是因为它安静柔下的缘故。大国能对小国谦下忍让，可以取得小国的信任和依赖；小国对大国谦下忍让，就能见容于大国。所以，要么大对小谦让取信，要么小对大谦让见容。大国不要过分想统治操控小国，小国不要过分卷入大国事务，两方各得所欲（61）。

四、神仙与返朴归真的人生观

如将明物质、暗物质、暗能量组成的一切叫作"域"的话,则"域中有四大,而人居其一焉"(25)。人就是无形大道信息的一种体现。

《老子五千言》的人生观和价值观是德观,依道而行就是德。老子强调,有节制的欲望才是力量,遵道的德行才是力量。老子建议人们回到人类、人生、生命、世界、宇宙的原点/元点/源点去看待人生,过好人生,如此才能真切准确理解人生的目的和意义等,从而建立有道德的人生观。

老子推崇的人生观是以出世的精神做入世的事情。出世的方式是修为修言,入世的方式是无为无不为。不干预、不刻意、不标榜,而是用微扰、因势、利导的方式去实践推动,即看似无为实质有为并善为,重点是不妄为、不擅为,这种有为就是依道而为。通过少私寡欲(19),为大家做事。私利放在后面会得到大家的信赖,公利放在前面会得到大家的拥护,没有私心私利者反而可能因为大家的认可而最大程度地成就自身,即"后其身而身先,外其身而身存。非以其无私邪?故能成其私"(7);事情成功了,也不要标榜自己,即"功成而弗居"(2)"功遂身退,天之道也"(9)。懂得守静,即"致虚极,守静笃"(16),懂得守弱,即"柔弱胜刚强"(36),懂得守中,即"多闻数穷,不如守中"(5)。

老子建议每个人修行修为,做人须以道为先,最好的德是不求有得。老子说,具备"上德"的人不会外在表现为有德,因此实际上是真正的有德;而"下德"之人喜好对外张扬其很有"德",实际是没有什么德。"上德"之人顺应大道,道法自然,少私心不妄为,"下德"之人虽能顺应自然,但有私心并有意作为。上仁的人有所作为却出于无意,上义的人有所作为却出于有意。上礼的人有所施为而得不到回应,于是扬着胳膊,强迫别人跟随他去行动。所以,由此可知,对个人和人类社会而言,失去道后才有德,失去德才有仁，失去仁才有义，失去义才有礼。礼呀，是忠信不足的产物，是道、德、仁、义被淡忘后才出现的，礼就是社会动乱的祸首。所谓先前有识者、仅有知识者，注意了表面而忘了内核，只不过是道的虚华外表，是愚昧的始端。所以，忠信守道者，立身为人处世，当敦厚而不轻薄，实在而不虚华。一句话，舍弃轻薄虚华而淳朴踏实忠厚。

老子希望人们修真，即通过修行实践，切身体悟宇宙大道及世间万事和生命内涵，修行追求真理、真朴的过程及方法，并以此指导自我的生命旅程，达到与所生活的周边，如天地自然、地理节气、生态环境等的和谐与良性互动，进而获得有别于常人的奇特生命体验和长寿。

从老子思维角度来看，道德是第一位的，这个道德不是世俗理解的伦理道德，而是无限广阔、无处不在、无形无象、其大无外、其小无内的大道及其德行。人类的仁爱是有限的，当依赖仁爱互助，世界便已有问题；人类的义礼是更为有限的，甚至虚伪，当依赖义礼约束，世界就已处于危险。而大道的功用、大自然的眷顾是无限的。人们需要遵从并相忘于道法自然，自然而然，如同水中之鱼但忘却生活在水中。人类如同生活在鱼缸中的金鱼，如果想发现自己所看到的一切是受限的或者变形的，就需要更高维度的视觉和量子思维的角度，如从大道的角度俯视一切。

人与人最本质的差别，是面对个人处境变化时的心态，最终的赢家，往往是内心强大的人。逆风时，立得住根基；顺风时，稳得住方向。拥有强大的内心，才能掌握人生的方向。"花无百日红，人无千日好。"人这辈子，可能会登上顶峰，也可能会落入深谷；有品尝到高光时刻的喜悦，也不得不吞咽艰难时的痛楚。某些人，遇困难即怨天尤人，迷失困顿到一蹶不振；而内心强大者，把起伏视作平常，将其看成道的上下运行，把生活和人生当作修炼的道场：难不怨，苦不诉，喜不扬。

抱怨容易产生负面情绪，让人越陷越深；再难而不怨，才能冷静思考，洞悉事物规律，找到问题根源；再苦而不诉，是通透和成熟。最黑的路难有陪伴，最痛的苦无法言语，最孤的心深夜哭泣。与其沉溺过往，不如沉下心，走好第二天的路。"千里之行，始于足下。"（64）"曲则全，枉则直，洼则盈，敝则新。"（22）有挫折才能反省，迷过路更知端正方向的重要性；困境时、低洼处，与其抱怨他人和命运，不如反省自身、充盈自己。化危机为转机，变困境为机遇，通过破局知命而改运。

"夫唯不盈，故能蔽而新成。"（15）不自满，不张扬，喜而不扬，才能避灾祸，行能致远。不仅仅在失意时，能自然谦虚低调，更重要的是在得意时，不能忘乎所以，防止让自己招致厄运。弱者抱怨，强者改变；愚者张扬，智者内敛。逆境时攒力，顺境时收敛。人们常常是，成名于穷苦，败事因得意。低谷时，不抱怨，忍耐待机，逆风翻盘；艰难时，不诉苦，平复心情，规划前行；得意时，虽喜不失，洞察人性，低调谦逊。人心难测，需懂隐藏，喜而不扬，方可防祸避灾，吉祥顺利。

人要时常俭欲。由于妄欲，人类的发展时常远离道，因此每个人都可以借助道的光芒，先自我观照，后观照他人。通过"致虚极，守静笃"（16），用道的纯朴镇压妄欲。

老子看清了人性的强项是"人之道"的能动性、创造性、慈善性，人性的弱点都是由贪婪、妄欲、欲望所驱动的"人之道"的某些片面性。所以，在岁月轮转、此消彼长之中，对待人生，我们要践行"损有余而补不足"（77）的"天之道"。

人们需要照料看护自己朴素纯真的善良本心，不被外物和欲望所蒙蔽、遮挡，让大道善德在心田扎根萌芽。"水"就是人们最易接近的大道规律的浅显表现形式之一。人们效法天道规律，就要感悟并学会功成身退，以德配天，做事为人不能锋芒毕露，需有所收敛；尽量大智若愚，而不是大愚若智。

我们浸泡在欲望之海，生活在欲望社会，光怪陆离的人、事、物刺激着我们的眼睛、耳朵、鼻子、嘴巴、身体、肌肤等，让处理信息的中心枢纽大脑忙个不停，时常超载。被诱导出或自身萌发的不好意思言说的贪婪欲望，包裹在事物的表面之下，冲破我们防御的磁场，主宰了调节我们情绪的心灵，从而蒙蔽了我们的双眼，让我们看不清人生的方向和意义以及脚下的道路。

"五色令人目盲，五音令人耳聋，五味令人口爽"（12），物质或者精神需求要有适当的限度，俗话说："八分饱能长寿，人到荣华寿不终。"人的欲望常常无穷无尽，如果不能节制超出本分的追求、欲望，满足感或舒适感就会消失，人生就必然充满痛苦与烦恼，直至迷失方向、丧失自我。

老子希望人们习惯不争。老子告诫，争来争去可能是一场空，并会陷入竞争的恶性循环中，不能自拔。浮躁的社会，人们争吃、争喝、争爱、争宠、争名利、争权势……唯恐落后。品质恶劣者甚至为了目的，不择手段。"不尚贤，使民不争；不贵难得之货，使民不为盗；不见可欲，使民心不乱。"（3）老子认为名、利、欲是乱世根源，要加以剔除或削弱。不参与无谓争斗，进而就能去除无边的烦恼，回归清静和无为，从而能在精神上充实每个人天生具有的固有内德，返朴归真，不断升华。

老子强调"宠辱若惊"（13），即受到宠爱和受到侮辱都应该惊恐。为什么得宠和受辱都要感到吃惊而恐慌呢？得宠令人卑下，因为得到宠爱格外惊喜，失去宠爱则会惊恐不安，久而久之，容易让人失去独立性。如此看来，得宠和受辱都是令人惊恐、令人不快的事情。为什么要像重视疾患那样去重视自身生命？人之所以有危病疾患，是因为我们有身体；如果我们没有身体，哪会有什么危病疾患呢？所以不能本末倒置，应该是重视身体健康在前，关注危病疾患在后，而不是颠倒。此外，如果一个人像珍惜自己的身体那样去珍惜天下，天下就可托付于他；如果一个人像爱惜自己的身体那样去爱惜天下，天下就可依靠他。

"反者道之动；弱者道之用。"（40）反为动，弱为用，就是道的运动规律。人生常有"有心栽花花不放,无意插柳柳成荫"的偏差,所以人的一生,功利心不能太强,栽花插柳两不误,如此必有收获。要想实现目标,不一定要直接去做,而是调动周边积极性一起做;要想解决问题,不一定要直接解决,而是善用他人之力去解决。具备了挣钱的能力和条件,挣钱就很容易,解决了问题存在的基础和因素,问题也就不复存在。任何人事物都有多面性,至少两面性,我们可以将关注的焦点放在不易觉察或者常被忽视蔑视的"反面",从而守株待兔,当道使其转向由反而正时,我们就可以逸待劳,出其不意,"正面"就容易得到。这就是相反相成的道理:"曲则全,枉则直"(22),"将欲取之,必固与之"(36)。

老子希望人们知强守弱。人人都想以强者立于世,企业想跻身百强之列,国家希望成为无人能敌的强国。老子忠告,若要实际强大,但须甘于守弱,谦和柔弱,不要逞强,不要显露刚强,因为柔胜刚,弱胜强(36)。坚硬的容易坏,柔软的易生存。美玉坚硬、冰冷,光滑无瑕让人爱不释手,但如失手,必碎无疑,因为它太过坚硬。初生柳枝,柔软细嫩,想折断它,就很不容易,待秋叶落尽,它干枯坚硬之时,稍一用力,就可折断。这就是弱胜强。

人生的意义和目的,就应在自然中去寻找,方法是"万物并作,吾以观复"(16)。意思是世间万物都在生长运动,我正是借此来观察世间万物往复循环的规律。"夫物芸芸,各复归其根。"(16)意思就是说,世间万物纷繁复杂,但归根结底都要回归它们的根源。如果让人们理解"道法自然"有难度,可从"上善若水……故几于道"(8)入手,让人用七种方式去感悟水的道与德,即"居善地,心善渊,与善仁,言善信,政善治,事善能,动善时"(8)。

有为时,也要像好似无为,为而不争。大道的行为特征是无为无不为、无为无不治,看似无为,实际是有为善为,四两拨千斤,微扰可持续。妄欲而导致的人为的干预,只会使生态更为紊乱、社会更为混乱,对自然和社会资源的掠夺、奴役极可能招致大道规律的无情报复和惩罚,产生严重的动乱和灾祸。所以无为,就是如果无法排除私心杂念的欲望，就尽量遵从自然。遵道者应该少私寡欲、清静淡泊、淳朴憨厚、谦让贵柔、爱好和平、摒弃暴力；只有在忍无可忍时，才欲擒故纵，奇招制胜。要让人性中"善"的力量自然释放，让"恶"的欲望自然化解。允许民众"自化"，并提供"自化"的必要条件和保证。

  人生旅途中，要经常通过打坐入定而守静，减少物欲而节俭，看破虚妄而守无为之法，服膺回归大道。"人不为己，天诛地灭"，此处的"为"实质是修为，人需要修为归真，即真理、真信、大道；返还朴素的大道，朴即道的代名词，即要道法自然。人的一生都需要不断修炼，无为善为，上善若水，不争而争，多面圆通，玄达超能，功成身退，回归婴孩纯真状态，返还自然纯朴的状态，回归大道。

  人生的终极拷问是生死。有生必有死，死就是另一个生的开始。人活着到底为什么，这个问题困扰着所有人。事实上，人活在世上的意义就是你赋予的意义，即是大道在你身上所显现的意义。当离开人世时，还有些人会想念他，他仍以精神的方式存在于人们中间，融合为大道的一部分。有些人很快被人忘记，那其人生就没有意义，存在失去价值，精神上迅速消失，被大道所淘汰。大道永恒但始终运动，合则包容汲取，废则剔除抛弃。向死而生，从容对待死，忘却生死，是应该的而且也是不得不采取的人生态度。"不失其所者久。死而不亡者寿"（33）启迪人们，与大道融合在一起，就无所谓生死。大智慧者、大觉悟者之所以能忘却人生的生死，关键是他们实在关切社会的生死、生态的生死、自然的生死，而和大道一起循环往复。遵道者，已经不知生死是何物，只要顺从自然，超越了时空、有无、阴阳的局限，与道共生共存，永生永恒不灭，就能成就真正的长寿。

  对人而言，世俗世界上无处为家，因为不存在永远的家，至多只是一个暂时的家。无论何处都不能让人获得永远回家的感觉，唯有人的自我内心深处所感悟到的大道无形，那才是真正的家，回到那儿，才得安心。因为大道是每个人永远的归属、永远的家，回归大道、帮助他人回归大道，就是一个人一生的修炼和美德。得道就是上德、高尚的德。传道、送道就是积德，如水的谦卑辅助万物那样去送道、传道、播道，是一个人应该拥有的最大的德。

五、平等与剔除价位的价值观

价值观，是判断事物是非善恶的看法、立场、价值取向。老子的价值观公允包容、超越局限、光明正大。所谓公允就是允许人事物发展多样可能性的平等，而不仅仅是结果的平等。

老子的价值观是德观，即一切以道为标准，弘扬大德，从而剔除了人为的价格、人为的赞誉、人为的排位、人为的标准，剔除了对财富、名望、妄欲的执念，剔除了高低贵贱等人为设置，强调天下公平、众生平等、物我平等，以合乎道德为准绳，用天道升华人道。这是一种彻底的没有世俗价值的价值观。

老子的价值观超越各种局限。反对二元对立的价值判断，并超越二元对立，认为此消彼长、相对转换皆是道的方式，让人们进入纯真如一的大道境界。

"天下皆知美之为美，斯恶已；皆知善之为善，斯不善已。"（2）意思是说，当天下人都知美，喜美而厌恶丑，进而做作地有意表现为美的时候，当天下人均知善，趋善而逃避恶，进而做作地有意表现为善的时候，内卷竞争就会开始，事情会走向反面，造假作伪兴起并盛行，那样的话，就不是美、不是善了。

在某一时空背景下，人们将人事物外表的高与低、弱与强、近与远、美与丑、穷与富、大与小、多与少、快与慢、动与静、刚与柔、好与坏、亲与疏、先进与落后、欢乐与悲伤、开放与封闭等区分开来，产生了许多实际上是相对的概念，而这些并非绝对的概念，会使人陷于表象，而忘记大道。然后人们很容易偏执地在价值上进行定义、比较，最终落入相对的陷阱，而不能抓住本质和第一性原理，就难以跳出问题看问题，难以有超越性和根本性的突破。

没有永远的美或丑、善或恶，所谓美丑、善恶，均是人为设定。道浑然一体，本来就没有这相对的一切，只是人们形成的概念。对这些相对概念需要把握整体趋势，以大道规律去整体把握，而不是去割裂分解、矛盾对立。因为这些相对的两者，一直相互依存、改变、转换和演化。而如果落入对立的陷阱而不是超越，裂缝或陷阱就会被私心和妄欲者加以利用，从而偏离根本的大道。

老子用玄来表达在价值观上认知的超越、超限，以趋近于道。

甲骨文的"玄"字，像是"8"字头顶中间长出来一个凸出的"小点"。这"玄"字，好像一只蚕茧，那个"小点"寓意着这既是始也是终，并且终就是始。这些蚕丝缠绕似一股，又似两股，既分一为二，又合二为一，难舍难分。这两股既对立又融合，既绝对又相对，似乎有始有终，似乎又无始无终，永远循环。这"玄"字像宝葫芦，又像是双螺旋的DNA。

玄妙、神秘、深不可测，是我们对玄的印象和理解。比较容易接近和理解的是家中的"玄关"。"玄关"特指屋内与屋外两个空间的"临界面"，"玄关"以内是真正的家，"玄关"以外虽是屋但并非家，仅存放内外交往的工具杂物，如鞋柜、伞架等。所以玄有着超越"此"与"彼"，"显"与"隐"，"实"与"虚"，"神"与"人"等两个世界交界处"无割"的意味。

老子对"玄"的定义："（无有）此两者，同出而异名，同谓之玄。"（1）表面的含义是，同一事物存在两个以上不同名，每个名有着极大差异，甚至含义完全相反，但机会、权重均等，表示同一事物，无法区分或者清晰分割，这种现象称之为"玄"。就深层次含义而言，所谓"玄"表示超越各式各样的分割和界限，此时此刻并每时每刻地，多种可能状态可以一定的概率公允地叠加甚至纠缠在一起。犹如人们最初对光的片面认识：有人偏执地认为只是粒子，有人认为只是波；后来才知晓其既好像是粒子又好像是波；最后才知道，既不是粒子又不是波，而且两者不可区分并存在"观察者效应"，所以称为光量子。

对人们而言，宇宙世界物质化为人，而人又化身为宇宙世界物质，"玄同"是身体与宇宙世界的和合化一。"载营魄抱一，能无离乎？"（10）通俗表达就是人之道的终极境界"天人合一"！"一"，指一个完整的宇宙一切，特别是混沌为一、无形无象的"无"。"道生一，一生二，二生三，三生万物。"所以，"一"代表近乎一无所有的、最初原始的无限小的宇宙起点、奇点，也代表那混沌一体、无法区分、巨大无比、无边无际的"无"，是整个宇宙的全息缩影。而要求人们能"抱一"，好似把整个宇宙拥抱在心中、脑中、怀中，核心就是大道在心中。

所谓"玄览"，是认知与宇宙世界的和合化一，即整个宇宙世界的信息化为人的认知，人的认知化作了整个宇宙世界的信息。"涤除玄览，能无疵乎？"（10）人的认知是相对的，认知难以达到极限，或者说很难感知绝对的存在，就好比人们难以感知绝对零度的存在，也难以趋近并实现绝对零度。这是因为违道贪得的欲念，如天生蔽障，蒙住人们的双眼，遮蔽人们的心灵，使得人们陷于陋知与偏见，只知其一不知其二，迷惑于外表而看不到本质，更看不到支配一切的第一原理，看不到大道。而悟道做减法，"为道日损。损之又损"（48），就是要洗涤这些肮脏，拔除这些障碍，尽力"涤除"，进入正大光明的道德境界，认知达到"玄览"的程度。此时天人合一，认知转化为态度，态度促进认知，物我平等和万物平等就会成为自然而然的感觉。

"玄德"（10，51）是最高道德规范，是内心与宇宙世界的和合化一。道维护整个体系、系统和谐平衡。道创造了宇宙世界；道如母亲"生之畜之"亿万人事物；道如父亲"长之育之；亭之毒之；养之覆之"（51）亿万人事物。道时刻公允超限地守护着宇宙世界；道引导事物积极前行，助万物生长，促万事成功。牝牡相辅，引领规范，调教有方，纠错改过，止恶排毒。老子强调运用"无名"，即不以名分区分万物。如果欲望过盛而犯"道"作乱，就将失去正大光明，如遇到伤天害理、利欲熏心、背信弃义，"道"必将拨乱反正,"将镇之以无名之朴",予以纠正。公允超限,就是依道而德,体现公平公正、超越各种局限;正大光明,就是正德大道、外光内明。万物有道是正,万物欲作是邪。大道的无为体现在:辅补天下之不足,为天下所不能为,正天下一切邪魔。如果人心能化作宇宙世界,就是圣人"无心",付出就是回报,物质的付出就是精神的回报,精神的付出就是物质的回报,而且是不在乎付出、也并不求回报。故"生而不有,为而不恃,长而不宰"(10)。老子提倡的玄德就体现在超越自我,包容心态,不分贵贱,万物平等,化解冲突,超限境界,广阔视野和博大胸怀。

老子在整个"德篇"中明确人们可以拥有至高无上的价值观,并加以提倡。道之德,即"上德",是人类社会的最高价值观。而仁、义、礼等皆为"下德",均是人意"为之",并非道法自然。所以,真君子应处"无为",守牢"上德",不求虚华,坚守实质。大道公理,不言而喻、不证自明,仁义礼智信是人类社会之常道,会随时代变化而不断变形。天理、天道出于天,是永恒真理,在其上还有永恒而至高无上的大道。

六、老子何以能观大道及运动

老子之所以能观悟大道及其运动,有以下几个方面原因:第一,老子通过研究在他之前数千年的人类历史和记载,获得了大量的经验,总结出诸多有关人的规律;第二,作为相对超脱的朝廷官员,他偏重学术和历史,因而能以第三者的身份观察、以"上帝"的视角看待天子和诸侯等各国上流社会的贪婪、烦恼和纠纷;第三,老子命运坎坷,始终保持平民心态,朴素随和,观见体悟了大量下层社会的人间苦难;第四,当时的古人还保留着一些没有消失、退化的敏锐器官,更易感知世界;第五,通过修炼,老子能够冥想静坐进入极其宁静空虚的境界而无欲,从而能排除一切干扰,能够见到有欲的常人们所不能见的一切。

现代的网络推送和人工智能，几乎为每一个人打造了一个"信息茧房"，看似独立自由的人们，实际生活在一个封闭的虚假空间里，自以为正确，是因为有许多同伴或者共鸣者，进而能"定向进化"，将自己的容貌言行发展成自己想要的样子。如此，社会的分裂和极端化，就会越来越严重。要防备这种被塑造的危险，并保持清醒独立的人格，就要对大数据分析和人工智能推送的规律有所了解，不被别有用心者所掌控，尽量以随机分配的方式观看信息，并对各种信息以及评论做一统计，就基本知道了人群的真实心态和潮流。

几千年以来，虽然人们受大道规律的扶持和制约而运行，同时越来越多的外界吸引力和欲望诱惑也如同在打造一个"环境茧房""信息茧房"，使得我们每个人都生活在自己的虚幻世界里，活成一个个欲壑难填、牢骚不断、欲罢不能的模样，整天疲于奔命；能感知大道的器官因为极少使用，不断退化，从而远离了远古崇敬的"神"，与大道智慧远离，无法以德配天，从而为人们塑造了一个个烟火人间的饮食男女假象。

在历史进程中，人类的身体不断演化，没有了用武之地的器官，逐渐退化或者被淘汰，如鼻窦、犁鼻器、五脚趾、鳃弓、第十三根肋骨、外耳肌、锁骨下肌等；另一部分器官，不断进化，并变得越来越复杂并出现了转用现象。存在一个可能，老子时代的人们由于外界诱惑少，容易虚静极致，进入无欲的状态而认知天地；同样那时的人们某些器官比今天发达，能够使得人们以无欲和有欲的方式，敏锐地感知变化，像打开"慧眼""第三只眼"，观览到大道本体及其运行，从而能以德配天、与天地沟通。

扁鹊透视与器官敏化

扁鹊被尊为中国古代医学的祖师，堪称神医，最为神奇的是他能透视人的五脏六腑。《史记》记载，扁鹊年轻时做过客馆舍长（宾馆总经理），长桑君常来此客馆居住。他的行为与众不同，但只有扁鹊认为他是一位令人尊敬的奇人，长桑君也认为扁鹊不是普通人，两人相交十余年。一天长桑君悄悄对扁鹊说:"我有禁方,但我年老了,想留传给你,你不要泄露出去。"扁鹊说:"好吧,遵命。"长桑君从怀中拿出药给扁鹊,并说:"用上池之水送服此药,三十天后你能知晓事物。"接着,他将全部秘方交予扁鹊。说完,人就忽然不见了。扁鹊照此去做,奇迹出现了:"视见垣一方人",意思是能穿透墙看见另一边的人。因此他为病人切脉诊视时,"尽见五脏症结",能看到病人五脏内所有的病症,这实际指中医四诊之一"望"的最佳境界和最高水平——发现并检测到隐藏在身体内部的病症,即中医的"藏象学说"。

第七章

老子思维：打开人生上限，进入时空无限

老子的思维就是，以"无欲"而出世的思维，作"有欲"而入世的思考；以相互重叠、纠缠、不确定的"无""有"两个角度入道，跟随大道的圆形螺旋往复运动；以成长、消亡的规律去看待一切，特别是把握好无欲、无为、无用、无极等"无"在思考中的玄妙作用。

叔本华说："世界上最大的监狱，是人的思维。"爱因斯坦说："你无法在制造问题的同一思维层次上解决问题。"因此，我们要少用传统习惯的比较性思维，而应该用深挖人事物的第一原理思维，回归原初，重新出发，流程再造，通过升维思考、降维打击，解决我们面对的问题。所以，要获得人生的开悟，要获得幸福感悟能力、创造能力，就需要更高级的思维，更高维度、更高层次的文明，而老子所揭示的大道，就是创造更高层次的文明和幸福的治理哲学、人生哲理。《老子五千言》所描述的有关他所知所见的知识点，对当代人们而言可能已经不算稀奇，但老子所创造的独特抽象概念、理念，特别是他的思维具有永远的生命力。

老子的贡献并不在于他那个时代的知识、经验，而是他所建立的思维方式。所以在《老子五千言》中，老子开宗明义第一句就说明，对世界终极的描述、关怀和敬仰，用人类的语言文字来表达是贫乏的、有限的，甚至可能是错误的，他启发我们可以通过批判性、创造性的研究阅读，抓住《老子五千言》的文字内容，进而提炼出

老子核心的思维方式，从而静坐冥想进入"道"里，明辨是非，尽量使历史悲剧在人类层面不再重演。

一、老子思维起源

由于年代久远，解读《老子五千言》已经困难重重，矛盾甚多，再要解析老子思维的起源，则更是不可能。笔者只好以一家之言、仅有的资料、个人的独立判断进行解读。这些只能作为读者的理解参考，而不能作为学术研究的依据。从老子的生平履历来看，可以初步判断推测，他的学说和思想主要来自以下三个渠道，并用道进行统一。

第一，对《周易》的理解与重要拓展。《周易》有 8×8=64 卦，《老子五千言》有 9×9=81 章。老子接受并超越了中华先贤所描述的世界（事实上西方当时也处于同等水平），那个世界是关于有形世界的，留有"阴阳学说"和"八卦推演"。更为重要的是老子并没有止步于"阴阳"和有形世界，而是进一步挖掘提炼，上升到更为抽象包容的、层级更高的"无有"的境界，指出大道至少具有"无""有"两面特性，单用"无"或者"有"都无法描述大道的特点，并指出"无"比"有"更为根本。老子还创造了"自然"这个词和宇宙生成论，把中华文明的认知提高到前所未有的水平，从而进入了"德"和"玄"的崇高境界。

第二，融合了当时广为人知的周王朝的宗庙训词《金人铭》。《金人铭》寥寥数百字，不仅是周王朝家族的座右铭、家训，更是中华文明对数千年前有关亿万人事物经验、为人处世和治理心得的总结，对整个文明有重要影响。老子吸纳了这些词句甚至思想，并将其系统地归纳融合到大道和德行的描述之中。

第三，继承并创新了远古时期有关"道"的思考和实践。老子创造性继承了春秋时期的盖天说、"太一"宇宙观[35]，发展出了独特的"道""自然""无""有"理念。强调敬仰大道，并且用道——

以"天道"指导"人道",建构出了超越性的、系统性的全息系统学说,其最终目的追求,是让人们法道行德,天下和平。如以老子等为代表的道家思想的痕迹可以追溯到远古灵魂信仰,对气、精的敬畏。从盘古开天辟地到三皇五帝,华夏民族的远祖是敬天信神爱人的:人是神创造的,天地万物是神创造的,宇宙天体也是神创造的;人的生、老、病、死,宇宙的成、住、坏、灭,都是按照上天的意志运行的。而老子告诉人们,这个"神"不是人或者人形的其他事物,而是大道! 老子形容道为"道之为物,惟恍惟惚……窈兮冥兮,其中有精;其精甚真,其中有信"(21)。这个恍惚不定的道,是构成万物最原始的材料。老子又把道称为"朴"——"道常无名、朴。虽小,天下莫能臣"(32)。朴是道的借用语,指的也是精气。"朴"是淳朴虚无大道的另一代名词,"朴"就是指无所不在的无极大道,就是最卑微渺小的"无名小朴",其至小、至真、至纯、至虚、至静。有时老子还用"一"来形容道,"载营魄抱一,能无离乎?"(10),即阴魄阳魂合一,虚无实有合一,与大道永不分离。

二、大道永恒思维

"道"是有形无形宇宙一切的发生、发展、变化规律;"德"是按照此规律为人处世的准则和表现。道是本原性,既是宇宙未分化状态,又是宇宙存在的总体根源。道有规律性,可见不可见的一切、自然万物的运动变化都由道来指导调节,其运动方向是逆反转化,其功用特性是柔弱虚无。道具有自然性,"以辅万物之自然而不敢为"(64)。德是亿万人事物由道所赋予的自然品性。"孔德之容,惟道是从。"(21)最高明高尚的德,只遵从道的要求。德也是修炼近真朴的品德。"修之于身,其德乃真。"(54)按照道的要求修炼,能达到纯真境界。

域中有四大,人法地、天、道。道、天、地、人中,距"道"

最近的是天道，离"道"最远的是人道，地道介于其中。人又分成不同类型，人中无道者必被道所毁灭；人中有道者得与天地共生，能得到"道"的眷顾。"道"对一切都是平等的，没有特别的亲疏。日积月累，不断迭代，有道者积德，无道者积厌，得道者人神多助，失道者人神寡助。

道是全息的，局部拥有全部的信息，全部包含局部的内容。从道的角度来看，全部和局部是平等的；从用的角度即德的角度来看，它们是不同的。树叶与树干、树根是平等的、全息的，其"道"就包含在如DNA结构所蕴含的无有互变之中。干细胞及功能细胞之间的关系，也是这个道理。道法自然的"道"与自然之道是类近的，尽管前者的道涉及全局，后者只涉及天地人。

大道，是绝对的道（绝对真理），只有一个，巨大无比又微小难拟，看不到、听不见、摸不着，但能感知到、玄观到。对大道低层次的理解，就犹如对风的感知，风在自然界来无影、去无踪，但留下落叶的痕迹。风看不见，但是从飘飞的树叶可以判断风的存在；分子运动看不见，但可以通过布朗运动判断。道法自然，从浅层次而言，大道的模样就是生态自然界、天地自然界的模样；而深层次理解，大道是独立不改、永恒自由、无可替代，不跟踪不模仿任何其他一切，遵从本性，自然而然。

道是本原和规律，是无形无象的信息与规律，是有形有象的人事物。道，是良知、善知、超知；德，是良能、善能、超能。常人只能止于至善，而得道之人，可以超越良善，与大道融为一体。

人们可能感慨：大道，是那么的宏大，大象无形；又是那么的渺小，其小无内。大到天地万物皆它所生，小到万事万物皆它所养，而它却不自以为主。它是根本、它是灵魂、它是一切事物的遵守，它生育万物、它宠爱万物，一切都是它的孩子，它让一切自然而然地发育成长、此消彼长、源远流长。它不去占有、不去主宰、不去骚扰，只去辅助。它赋予那些王者以荣耀，它肯定那些平凡的感动，它让一切各尽其力，各谋其道，循环往复。

"大道"渺小到了似乎不存在，就是"虚无"，已经到了人类无法揣度的程度。因为人类思维天生就带有缺陷，其语言与文字的表达更是如此，信息传递中还会不断递减、衰弱、变形，所以任何语言和符号文字都无法真实全面地体现"大道"的全部内涵。因此，如想追寻道而得道，运用道而获得德，就必须突破人类的思维以及语言文字的局限。真正而全面永恒的大道，确切说来，难立文字，只可意会，不可言传，对大道的描述理解，需要的是不言胜言。把握大道，需要基于语言文字概念但不限于语言文字概念，住于道中，依道而行，通过观悟，就能无限趋近于道及其本质。

将来即使人不在了，天地不在了，但至高神圣的大道永恒存在。天地人事物一切依然永远从属于大道。老子认为，古往今来、当代未来、万世万代、万事万物的一切内涵、一切的核心在于"道"。大道统领一切。大道有德，其他皆或多或少缺善缺德。最接近大道的是天道，其次是地道（因为有了生态，生态圈中的生物种群有自由意志，因而可能妄为欲作，可能因狂妄贪婪作乱，需要大道以朴素的面目出现，对混乱违道行为予以镇压），再次是人道（人类更容易认为自己是宇宙的中心，狂妄地认为自身无所不知、无所不晓、无所不能）。大道是玄德的"心"或者"脑"，玄德是大道的"面容"或者"外表"。大道为一切的根本，无所不在，无所不能，大道统治一切，大道无上。

老子认为，"道"是一个绝对永远的存在，它包含了物质与精神、实有与虚无，以及这些混沌与纠缠。现实世界的一切都是相对于道、依赖于道而存在的，"道"是独一无二的、"独立不改"（25）的。"道"是"有物混成"（25），即"道"是物质的和非物质的存在混合而成，是"无"和"有"两者所形成的"无有二象性"。"道"是第一位的，是一切的第一原理。它不会因为变化运动而消失，而是周而复始又到原初状态。

道生一，一生二，二生三，三生万物。概括地说，宇宙天地由道所化生，道是一，一就是无；无生有，无的极端是无极，有的极端是太极，无极生太极，太极有阴阳，即一生二，阴阳为二；阴阳冲气以为和，化育出天、地、人三才，然后这三才再共生万物。由无极的奇点开始，完全混沌变部分清晰，继而万物开始生生不息地延续。

认知大道的最佳方法是"从道到人"，而不是"从人到道"。"道"是人类所参与、所依靠的，但不是以人的意志为转移的法则。通常来说，人通过认识人，进而认识地，再认识天，最终对道有所认识。这是世俗之人的"从人到道"，即人类认识"道"的主流方法和方向。许多人走完一生，尚不认识自己，在欲望挣扎和怨恨中离开世界。这种方法费时费力，而且会走偏。而更全面、更真实的方法是"从道到人"，认知大道是第一原理，由道认识道，由无认识道，由量子认识道，进而从道到天，从天到地，最终到人。以道修正自身言行和思绪心念，成为德善之人。以人看道，易执着偏废，如我对你错，此对彼错，无法超脱，难以宽容。而以道看人，全面真实，众生平等，众物皆同，放下我执，就能乐善好施。

道在不同领域又展现为不同的学科专业相对的道，如大道（数学、统计学），天之道（物理、化学、工程学），地之道（生物学、生态学、农学），人之道（社会学、人类学、心理学、医学、中医学、经济学、管理学、新闻传播学、艺术学、设计学等）。各种相对之道有其所在范围的一定合理性，相互还有明显差异性、不可替代性及可转换性，但最终都应该符合归属绝对的道，而且依从次序应该是老子所说的"人法地，地法天，天法道，道法自然"（25）。人对道的体现和应用，就展现为各式各样的德。如把整个道比作一棵树的话，绝对的道如树根和树干，相对的道如纷繁的树枝，人对这些道的运用即为德，其为树叶、果实、芳香等。

时间和空间是无限的，人作为时间和空间均有限的暂时性存在物，在思想境界上，无法认知无限的存在，也就无法认知永恒的运动，无法认知事物绝对的价值，只能限于相对价值。人存在于天地之间，不可能超越天地的空间和时间制约，进入"天地出生之前的状态"。所以，人类不可能直接观察、认知和体验超越人类精神、思想和思维的"道"。大道是如此简朴、如一、纯真，几乎不可以全知，人类只有在大千世界纷繁复杂的各种过程中仔细辨别，由表及里，才能通过悟道以尽可能理解道的真善美。而老子超越亿万人类，早就做到了这一点。"道"就是真善美。道的第一本性是"真"。道是万事万物的本体和本原，表现为大道至简的朴真，即一切最基本的规律。它无形无象，深奥玄妙，真实无疑。"道"的第二本性是"善"，对所有人、所有事、所有物，一视同仁的德善，所以也叫"德"。理解"道"、跟随"道"，就是一种德善的修行。"道"的第三本性是"美"。道是有与无，形与神，形式与内容，朴真与德善的浑然一体和有机结合，故而有各种无形、有形、超越性的美感。人类如能做到天人合一，就能大美至真。

反者道之动。物极必反，向反面转化是大道的运动循环规律，因此，"真善美"会向互补对立共存的"假恶丑"转化，"假恶丑"也会向互补的"真善美"转化。要保有"真善美"的德行，就得把握好度。老子强调，追求极致，不如适可而止；锋芒毕露，难以保持长久。为什么拥有金玉满堂的财富却守藏不住？因为富贵到了极点的人容易骄横放纵，终将给自己招来祸害。功成身退，适可而止，这才是中正之道（9）。"天之道，损有余而补不足"（77），"功遂身退，天之道也"（9）。

有阅历的人终会体验感悟到，道之美，在于度，在于角度、温度、色度、力度、量度、用度、程度的平衡，在于"守中"（5），在于恰到好处，以及优化和选择。因为过度极端就会反向加速。如果力度不到，就会功败垂成。度，就是要把握其中各要素的对称、对应和动态平衡。所以"度"是出现反向重大变化的最后临界值，如好坏逆转等，故不得不测。

守中就是守道、得道，得道也称"得一"（39）。"守中"才能把握"度",守中首先必须好静。行为上好静,才能思想上悟道;思想上悟道,才能进一步行为上好静,如此不断循环往复,不断迭代,不断深入并进步,就能适中为度、虚静为动、无为善成。"致虚极,守静笃。万物并作,吾以观复。"(16)"中"为本体根源;"度"为情景运用。而"弱者道之用",恰恰体现在"度"的附近区域杠杆率最大,潜在风险巨大,潜在收益巨大,需要仔细小心把控。人们可以四两拨千斤,微妙关键的把握是否得当,将带来成功或惨败的不同结果。

道者在茫茫人海中,为获得世俗之人的理解而与他们打成一片,也易被欲望感染而彷徨。有道之人的最好活法,是在外表穿着和情绪表达层面"同尘",但在内心认知的层面"和光",要离开世俗之人的欲望泛滥圈,进入大道的怀抱(20、39)。

三、无有相生思维

老子指出无有相生。要理解这一点,第一步是全面认知大道,即认知无,无是大道的第一原理、第一性。尊重"无"的存在,"无"不是没有或不存在,犹如真空不是"空",而是真空量子态的涨落。"无"只是强调宇宙中和我们身边永远有人类思维无法觉知的东西,并且这种"无"占了绝大部分,犹如暗物质、暗能量是整个宇宙和世界的主要部分,我们看得见、摸得着的仅仅是物体,还有看不见、摸不着、能感知的能量,最终还有更多的不可知的存在。"有"是指有形的存在,即人类思维的产物,超出人类思维以外的就是老子所言的"无"。人类能够认知的只占很小一部分,已经认知的就占更小一部分。所以人类对无、对宇宙、对世界,要心存敬畏。

老子有关"无""有"的全部含义简要概括为:虚无至无极,在无极之处,无生出有,有无相生;通过太极,有生出万物。"有"最终也会通过太极而归于无,无至无极,无再生出有,如此有形世界和无形世界循环往复、变换交互，无止无尽。

从"无有相生"，就可以推论出"难易相成"。许多事情看上去很难，只是因为没有掌握其内在深刻的底层逻辑和相互转化的奥妙，如掌握了，反而发现其很容易、很简单。难易是对立统一、相互转化的。"处无为之事，行不言之教"（2），不是消极地处事和从教，而是建议用更善的方法、更佳的态度去处事和从教。老子强调，处理事情要尊重事物的本来规律，依道处理事情而不妄为、不乱生事；从教要做到以身作则、行动教育、无声教育，一草一木一品一筑皆教育。这是一种"我不言，你能懂；我欲言，你已懂"的心领神会般的教育，是教育的最高级阶段。真正的传承大多数是在不言之教中悄悄完成的（2）。

"道"是一切的本原、一切的规律和一切的法则，比天生和自然还要理所当然，而不是人为制定的法规和法律。

道永远以难以完全分离的两种形态存在。第一种形态是先天地之前就已经存在并将永续存在的"虚无"，简称"无"。这先天地就已存在的"无"，也被叫作"一"，或"纯一""纯真""纯正"。"道"以真朴的形态而存在，是不可知的，如同暗物质、暗能量。第二种形态是天地生长之初就开始出现的、最初为奇点的那种"存在"，简称为"有"。"无"和"有"之间的关系是无有重叠存在，无有相互转换，"天下万物生于有，有生于无。"（40）大道就是无与有同时的、叠加的、不可分割的、多样性的存在。无在先，有在后，"有"又可以循环变成"无"，好像"无有二象性"，犹如玄妙神秘的"波粒二象性"。

"无生有"，即天地出生从奇点开始，这个奇点，就是"道"在太极阶段的表达。从此时开始，一体的大道从"有"分解出叠加、不确定、纠缠的二象，简而言之，产生了包括互补的阴与阳、真与假、善与恶、美与丑等表象。

"无有相生"的一个典型体现，就是生态保护和养育。过去工业化时代，人类只关心攫取有用、有价值的东西，从而破坏了环境生态。要防止对生态环境的巧取豪夺，就得做尊重"无有相生"的有道之人。老子倡导生态保护和养育，强调天地人的生态与道的和谐自然如一（39）。他说，往昔得道的景象如此：天得到了道而清明；地得到了道而宁静；神（人）得到了道而有灵；河谷得到了道而充盈；万物得到了道而生长；侯王得到了道而成为天下名正言顺的首领。推而言之，如果失去了道，如一切无法与大道自然合一，将出现的悲惨景象是：天不再清明，恐怕将要崩裂；地不再安宁，恐怕将要震溃；神（人）不再有灵魂，恐怕将要灭绝；河谷不再充盈流水，恐怕将要干涸；万物不再保持生长，恐怕将要毁灭；侯王不再高贵保有首领的地位，恐怕将要倾覆。所以，要明白铭记，贵以贱为根本，高以下为基础，因此为什么侯王们喜好自称为"孤""寡""不谷"，这不就是至少表面上都表示承认以贱为根本吗？所以说，最高的荣誉就是无须赞美称誉，因为一切都是存在和事实。天下人遵道从德，不要追求琭琭晶莹像宝玉，而宁愿珞珞坚硬像山石。

另外一类关于"无中生有"思维应用的例子，如数千年前的春秋笔法，暗藏观点于事实描述之中，不同的人阅读会各得其所。如武则天的无字墓碑、伏羲的先天八卦和文王的后天八卦等，它不单单只是表面上的意思，往往被赋予了特殊的或者人所皆知的象征意义，这是一个无极太极的表达方式。但是，正如老子提醒我们的那样，道的奥妙在于寂静和空虚，其内涵比春秋笔法更为虚幻而多样，是多种量子状态的叠加，能够穿透层层阻隔，直指人心，直击灵魂！所以，有时候无，就是实实在在的有。

四、虚无静极思维

因为大道从起源和根本上说，就是"虚无"与"实有"之间的圆曲闭环、循环往复、互变互生，大道比天道、地道、人道拥有更多的"虚无"成分占比。所以，习惯于"实有"世界，习惯于表面世界的人们，需要尽可能靠近大道，从"虚无"的角度理解、把控深层次的世界，看清当今世界，如同打开"第三只眼"即"天眼"。即从物质进入意识、精神灵魂层面，再从意识、精神灵魂层面进入物质层面，并且时常从嘈杂的现实回归到一切的起点处求得清静智慧，进而回复到现实，看清并把握今日的纷扰烦恼、妄为贪欲之源。

老子从大道角度观察天道和人道。人类自以为是的经验和理论，就是人道；宇宙万物遵循的规律法则，就是天道；无形无象的虚无和万事万物的实有所组成的规律总成，就是大道。老子希望人们放下一厢情愿的人道，遵循天道和大道的法则和规律，人生就能功成身退，而没有烦恼。

"致虚极，守静笃。"（16）要认知世界的本质并把握世界，而不是被表象、欲望、实有所迷惑，一个简单的诀窍就是让自己静下来，心胸开阔、虚怀若谷，不经意间，世界的真相就在眼前显露出来。而日常修炼中，静坐冥想是一种可取的身心训练，如此就是"虚其心，实其腹"（3）。要掌握真理，搭起从一个实际世界到另一个实际世界的桥梁，不一定是通过实体的桥梁，还可以通过虚拟的桥梁，如通过虚数计算解决实数计算，可能更为快捷，事半功倍。"虚而不屈，动而愈出"（5），所以，"虚"具有类近于"无"一样的妙用。

老子强调虚怀若谷。令人惊奇和印象深刻的是，老子没有强调高山的巍峨，却一再向人们强调空虚山谷之重要性。空空的山谷，是生命的乐园，如同深深的鸿沟大道，豁达包容，可以容纳存留许许多多，如石块、草木、鱼鸟、禽兽、河溪、泉瀑等，那最深的山谷被老子称为百谷王。老子强调做人低调如同山谷，要放下傲慢、宽以待人，虚怀若谷，包容他人。

江海能汇聚千百条河流，是因为它善于处在谦卑的位置，所以能成为统归众河之王（66）。有智慧的人，待人接物总是谦卑，恃才傲物不是智者，虚怀若谷才是高人。

老子倡导利他虚我。水之所以备受推崇，是因为水包含着无私利他的品质(8)。人最难放下的是"我执",最常做的是自私。以"我"为中心,"我"需要帮助,"我"最金贵,"我"的事最重要。其实,人都有自私的一面,你这样想,别人亦然。但结果只会是恶性循环。智慧的人能在人生里发现自我之外的意义。学会给予,越分享越富有;学会帮助,别人也会帮你;学会利他,利他是更高级的利己。所以,上善才像水,利万物而不争!

老子倡导众心即我心。老子强调"慈爱"是心病良药,就是爱众人,拥有共情力,富有同情心,能以仁慈之心去帮助他人,学会并善于恭贺他人的成功和幸运,绝少陷入嫉妒之中,就能医治嫉妒和暴躁。

遵道而行的平凡人就是圣人,不会一门心思地只想着自己,只惦记自身的小利益。圣人没有偏执,没有我执,不存违背大道的私心,至多允许保留一些不会使言行变形并被大道所允许的私心,尽量压制和忽略过于主观的感受和我欲意识,将心比心,众心即我心,道心即我心,如此换位思考,体谅包容,才能使矛盾消融,和谐融洽,集众人之智,把自身和周身融为一体,周边的一切都会成就他或促进他成长。圣人就成为大道的化身、众人的代表,大道就成为自身的力量源泉,众人就成为自己的力量源泉,故而无往而不胜,从而最大限度地成就了圣人的自我(49)。

五、刚柔转化思维

柔胜刚、弱胜强,许多人难以理解。柔弱和刚强都是相对的,在条件变化以后,柔弱的成为刚强,而刚强的反而柔弱。比如,柔弱之水在零下几十度时,其坚硬程度能超过钢铁,在强大冲击力下,钢铁可能脆断,而坚冰纹丝不动;又如,"天下之至柔,驰骋天下之至坚"(43)的滴水穿石,长久的连续不断的水滴,尽管每一滴冲击对石头似乎无任何影响,但日积月累,最终能击穿石块;再如,水锈钢铁,柔弱的水环绕坚硬的钢铁,天长日久,腐蚀发生,锈迹斑斑，最终能使钢铁像豆腐一样，弱不禁风，不堪一击；再如，非牛顿流体，在缓慢的冲击速度下，其像流水，人在流体表面缓慢行走，就会沉下去，而如果非牛顿流体遭遇快速冲击，其就表现得坚硬像钢铁，甚至可以击碎任何物体，其表面如水泥路面一样坚硬。

从人际关系角度来说，柔弱不必和刚强简单地直接硬碰硬，柔弱之优点和所长就是柔弱，胜就胜在不愿意硬碰硬，否则只会两败俱伤。一不小心，刚强极易自折，柔弱却能安然无恙。待以时日，条件变化，择机而动，柔弱就能胜刚强。

人活着时身体柔软，死了后身体僵硬。草木生长时柔软脆弱，死了后变得枯槁干硬。所以刚强者属于死亡一类，柔弱者属于生长一类。因此，用兵逞强就会遭到灭亡，树木强大了就会遭到折砍。从大道循环来讲，强大实际处向下位，柔弱反而居向上位（76）。

这种守柔思维告诉人们，人和草木一样，有生命力时柔软强韧，枯萎后就会变得僵硬挺直。坚强的东西易损，柔弱的东西长存，懂得示弱的人，才能笑到最后。人们需要知道自己强，明白如何强，但甘愿守处柔弱，知白守黑。

雌雄、黑白、荣辱、虚实、进退，既矛盾又统一，互相制约，互为消长。老子希望人们做到知雄守雌，知白守黑，知荣守辱。这样就如同天下的水溪，汇聚众水，循低而行，大德常存，好似恢复到婴儿般纯真的状态；这样就成为天下榜样，恒德无瑕，回复到不可穷极的真理，即达"无"的极致；这样就如同成为天下的川谷，谷处低而得势，恒德充足，回复到自然本初的纯朴状态。纯朴大道分散化入亿万人事物，而成为器具、神器，即道成肉身，道成万物，道成联系。有道者遵道而用，就会成为众物或者众人的引领。所以完善的治理、完善的制度是不可以割裂、不需要分割的，因为他们都是大道的不同表象（28）。

大自然雌雄相对，但只有雄或者雌，必然不行，雌雄相当才能和谐。只有白天或者黑夜，必然不行，昼夜交替才能正常运行。盛水容器，只加水或者不放水，便不是容器，其价值体现在虚与实、空与满的循环交替。初生婴儿看似柔弱，却是强壮的开始；伟岸壮年看似强大，却是生命从巅峰消逝的开始。棉线皮筋等虽然柔软，但不会折断；气球管道等最鼓最圆的时候，就有爆炸爆裂的危险；建筑塔楼越高大，轻微摆动越明显，因为摆动而牢固，绝对的静止就是其崩塌的瞬间。

压力越大、成功越大，但也可能是，压力越大、损伤越大，这两种现象均会出现或者存在。普通人常是后者情形，这时压力就是耗损力，导致抑郁、烦躁，最终失败，根本原因在于世俗之人对"道"缺乏认识，缺乏对事物两方面相互转化的认知和技巧。要能做到承担多大的压力，就能获得多大的成功，就不应该一味地抵抗压力，而应该改变力的方向，改变压力的方向，将其转化为动力，释放自己的潜能，"万物负阴而抱阳，冲气以为和"（42），"故物或损之而益，或益之而损"（42）。成和败，损和益，阴和阳，少和多，长和短，弱和强，等等，就像手心和手背是不可分割的两面，灵活操控处理二者的相互转化，才能游刃有余，以少胜多，以长胜短，以弱胜强。

人们都想功成事遂，不想失败、恐惧失败，实际上害怕的是不确定性，但此时最大的机遇就在不确定性，如果强弱与成败存在确定的对应关系，世界就不再精彩。成事的关键是如何通过时间、空间相互关系的探索、操控，吸取经验，不断修正，快速迭代优化，以弱胜强，转败为胜。

六、非常逆反思维

"反者道之动"（40），道用不断前行的循环往复，即前进式、螺旋式"反"的方式进行运动，凡事都不要太过，总有相反的力量推向反面和原点。"反"就是回返、反向、反面，返回原点，回到起点，如同生生死死又死死生生。事物的发展必然向着相反的方向转化，否定性的自然规律运动法则始终永存。这种认识对中国人产生了深远的影响，使得人们在繁荣昌盛时能保持谨慎，在极度危难时也不会失去希望。

习惯于顺着大流，沿着事物发展的常规方向，从容易看见的正面去思考问题，并一次性地寻找求取解决方案，犹如一种惯性力学，要么静止保守到难以开始运动，要么一开始运动就难以停止并随波逐流于惯性方向，并且速度越快越难以转向。这种人类思维的趋同化、惯性化、正向化，是一种普遍的思维惰性和保守趋向。

老子强调大道就是永远的恒常存在，他在观察人们习以为常的宇宙天地、大自然和人类社会中，恰恰通过非常的角度从而发现、认知、确定了大道的非常之恒常。他的思维是一种"非常思维"，是一种符合大道反向运行规律的逆向思维、反向思维，是对习以为常、司空见惯、表面泛化的人事物及其观点的逆潮流，是擅长反向思索考证的思维方式。老子的非常逆反思维，是一种能打破思维定式、更具创新创造力的思维方式。这种方式的长处在于容易有新的发现，这种良好的习惯和能力需要经常训练、挑战自我才能习得。在中华文化历史上，众多敢于创新、标新立异、打破常规的名人大家和功成身退者，大多受这种思维方式的影响。

老子常逆反性地思考问题，非常人所见，非常人所言。如，"上德不德"（38），认为真正具备德的人，不会刻意追求德，更不会外露表现为有道德；"天地不仁……圣人不仁，以百姓为刍狗"（5），强调天地与圣人的自然而然特性和生态自然性状，而不能以人类情感的习惯好恶，去认定更高维度的天地和圣人是否有仁德。人们往往只抓住表面现象，而忽视了去上溯根源，恰恰是在更高维度、更深层次、更为核心的某种缺失所导致的。如表现为背弃了大道，才不得不退而求其次，弘扬仁义；过分鼓励计谋策略，各种偷奸耍滑就会层出不穷；六亲不再和睦，将不得不宣传孝悌孝慈的高尚；国家昏乱不堪，就凸显出有忠臣的珍贵（18）。老子强调柔能克刚（36，43），"反者道之动，弱者道之用"（40）。

老子常别具一格地从另一个角度思考问题，初次接触老子的很多观点，会觉得新奇吃惊，后细细琢磨，就觉得境界高远、胜人一筹、令人信服。如老子认为法治层面：法律条令众多而杂乱，只会使盗贼更多（57）。认为要有"不争"的军事美德：善于作为的将士，不轻易动武；善于作战的人们，不会轻易发怒；善于取胜的人们，不与敌人纠缠（68）。

大道运动上的"逆反"特征，可以让人们从万物互相依存、互相转化的角度重新认识自身，把握"无""有"无时无刻不在的相互转化。如果极端地追求"有"，就可能快速走向"无"；允许少量的"无"，就能保留最大限度的"有"。如此，就可能有"知胜守败""知争不争"的新认知，从而达到知强守弱、知刚守柔、知实守虚、知有守无的境界，如"知其雄，守其雌""知其白，守其黑""知其荣，守其辱"（28）。

道的运行规则表明，立足反面，就会走向正面；相反，立足正面，就会走向反面。要想自我成就，就得"圣人退其身而身先，外其身而身存。非以其无私邪？故能成其私"（7）。

七、无为善为思维

人们害怕未知和不确定，喜欢已知和确定性；人们害怕失去把握，喜欢控制，以达到自己的目的。结果常常越控制，就越失控，直至最终失败。尽管如此，在人性贪婪和欲望的驱使下，管理的"控制论"流行起来，为弥补其天生的机械化、割裂化的缺陷，人们就由此优化发展出了"智能论""情感论"。可是人们忘记了，无控就无失，早在2500多年前，老子就告诫我们要与大道站在一起，跟随协助大道发挥作用，才能够四两拨千斤，这可以称为"辅助论""无为论"。

无，是最低限度的有，是另一种性质的有，是无法认知的存在；"无为"并不是把"无为""无所作为"作为目的，而是以"有为""有所作为"作为目的，而且这种"有为""有所作为"就是"善为""善于作为"。用看似"无为""无所作为"作为工具手段，以"无为"达到并超越"有为"的效果，防止失道寡助，追求得道多助，让大道自然而为，最终获得成功并可永续，并不留下任何后遗症，也不招致报应报复。

老子的无为并非什么都不做，而是指出需要将行为控制在一定限度之内、在大道允许的范围内。许多人理解的"无为"，就是无所作为，放任不管。而这与老子真实的原意相差很远。

老子认为治理中要"无为"，即不要大肆推选偶像榜样，以使人们不争名夺利；不要囤积居奇，以使人们不去盗取偷抢；不要炫耀攀比、煽动欲望，以使人们不焦虑心乱。所以，圣人的无为善治，就是注重精神层面丰富自足、自我修炼、欲望管理和情绪管理，让民众内心安详、生活充实，不崇拜计谋、不放纵贪欲，使得那些擅搞智谋诡计者也不敢动弹。从"有为"趋近"无为"，表象好似"无为"，结果却"无不为"地治理好一切或者天下（3）。

所谓"无为"，就是不要"妄为"，决策在最低层面上至少要能合乎人性，在最高层面上要能合乎大道。道法自然，安定人心，让道而为，让万众去为，尊重大众的首创精神。反之，领导和管理者如躁动妄为，政令频繁，巨细皆揽，不停折腾，容易滋生不良竞争，则天下必大乱。"无为善治"可能是至今最高级、最文明、最先进的治理理念，远远超出一百年前基于机械工业流水线、视人为工具的"科学管理"及其内涵。老子的理念对企业家、政治家、领导者、管理者有重要意义。

"无为"是一种艺术，其特点就是约束管理冲动，治理上讲究自然而然，看似未管，实际因不管而善管、因不管而全管，四两拨千斤，以最小的微扰争取最大的成效，没有后遗症和不良后果，不会招致大道的惩罚，能够实现可持续、永续发展。

"无为"不是不为，而是不妄为，是让道去为，实现大有作为。

以不生事端的方式去做事，用道法自然的心态处理事情，不用喋喋不休，用无声无言的身体力行去教育感化众人；让万物按照自然规律发展，助其生长而不据为己有，奉献而不傲慢，大功告成而不居功自傲（2）。如果领导者违背天下众人的意愿和本性强行管理，偏执顽固强制推行，就会失民心、失天下（29）。要敬畏人性、敬畏天地、敬畏大道，时刻铭记"其事好还"（30）的因果效应。

卓越的领导者，尽管治理上卓有成效，但民众并不知道他的存在，往往其本人似乎也没有存在感；较好的领导者，民众喜欢亲近他并且称赞他；较差的领导者，民众害怕恐惧他；最卑劣的领导者，民众轻蔑鄙视嘲笑他（17）。如果领导者诚信不足，民众就不会相信他。卓越的领导者总是那么悠闲和淡然从容，很少发号施令，但其所管辖范围的事务几乎都很顺利成功。为何会如此井井有条、诸事顺利呢？百姓们会说："我们本来自然就是这样的。"

有的领导，事无巨细，亲力亲为，全能操办，下属处于"休业"状态，似乎离了他，地球就不转了；而有的领导，平时不见身影，一到关键时，如神兵天降，悄然无声，掌握情况，指出成功方向。这些就生动地体现了什么是"有为"，什么是"无为"。"无为"，非"不为"，而是"不妄为"。老子以大道的品德论述为人做事、治国平天下的应有规则。道从不妄为，故而无不为、无不治，凡事皆成。

"道恒无为"（37），而渴望"有为"的人会"妄为"，即违反自然、社会、人性规律去"妄为"。拔苗助长，本意是想让庄稼长得更快，良好的用心却导致失败的结果。"有心栽花花不发，无心插柳柳成荫"，讲的就是人的"有为"和"无为"，如果所为与自然规律不匹配，就会导致出人预料的不同结果。"办事以不即不离之法，用心在有意无意之间"，就说明人们在认知外在规律并不受人的控制的前提下，内心充满了对人事物规律的敬畏，不敢擅自妄动，慎重探索而行，最后有出人意料的成功。所谓的"人定胜天"往往只能是口号，听起来让人激动，事实上常常做不到，硬要做到，可能就要导致鸡飞狗跳的局面。因为人胜不了天，如能胜的也不是人所定的，而是人在自然规律里审时度势、恰到好处、顺水推舟。如果真的逆天而行，肆意妄为，必会惹祸上身，灾难连连。

老子说，古代擅长治国者，善于发挥大道本身的作为，并不是什么都要民众明白或者知晓，而是自己真实朴实，也希望民众真实朴实，大家皆如同大智若愚一般的状态。民众之所以难以治理，就是因为民众智谋技巧泛滥，上有政策下有对策。所以一个领导者如以智巧阴谋治国、自作聪明，就是国之盗贼；不以智谋治国，才是国之福分，如此民众就无法效仿，然后天下大治（65）。老子以得道的圣人口吻讲："承担全国的屈辱，才能成为国家的君主，承担全国的灾祸，才能成为天下的君王。"（78）掌握理解了大道，就可以轻而易举地做到"不出户，以知天下；不窥牖，以见天道。其出弥远，其知弥少。是以圣人不行而知，不见而明，不为而成"（47）。

中国"无为"智慧与现代科学

加拿大英属哥伦比亚大学教授森舸澜揭示了老子等的思想与现代脑神经科学、人类学和社会心理学之间的类似关系。他在呈现老子的"无为"与"德"内在魅力的同时，辅助于现代社会有趣的故事、严谨的科学实验结果的佐证，阐述了"无为无不为"的深刻内涵，认为"无为"是修正以自我价值为中心的现代生活方式和思维方法的永续智慧。

"无为"的好处，体现在"顺其自然"、不勉强为之。这就是艺术家们心领神会的那种"进入状态"，如著名音乐人建议演奏者"不要吹萨克斯，让萨克斯吹你"。专业篮球运动员如能进入这稍纵即逝的状态，就能超水平发挥，即如同走出身外，仿佛在看自己打球，出神入化，犹入无人之境。正是这种不刻意赢球，放松到自发性的自由自在，往往能够胜出。而动作变形的努力和进取，结果往往适得其反。

"无为"不是"无所作为",而是那种动态的、自如的、不做作的、无意识的心智,拥有这种心智的人更积极、更有效,主动并自动发生,如同身体在呼应一首迷人歌曲的节奏,进而达到忘我、超我的状态,典型的形象代表如游刃有余、畅通无阻的"庖丁解牛",类似的有米开朗基罗的雕塑手法等等。他们都是将自我放松下来与大自然达成一种先已存在的和谐:"不出户,知天下;不窥牖,见天道。其出弥远,其知弥少。是以圣人不行而知,不见而明,不为而成。"(47)

与此类似,醉酒状态能引发近乎初级状态的"无为",所以有人能在酒后写出光辉诗篇。把日程时刻排满的宗教仪式也是试图进入"无为"状态。但过分积极的好人和伪善的道德家破坏自我和社会的"无为"状态。"无为"使得人自得其乐、轻松自如,"无为"自然有"德",有德在身,众人就喜欢你,信赖你,与你轻松相处,就连野兽也不想伤害你。无为和德能帮助人们超越身心二元桎梏,还能揭示此前现代科学没能关注的自发性和人类合作等方面。

西方"启蒙"后的欧洲及其殖民地的主流思维具有强烈的身心二元论色彩,心智之心所进行的理性思维与实物身体拥有的情感表达无法和谐统一,身心分离导致超级理性和极端个人主义,人们无比孤独。这种传统思维使人类对自己感到困惑,对科学也造成了巨大负面影响。幸运的是近几十年,认知科学已经从二元论的桎梏中摆脱出来,把人的思维视为涉身的"身心合一"。而这恰恰与老子等思想相吻合。在中国古代思想中,不仅要"身心合一",还要"天人合一",即要建立起人与自我、人类社会、天地自然、至上大道的和谐相处。"无为"就是将自身融入——与别人共享的、更大的更有价值的整体——"道"之中。

那种西方从小教育形成的成功概念,如理性研判、拼命进取、终有所成,不一定正确,有时甚至适得其反。要达到值得拥有的状态:幸福、吸引力、自发性,常常需要"无为"或者迂回的方式才能实现。远古中国人的认知正确性在于,他们已经认知到自发性是个人福祉和人类社会的基础。森舸澜同时认为，《老子五千言》是世上继《圣经》之后翻译最多的著作，对西方文化产生重大影响，《孙子兵法》也是从老子那汲取了灵感。[41]

八、不争善胜思维

老子教育后人：不争之争，不争善争。不争是第一前提，善争是面对邪恶时的无奈之举。所谓善争，有两层含义：一是用善良的手段方法去争，即运用大道或者让大道规律去发挥作用、玄妙地去争；二是既然不得不争，就获得接近完善、优美、全胜的结果，不留后遗症，让人心服口服，不在未来被大道规律所报复惩罚。

老子的不争是一种独特的"争"，是有道者的争，而不是世俗之人的粗陋低级赤裸裸的"斗争"。如此不争而"争"，是以弘扬大道、修为人性为目的，与世俗惯常方式相比，更讲究方式方法，更讲究本原纯真，更讲究结果良善，更讲究道理德行，即解决问题的全程道德方案。"夫唯不争，故天下莫能与之争"（22）强调，不要与人争长斗短，更不要偏执地去争，因为争起来也不一定能争得过或者能获胜，如果破底线、不择手段地争斗，无论是主动安排还是被动卷入，即使胜利了，在大道面前也是失败，随时可能要面对大道的惩罚或者清算。因此，既然如此，还不如索性不争，以不争的方式做好自己的事情，不卑不亢，尊重事物本来规律，让大道去充分发挥作用，并不去干扰，至多适当辅助。适当而为，适可而止，让道去为，顺其自然，最后的结果反而可能是没人争得过你。

道法自然的心态与格局是，不论何事，认真对待，专注投入不执着，不偏执于结果，如此结果往往不会太差，有时好似上天在眷顾，犹如有道助、有天助。所谓"不争"，甚至有时不得不体现为难得糊涂、吃亏是福，但这并非鼓励放弃一切，而是以不争退后，置之死地而后生，立于不败之地（22）。

老子主张"不争、尚柔"，其绝妙之处在于拥有如水的七种至善的智慧:"居善地,心善渊,与善仁,言善信,政善治,事善能,动善时。"(8)人要如水一样善于选择善地而居;内心要宽广渊深、善于包涵;交往相处时善于真诚相爱;言语处事上善守信用;为政善于治理;处事善于发挥所能;行动时善于把握机会。

"天之道,不争而善胜。"(73)老子指出了不争善胜的美德表现,即善于治理下属者,不以强权压人;善于带兵打仗的将帅,不逞其勇武。运营决策,不逞血气之勇;善于作战的人,不容易被激怒。胜利的诀窍在于不争,不争之争,不争善胜;善于胜敌者,不与敌人发生正面冲突;善于用人的人,为人谦和示下。这叫作不与人争的高贵品德,这叫作运用别人之力的能力,这叫作以德配天,是自古以来的顶级智慧(68)。

顶级的自律不争,就是克制自己的"反驳欲"。愚者互踩,智者互抬。要不争而厌争并善胜。好争者、好辩者,往往对人不对事,以对事的挑刺来发泄对人的不满,甚至无视事实与逻辑,为反对而反对,为辩而辩,为争而争,为抬杠而杠,以出尽风头为己任。对于这样的人和事,最好的态度是"夫唯不争,故天下莫能与之争"(22)。好争好辩者的特点是"自见""自是"(24),喜欢自我表白,意图显露自己;自以为是,喜欢顽固坚持。从"道"的角度来看,这些言行,就像剩饭和赘瘤一样,人人厌恶,有道者绝不会如此做(24)。

不争还体现在"为无为,事无事,味无味"(63)。一种理解为,在工作为人中,有为、善为,如同无为的样子;在做事中,做事不生事、解决难题而不引发新的难题;在评价品味人事物时,能从没有味道之处品尝出味道。另一种理解为,善为别人没有作为的事情,从事了没有人从事的开拓创新,体味出别人没有体味到的新感受和原理。

九、大道数字思维

万物皆数,是古希腊毕达哥拉斯等人的核心理念,他们认为"数统治着宇宙"。和毕达哥拉斯差不多同时的老子,对大道、宇宙、自然和人生等一切,也有着独到的数字思维。《老子五千言》中,共使用了41个数字,其中"一"出现15次、"三"出现11次、"十"出现4次、"二""四""五"各出现3次、"六"和"九"各出现1次。没有出现"七"和"八"这两个数。

在老子的眼中,除了"三十辐,共一毂,当其无,有车之用"(11)中的"一"表达的是数字"一"本身以外,其他"一"都代表"大道"。大道是一切,大道至简,"一"至简至奥,一无所不包、一统天下;一又是整数中最小的数,谦逊低微。老子认为,"一"就是"道"的一个别称,《老子五千言》第三十九章就集中描绘了"一"即道的重要性。

通俗地描述"一",可以用人生来比喻,每个人首先要有个扎实的根基——健康周全,这就是数字1,其他的如财富地位、名位权力、为人处世等是后面的0,甚至无数的0。如果没有1,再多的0也没用,没有意义;如果没有后面的0,只剩下1,也能保有基本权益。总之,穷则独善其身,达则兼济天下。

老子认为这个"一",即大道,至少可以描绘成两个属性、两个内涵,即无和有、虚无和实有。大道的第一性,就是虚无宁静,虚无就是浑然一体、无法区分、无头无尾、无始无终、无形无象、无感无知、无限可能性;大道的第二性,就是实有躁动,所谓实有,就是有阴有阳、有先有后、有大有小、有形有象、有生有死、有限延展性。我们能感知的一切,就是大道在我们面前的展现,就是从无到有,先无后有,有生于无,有无相生,生生不息。

老子还教人方法学,"载营魄抱一,能无离乎"(10)。静坐禅定时,让肉体载负着魂魄,用意念怀抱大道,如有无阴阳、宇宙天地,做到天人合一,天地人融为一体与身长存,无为无不能。"是以圣人执一为天下式"（22），所以，圣人能够执行"一"即道的指令，而成为天下众人的范氏。

老子对数字"三"则情有独钟，给数字"三"以很高的地位，总喜欢以"三"举例。在数学上，圆周率 π，自然对数的底数 e，都是非常接近自然数 3 的神奇无理数。

老子认为，三生万物，三代表多样性、复杂性、创造性，是能代表整体性、系统性的最基本的核心要素。描绘大道，就像硬币应该有一体三面：正面、反面、侧面。如"立天子，置三公"（62）；"我有三宝"（67）；"……夷……希……微，此三者不可致诘，故混而为一。其上不皦，其下不昧"（14）；"此三者以为文，不足"（19）；"十有三"（50）。

但千万年来，人们极容易坠入简化的二元对立。此时需要铭记的是，这种二元论仅仅处于对世界认识的低级阶段，连最为基本的"三生万物"的三要素起点阶段都没有达到。所以，当我们不得不用二元对立认识世界时，需要谨记：二元更是互补的、互变的，如此才能稍微趋近真实性更强、更可靠的"三生万物"的世界；如果能上升到二元叠加、纠缠、不确定的"波粒二象性"量子认知层级，而不是笛卡儿、牛顿的传统经典的二元论，那就更趋近真实性的"三生万物"的世界。否则，简陋的二元论，很多时候就是自我欺骗。

人们日常生活中需要俭朴但经全面修正的、如同"波粒二象性"的二元论。即认为世间的一切，都至少包含对立互补叠加的两个方面，这两个方面互补转化、此消彼长、循环往复。如委曲才会保全，枉屈才会直挺；低洼才会充盈，陈旧才会更新；稀少才会求多，贪多才会迷惑（22）。人们常批评某人"成事不足，败事有余"，"成事"和"败事"，是事情规律上互补对立的一体两面。如果一味地发力，追求"成事"，结果往往是"败事"。

俗人的思维，求成怕败。俗人的本能，对欲求的东西，就一味地努力争取，甚至偏执，而不知道掌握背后的规律，不懂得在不违反大道规律的基础上，尽量获得，并且不留后遗症、不留后患。大道的规律告诉人们，需要玄妙平衡好事物的两个方面，可以微微用力使劲，让道动起来，让道显示出来，以轻松得到自己所想要的，心态淡定，行动认真，而不能让非要得到的自我执念成为羁绊。

比如"道生一，一生二，二生三，三生万物"（42），可以理解为一个指数级增长。道初始生一，即以无为始，无即混沌如一，无至无极即生有，有如奇点，为亿万人事物的大爆炸前的始端，有含有阴阳，此时仍然是一，因为阴阳之和当指数为零时数值也为一（道生一）；当道为阴阳之和的指数为一时，分解出的为阴和阳（一生二）；阴阳之和的指数为二时，就有阴、阳、阴阳冲（和）三种形式（二生三）；阴阳之和指数为三时，就会出现无数的阴阳排列形式，至少如六十四卦（三生万物）。

当然，老子也提及许多其他的数，如四、五、六、九。"域中有四大，而人居其一焉。"（25）"五色令人目盲，五音令人耳聋，五味令人口爽。"（12）"合抱之木，生于毫末；九层之台，起于累土。"（64）"六亲不和，有孝慈。"（18）

总而言之，道有着严密的形式逻辑：排位第一的抽象数字代表是一，即"无""有"是整体，无法区分；排位第二的是二，即阴阳；排位第三的是三，即阴阳和、天地人、日月地、人事物……

十、以道化育思维

司马迁认为，老子思想的特点是"无为自化，清静自正"，其"不言之教"的智慧体现在自主性和隐蔽性。老子鼓励隐性教育，认为自然的教育才是最理想的教育。老子的隐性教育，不同于程式规范化的、有组织、有计划的教育，其隐性体现在柔性参照既定的内容和方案，潜移默化地影响被教育者，化一切环境、自然、生活、氛围、情境等为教育学习场景，将教育与实践紧密相连。发挥每个人、每个被教育者的自驱作用、内化作用，保证每个人有个性的全面发展。在教育、育人中"道法自然""以辅万物之自然,而不敢为",核心是要因应,而不是束缚,遵循自然规律而为,处"无为之事"地顺应自然,行"不言之教"地以身作则,追求"无为无不治"的效果。

罗素说:人生而无知,但并不愚蠢,是教育使人愚蠢。人性本质应该是自然而纯朴,如婴儿般纯真无饰,教育应尽力保证被教育者处于本真状态。"不言之教"即以身教,不能专注于表达上的花言巧语。做有道德的教育,人尽其才,教与学的原则是"无弃人""无弃物"(27)。

所谓"不言之教",施教者态度上应该"贵言",教育的方式和方法上应该"善言",是合乎自然地"言",适时适势、因地因人而"言",不是真的"不言"。如此才能"天之道,不争而善胜,不言而善应"(73),善胜的关键是善于应答。"致虚守静"地让受教育者内心空灵、冷静、专一地观察和思考事物,完善自我,自知而知人。以"九层之台,起于累土;千里之行,始于足下"(64)的精神和方法,循序渐进、慎终如始地推进。

"不言之教"(43),"行不言之教"(2),一花一草、一品一筑皆教育,用潜移默化改变人,用成长而不是训教去解决问题和缺陷,就像针对孩子成长中的一些坏习惯,采取持续关注适当微扰,而非训斥强制的方式,坏习惯就会逐渐改变。强调道法自然、自然而然、自然而为的好处和诀窍,不妄为就会有收益。以自然之道处事,以身体力行去教化。

"教不教"或者"学不学,复众人之所过"(64),好似在讲,文化继承常常是学也没啥可学的,教也没有啥可教的,无非重复前人所经历过的;但如从批判性思维、建设性创新的角度来讲,强调的是,学别人没有学过的,教别人没有教过的,改正众人所经历过的,勇于超越前人。更进一步讲,老子提醒我们在向别人、向书本、向实践学习时,须辨别、追问哪些可学,哪些不可学。在不学、绝学、不可学方面,严锋教授的"不必读书单"很有创意,很值得参照，如此才能在人类先前的基础上更进一步。学习别人所未学习的，复盘发现自己的或者人类过去的错误所在，不断改正错误，以先前人们的错误为前进阶梯，不断进步。"学我者生，似我者死。"最好的学习，是向大道及其德行学习，向天地学习，向自然生态学习，而不是互相模仿，相互内卷，导致创造性消失，雷同僵化横行。

"学不学"（64），"绝学无忧"（20），要学习最好的学问，学习即将失传的绝学，获取精神营养，获得物质创造的诀窍。如学懂悟透《老子五千言》，心胸豁达开朗，摆脱僵化愚昧，去除傲慢与偏执，见素抱朴，返朴归真，做得道的平凡人，就能够走出苦海，不再忧愁。老子同样告诉我们，兴趣盎然及潜能天赋所在的领域，就是个人被大道赋予德行的领域，把学问做透，就会看淡一切，不再忧虑。具体就是要把知识学习到最前沿，不再见到其他人，而是进入无人区，这时，就必须开始知识创造，从而创造属于个人的绝学、人类的绝学。

"善人者，不善人之师；不善人者，善人之资"，否则，"不贵其师，不爱其资，虽智大迷"（27）。任何人的知识、思维和能力都是有限的，不可能无所不知，无所不能，所以要提倡人与人之间相互包容，相互学习，相互映照，相互借鉴，相互警醒，取长补短，相互关爱，永不放弃。"人之不善，何弃之有"，如此"善者，吾善之；不善者，吾亦善之；德善"（49）。对所有被教育者一视同仁，为了每一个人的发展，所以"常善救人，故无弃人；常善救物，故无弃物"（27）。

老子认为，人的成长、社会的成长离不开大道，需要在实践中，用大道修炼自我、修炼社会，将大道"修之身，其德乃真；修之家，其德乃余；修之乡，其德乃长；修之邦，其德乃丰；修之天下，其德乃普"（54），如此个人和社会才能以德配天，吉祥幸福！所以，大道的实施将如此进行：

第一，以人生之道治身，即将人的生理、心理、发育、成长的规律和内涵，以及物我平等的境界，用于修身与实践，就能出真知、出品性、得德成真。

第二，以家庭之道治家，即将相亲相爱、长幼有序、天伦之乐等家庭规律和内涵，以及和睦共进的氛围，用于家庭修炼和实践，就能得德有余。

第三，以乡镇之道治理乡镇，即将尊重差异、和谐共生、互帮互助、自治独立等乡镇规律和内涵，以及世外桃源的优美宁静，用于乡镇治理和实践，就能得德久长。

第四，以国家之道治理国家，即将无为善治、无为善为、保境安民、尊重首创的国家规律和内涵，以及服务民众的境界，用于国家治理和实践，就能得德丰硕；依次类推的有以企业之道去修炼企业：社会责任、行业典范、利润发展；以大学之道去修炼大学：学术民主、独立自由、新民至善。

第五，以天下之道治理天下，即以上善若水、道法自然、众生平等、各国平等、敬畏天地的天道、地道去修炼实践，天下就能得德普及。

大道的总体特征是虚无、微弱、柔韧、反向、循环等，而不是人心的妄为、贪欲及逞强的总体惯性特点。大道用于实践如何推进？老子给了明确答案：从实践自身到实践天下，由小到大、由易到难、由低到高、由近及远，逐层渐进。在具体过程中，要注意这些分支之道的自然性、固有性、差异性、动态性。

英国伦敦威斯敏斯特大教堂无名氏墓碑碑文

威斯敏斯特大教堂无名氏墓碑碑文非常有名，影响了许许多多的人，具体内容如下：当我年轻的时候，我的想象力从没有受到过限制，我梦想改变这个世界。当我成熟以后，我发现我不能改变这个世界，我将目光缩短了些，决定只改变我的国家。当我进入暮年后，我发现我不能改变我的国家，我的最后愿望仅仅是改变一下我的家庭，但是，这也不可能。当我躺在床上，行将就木时，我突然意识到，如果一开始我仅仅去改变我自己，然后作为一个榜样，我可能改变我的家庭；在家人的帮助和鼓励下，我可能为国家做一些事情。然后谁知道呢？我甚至可能改变这个世界。

按育人规律、人的发展规律办事，根据实际情况施教施治，不做违背人性天性的事，道理并不难明白，可是切实落地者少之又少。"吾言甚易知，甚易行。天下莫能知，莫能行。"（70）

"为学日益，为道日损。损之又损，以至于无为。"（48）求学的人、做学问的人，能一天一天增长学识，不断受益、不断进步，犹如人生在做加法。而求道者，须让自己的妄欲狂念一天比一天减少，减至再减，循道而进，依道而为，直到不再妄为的境界，犹如做人生减法，用"断舍离"戒除忧愁、忧患。为学日益，为道日损，故境界低者复杂，境界高者简单。因为境界低的人被各种欲望牵引，学了乱七八糟的计谋方法而显得复杂奸猾；而境界高的人拒绝过多的欲望，勤勉修身，遵道而行，朴素简单。

人为什么活得这么累，就是不重视"少就是多"的观点。也就是说，解决问题往往不需要加法，而需要减法，以轻松高效地实现目标。通常在解决问题时，加法比减法更受欢迎，因为人们会惯性地忽略减法。事实上，加法谁都会，减法则需要智慧。[42]

"少私寡欲"（19），"绝学无忧"（20）。老子告诉我们要知道什么是良知，什么是无知，鼓励思维、精神、灵魂层面的提高。少些私心、少些妄欲，抛弃众多浮文和累赘的知识，就没有了烦恼。人如果追求学习，知识多到一定程度，如果不明白大道和德行，只会徒添烦恼，成为杂乱无章的知识仓库，知识就带来困惑。生命有限，知识无限，应该少些学习多些创造。以有限生命学习无限知识，必然身心疲惫，欲壑难填。少学一些杂念，少知道一些与私欲、妄欲、贪婪相关的知识、经验，保持纯洁朴实的本性，人生就会幸福，就没有忧愁烦恼。

十一、道观天下思维

以道为指引，所向披靡，因为尊重了人事物的本来规律。所以，要用从"道"的角度看自身、看人类社会。

观察研究解决问题要从第一性思维、第一性原理出发，从道出发，而不是单纯从人出发、从我出发，从小我到大我，如此才能看得清楚。"以身观身，以家观家，以乡观乡，以邦观邦，以天下观天下"（54），即以身之道去观研自身或者他身，以家之道去观研自家或者他家，以乡之道去观研自己家乡或者他乡，以国之道去观研自己国家或者其他国家，以天下之道去观研天下。老子提醒我们观察和研究应尊重规律，通过感知分门别类的小道，进而感悟大道的运行和规律。其方法就是透视本质、修身体察，如猫头鹰睁一眼闭一眼，既以"无"观世界，也能以"有"观世界，进得去出得来，不迷惑地去观察、观悟、观研、玄观、全观世界。策略上是基于自身，认知自身，超越自身；基于人类，认知人类，超越人类。

所谓玄观的"玄"，就是超越感官、超越局限，立足无有一体，重视无，不偏于有；"观"是观察研究的循环过程，从无看有，从有看无。"观"的练习方法：尽力使自己的心灵排空到虚无的极点，设法使自己的头脑清明安静到敏锐的顶峰，人处于这种状态再去观察一直在同时蓬勃生长的万物，从而能获知其往复的道理（16）。

老子暗示，人由"道"而生的肉身，天生具有感知"道"的潜能，存在可以感知"道"的全能感官并需要去唤醒。"观"并非直接或者轻信人类现有的感官及意识，而是将这些作为辅助，唤醒大道赋予每个人的无形无相、能通向大道的心灵、灵魂，如道心。这道心在治理方面就体现为圣人心系天下："圣人常无心，以百姓心为心。"（49）

"道"在天地诞生之前就存在，是浑然而成的"无"，如果能让自己回归宇宙诞生之前的寂静状态，如同今天人们认知的宇宙大爆炸原初"奇点"出现之前的状态，就可以从自身萌发出能观察一切而不迷茫的"道心",延展人的感知能力。

大道在具体人事物中体现出"沉寂"和"显现"的状态（分别对应"虚无"和"实有"）。"沉寂"就是不能依赖于眼耳鼻舌身意等自身感官,而是要设法回归到那个混沌的、无法描绘的不确定状态;"显现"则是用自身感官去观察确定的、生动的、清晰的形象状态。沉寂和显现（虚无和实有）,就是大道存在的两种状态（25）。这两种状态有时区别分明,有时并不分明而浑然一体,并受"观"的干扰,如同今日我们描述的"波粒二象性"。"观"的过程至少需要包含这两种状态:以"无"来观察世间奥妙的运行规则,以"有"去观察世间的端倪边界（1）。为了能全面真实地看到叠加的、无限可能的本质世界,而不是被我们干扰后所呈现出来的眼前世界,我们要最大限度地压抑自我意识,减少"我"对被观察对象的影响或者损害。

如果只是用自身感官考察研究以获得显现结果,就不是"观",而是世俗之人的研究。如果同时还能从沉寂的源头反过来看,明辨自身感官所起到的干扰或者微扰作用,这就完全达到"观"的境界,从而跳出自我迷惑和肉体的约束。冥想打坐可让人回归寂静,从而体验观的感觉。平时要学会回归清静,从"道"感知人事物的运动,以"观"觉察和处事。

我们每个人在自然、无干扰状态下,是多种可能性或者不确定性的角色的叠加,遇到对应的人,我们就呈现为对应的确定性的角色,我们日常感知的对象特性,均是每个角色所对应或者诱发出的特性,不是对象全面真实的特性,即存在"观察者效应"。

我们自己既是我们的人生观察者,又是参与者、创作者;既是被动的,又是主动的。如果只相信自己的感官,就会迷失。如能从"道"出发,则可以跳脱出来,到达几乎忘我的境地并进行完整的觉察,获得的结果才更为全面真实。因此,我们每个人需要练习"观"的过程,这种"观"如同我们观察研究蚂蚁的世界,并要超越自身给观察研究带来的干扰和影响,如声波、光线、微风等。

第八章

老子道法：超能善成，玄妙之法

所谓道法，就是让大道成为天地自然和人间社会的主导、主角，让其施展方法技巧。人们要谦卑退让做好仆人，让大道这个真正的"幕后导演"发挥作用，道自有玄妙之法。为道者，宁愿在权名利禄方面退后、退让，但绝不放弃对大道循环规律的主动把握——知晓实有，宁守虚无；顺势而为，因势而动；前瞻未来，因应未有；化虚无为实有，上善若水，无为而无不为，无为而无不治。

老子及其《老子五千言》的方法，就是道法，俗称玄法，即玄妙之法。这里"玄"就是超越、超限，即物与我平等，包含无和有、超越无和有的大道之法。老子的方法论，就是他建立其宇宙观、世界观、人生观、价值观等四观的独特路径。老子的方法论就是做减法、求熵减，逆反于那种表面上好像是发展，实质上是熵增毁灭的言行思想。

老子并不想传授如何从事具体事业的思想或者技能，即小聪明；而是力图唤醒深藏于人性之中的大道智慧，提醒人们存在于各行各业的哲理大道和整体思想原则，即大智慧。老子明确得道的主要原则：一是"损"，减损过多的智谋和机巧；二是"守"，就是守住"清静虚无"，老子希望每个人都能在精神上找到一条属于自己的能重回母体的"道"路，从而能时刻获得母体的滋养，焕发生命的力量；三是"轮"，"将欲歙之，必固张之；将欲弱之，必固强之；

将欲废之，必固举之；将欲取之，必固与之"（36），人事物的纷繁复杂无非是循环往复和回归本原，有无互为本原，阴阳互为本原，事物的发展必然走向与自身呈现互补的对立面。

讲明了老子学说的原理，人们往往还是不知道怎么做、如何做。在琢磨学习老子道法时，人们常常觉得无所适从，无从下手。笔者在此建议：其一，可以琢磨、学习源自《老子五千言》的成语，从这些成语中，得知老子道法的精髓，超越"随心所欲"的妄想，步入"随道而为"的境界；其二，可以从了解人类卓越的军事家、兵圣孙子的生平事迹及其著作入手；其三，可以从研读商圣范蠡的生平故事及著作入手；第四，可以从研读炼丹家、中医药专家葛洪的生平经历和著述入手。

一、积极心理，超能善成

《老子五千言》从头到尾都在启发人们不要失望、失信于大道，以积极的心态与道同行、与道同体，从而超能善成。《老子五千言》是"直击人心"的关于善的学问、善的科学。让我们知晓道、学会德、善言行。

《老子五千言》尽管简短易读，但实难完全理解，除了正话反说、反话正说以外，老子对人类妄欲的鞭挞，让那些渴望即时满足、心中缺乏大道光明的世俗者心生抗拒。然而如果仔细研读，对大道心存敬畏、希望永续成功的凡夫俗子们则会喜出望外，不禁惊叹："这是一部难得的天书！"

大道就是宇宙亿万人事物的根本规律，德善就是人们对大道的理解应用水平。不同的年龄段，不同的教育背景，不同的人生经历，就产生不同的人生体悟，人们所能理解的老子所揭示的奥妙也就有所不同。但毫无疑问，其对所有人提升思维、放大格局均会有所帮助。

在灵魂跟不上追求"权名利情"脚步的时代，尽管研读老子十分困难，但实际上研读本身就已经是获得。因为此时的研读，哪怕片刻，也是让时光慢了下来，大脑走向安静深思，感知大道的存在，这已经是老子馈赠给我们的最好礼物。

接触《老子五千言》时间不长，对老子的认知只达初等水平者，会认为老子人生态度消极，满篇胡说八道，鼓吹阴暗法术，实是消极避世。一再研习《老子五千言》而达中等水平者，会认为老子强调的是柔弱清静，消解妄欲，无为而治。再三研读《老子五千言》，恍然大悟达上等水平者，会认为老子强调的是超能善成，返朴归真，道法自然，无为无不为，无为无不治。如能掩书而思，与老子进行灵魂对话，会进而明白老子真正强调的是：大道是宇宙天地一切的核心本原，无形无象无声；大德是大道的形象、言行和品格，可见可闻可触；大善是我们跟着"道"、模仿"德"所做的修为修行修身，此可谓进入大师境界。

老子学说不但不消极，而且非常积极。老子学说的积极之处在于：一是积极认知、理解、践行"道"，继而拥有德；二是以出世的精神，做入世的事情。那些认为老子消极的人，源自没有看懂，没有看透，例如，还不知道如何运用老子的道法以实现超能善成、未卜先知、无为而无不为。

幸福课讲师泰勒·本·沙哈尔与老子

泰勒·本·沙哈尔博士开出了哈佛大学最受欢迎的通识课程"幸福的方法"，他用《老子五千言》诠释幸福，认为《老子五千言》和积极心理学在人生观上有很大的相似性。他建议无论是学生还是其他成年人，如果有机会，每个人读的第一本书应该是《老子五千言》这样的书，它是通向幸福的非常重要的道路，因为老子和道家的思想其实就是他所强调的，人类自身要勇于接受以及承认种种痛苦的情绪，而不是与这种情绪对抗。访问中国时，他惊讶于大多数中国人竟然不了解老子和道家。

泰勒·本·沙哈尔博士来北京宣传新书《幸福超越完美》时，

呼吁中国读者认真阅读《老子五千言》。他在研究中发现，绝大多数人追求完美，这恰恰是不幸福的原因。他在新作中提供了一套方法来应对完美主义，以克服负面情绪，并将后者看作正常现象而自然接受。这些与《老子五千言》的内容吻合，他认为"积极心理学"实质是在诠释《老子五千言》的精华，当然更系统化、科学化。当今年轻人都热衷于前卫潮流，其实回归传统才能使我们更幸福。

千百年来，懒于提升思维能力而无法接近大道境界的无数人，常常误读老子。一部分人从《老子五千言》中只孤立地读出柔弱、不争、无为，认为老子消极避世；另一部分人只读出欲擒故纵、欲张先收、欲扬先抑等有关统治管理的阴谋。殊不知，《老子五千言》的核心是如何得道多助，助道而为，事半功倍，以最小的投入获得最大产出，并被大道所允许，不会招致惩罚。并且，老子教导人们懂得功成身退，如此使得任何一个平凡人，只要遵道立德，就能超能善成。

《老子五千言》重点指出了超能善成的起点、方向、结果以及衡量标准，但并没有揭示具体的无有、强弱、虚实、刚柔等转化过程和技术，这是因为每个人的能力、潜力和所处的环境条件不一样，转化需要因人而异、因事而异。每个人应该因时因地、择技择机、就地取材，设置提前余量，实行强弱刚柔的适当转化，进而能出神入化。比如，"有之以为利，无之以为用"（11），要想获得便利、功用，就得从有形无形、有用无用的相互关系入手，重点关注的不应该是有用的，因为其功用早已被发现，只是带来便利，增量有限，难以有更大的颠覆和进步，而恰恰需要关心的是那无用的反而可能是真正最有用的。至于无用的如何转化为有用的，在什么条件下可以转化为有用的，需要每一个人仔细品味琢磨并恰到好处地去行动。

超能善成的根本前提是依道而行，如此才能在细节处进一步思考超能善成的具体过程、技术和方法。

因此，超能善成的有道者，是那些不擅长者、不善成者的老师；

而那些不擅长者、不善成者，是超能善成者可参考借鉴及警醒和可使用的资源。因为亿万人事物各有其特点，所以要有大德的心态，像大道一样充分善待运用这一切，不抛弃、不鄙视，道法自然，尊重其本身规律，适其性、尽其才、尽其用、得其所，而达无上的智慧。真正聪明的人是将一切都看成并转化为动力和资源，无论善恶柔刚、高低长短。所以要善于拜师，善于运用，善于学习，善于挖掘。如果不珍惜自己的老师，不爱惜自己的资源，却自以为聪明绝顶，实际就是迷失糊涂。这就是人们练就精深玄妙的要诀（27）。

某些聪明外露、好出风头之人，可能哗众取宠，但缺乏真正的智慧。某些看似愚笨木讷的人，却蕴藏着大聪明、大智慧，这就是人们所说的"大智若愚"。平时不显山不露水，和光同尘，一旦时机成熟，便能一鸣惊人。

有为的功夫是世俗者心目中最高明的功夫，而不是得道者心中最高明的功夫，因为有为者难以真正取得没有后遗症的成功。超能善成，就是不勉强或者强制，依道而行；看似无为，实际无不为，实际无不治；自然一体，浑然天成，如同水龟无迹、流水无印、大雪无痕（27）。

二、圆通玄达，"神仙"凡人

一说到得道者，人们脑中就似乎浮现出气度不凡、心高气傲、自信强大、聪明过人、无所不能的超人。事实上这并不是老子所赞赏的人，也不是真正获得大道而成神仙的人。

老子心目中的得道者，是一个多面的平凡人，是人人都能通过修身、修行、修心而趋近的，是自负者永远不可能达到的平凡人。

真正的得道者，已经摆脱僵化保守、一成不变、自以为是、偏执躁动、欲望缠身、自我难安等世俗者的特点。得道者能在不同的时间和空间灵活自如地运用大道，呈现出多种不同的角色，从而透露出德行。得道者能依道而言、依道而行，能在各角色间无障碍切换,细微奥妙、通达至极,让人有亲近可信、深不可识之感。关于得道的圣人,老子也不知道如何去描绘形容才算得当,只能勉强地刻画这些得道者:他小心谨慎时,如同冬天踏冰过河;警觉戒备时,如同防备着四周的敌邻;恭敬礼貌时,言行得体如赴宴做客;行动洒脱时,如同春天温暖的气候能消融冻冰;纯朴厚道时,好像没有加工的简朴原料;旷远豁达时,好像幽深的山谷;浑厚宽容时,好像浑浑浊水。老子进而设问并总结,谁能使浑水静而沉淀,慢慢澄清?谁能在安静中缓缓以动近似无为,就像萌芽从土中悄悄长出,慢慢显出生机?只有到达道之境界者。保持这个"道"的人不会自满,正因为他从不自满,所以能够去故更新(15)。依道而行者,时刻清醒铭记这是大道的功劳而不会自满自夸、得意忘形,就能不断推陈出新,不断成功,实现无所不为、无所不能、无所不成、无所不治。这样的得道者,就像多种角色叠加、言行得体、因时而变、超能善成的"神仙"。

老子阐述了得道者与常人的同与不同。其相同之处往往体现在外表上,其不同体现在内里的思维和精神。如放下妄欲,得道者的话实际上很容易理解,轻易也能做到,但天下人因为被妄欲蒙住了心智,就是不明白,不愿做,不能做,不想做,不会做。言论依据天道,做事遵循法则。正由于人们对天道法则不能有效认知,因此才不理解得道者的言行。能够理解得道者的人,事实上很少,而能效法得道者进而行动的人就更加难得。得道的圣人外表普通,混同尘世,但是他内心坚定,清净圆满,充满力量(70)。

老子也强调得道者的独立精神和批判性思维特点。应诺和呵斥,有多大差别?美好和丑恶,又相差多少?人们常常根据自己世俗的价值和分别心去评头论足。人人所畏惧的,好像不能不去畏惧,这种随大流的风气从古至今就是如此,好像没有了尽头。世俗世界中,众人扎堆熙熙攘攘、兴高采烈,如同去出席盛大的宴会,如同春游登台眺望美景。而得道者此时内心淡泊宁静,好似无动于衷。得道者混沌懵懂,如同婴儿还不会发出嘻笑声;懒散疲倦,好像心无所归。众人好像得而有余，唯独得道者好像失去了什么。得道者真好像只有一颗愚人之心啊！众人光芒闪耀，唯独得道者好像糊里糊涂；众人都明察秋毫，唯独得道者淳厚宽宏。得道者内心激荡时，像大海汹涌；得道者内心漂泊时，像孤独无靠。环顾四周，众人都灵巧精明有本事，唯独得道者好似愚昧而笨拙。得道者唯独与人不同的，关键在于一切以"道"为准绳，视"道"为衣食父母（20）。得道者能自我解脱，源于世俗，超越世俗，容于世俗。

老子还表示，得道之人，如圣人者，应该做到，方正而不生硬，有棱角而不伤害人，直率而不放肆，光亮而不刺眼（58）。

三、以水近道，善行无迹

水几近道，无所不能。因为水是道的形象代表，水之行为特点最接近于道，所以老子讲究成功的方法，就是要向水学习。

我们要上善若水，以水近道，趋近智慧。我们如同水中之鱼，无水则鱼亡，鱼住水中，而鱼则不知何为水，此时的鱼即为"愚"。要让愚钝的人类认识道，就像让鱼儿认识水一样困难。我们想要住在水中并知道水的特点和边际，就得像老子那样基于人类思维又超越人类思维，就必须偶尔在临界处为之：跃上水面看自己，跳出水面看世界，给自己留下清醒。"鱼不可脱于渊，国之利器不可以示人"（36）提醒人们，这种行走在临界处的方法、这种认识自我和世界的方法是有效的，但不能常用，更不能走过头或者用力过度。稍微抵达临界点来认识人事物极端极值的方法，只适合那些可逆的过程。当超出可逆阈值的不可逆的结果发生，如同"鱼脱于渊""国之利器示人"，则会非常危险。

天下一切没有比水更弱的，而攻坚克强却没有什么可以胜过水。水德最似大道，水有形又无形，能随外在容器之形，能随所在事物之性。水能随形变形或者被塑形，但又能恢复保持本形本性。无论经历什么，都不能改变其纯真本性。弱胜过强，柔胜过刚，这些天下没人不知道，但没人能真实行、真做到（78）。水以柔克刚，或者绕过障碍物，或者浸泡障碍物，或者腐蚀障碍物，或者滴水穿石，或者升腾成雾翻山越岭、千里奔袭，或者极寒冰冻成天下最硬物，等等。"水可载舟，也可覆舟"，关键是看舟船是否违反浮力定理、流体力学原理、风向变换机理。学水的目的，就是为了超能善成去"克坚"，攻克一切，以无为而达无不为。

境界低者表现强势，甚至狐假虎威；境界高者表现随和，坦荡谦让。为人做事随和者，就像水一般柔和，从容大气，并包容万物，不钻牛角尖，不锋芒太露，不伤害他人，不招致祸殃，不做墙头草，不搅和稀泥，是最大的原则性和最大的灵活性的结合。境界低者喜好控制，境界高者善于释放。因为害怕和不自信，境界低者不知大道规律，故时刻防范人性弱点，事无巨细，管头管脚，设置条条框框；因为无为和自信，境界高者遵道有德，尊重人性并发挥其长，事半功倍。这两种情形在治理和教育方面表现得尤为突出。

天下最柔弱的，能穿行腾越于最坚硬的；无形的可以穿透没有缝隙的（如透视X射线）。老子因此认识到不言的教导，无为的益处，普天下少有能赶上这些理念的（43）。

老子认为，如果道在心中，以德配天，那么善于建设者无需拔除旧物，还可加以利用旧物，善于抱持者不可能脱手。如果子孙能够遵循、守持这个"从小我到大我""从世俗法大道"的道理，那么祖祖孙孙就不会断绝。以道修正其身，这人的德行就会是真实纯正的；以道修正其家，这家的德行就会是丰盈有余的，积善之家，必有余庆；以道修正乡村，这乡村的德行就会悠远绵长；以道修正国家，这国的德行就会丰盛广博；以道修正天下，这天下的德行就会无限普及。所以，用自身的以道修身实践去观察别身；以自家察看观照别家；以自乡察看观照别乡；以平天下之道察看观照天下。怎么会知道天下的情况之所以如此呢？就是因为用了以上"以道修正"的道理和方法（54）。

老子指出超凡脱俗的高明智慧：善于行走者，不留下痕迹，好似水黾在水面划水而过，却不见游过的踪影；善于言谈者，不会有瑕疵；善于计数者，不需用筹码；善于关闭封锁者，即使不用栓销，人们也开启不了；善于捆绑者，即使不用绳索束缚，人们也无法解开。这是大道的自然无痕、无为无不为、无为无不治的特征。即只有符合了道，才能拥有脱离了世俗妄欲的真正聪明智慧。所以圣人善于用人救人，而没有可以放弃的人。圣人善于物尽其用，所以没有可以放弃的无用之物。这是遵道有德、隐而不露的智慧（27）。

心理学研究表明：人总是在发现和纠正别人的错误中获得心理愉悦，习惯指出别人的短处。但每个人都不喜欢被人发现并指出自己的错误和缺陷。在别人出错或尴尬时，照顾他人自尊，适时缄口，明知不问，看穿不言，可为他人留一份体面；此时管住自己的嘴，不点破，"善言无瑕谪"不仅是智慧，更是修养和情商；更进一步，如能此时"善行无辙迹"地主动打破尴尬并巧妙补救，则善莫大焉。人与人之间舒适相处的背后，都是不动声色地成全，不动声色地释放自己的善良，利他而自利。所有的这些成全，最终都会反哺到自身（27）。

刘秀深谙老子隐而不露之道

东汉开国之君刘秀，是中国历史上最优秀的开国皇帝之一。刘秀的处世哲学是柔术，即黄老之术。他在战场上出奇制胜，理政上以正治国，步步忍辱负重，最终走上君主之路。

刘演是刘邦九世孙，与刘秀同母为兄，为人仗义，行事张扬，有鸿鹄之志，认为刘秀不如他。王莽篡汉，刘演气愤，为国家操心。刘演、刘秀起兵后，无力单独对抗王莽朝廷，不得已和绿林军汇合。刘演在和绿林军推举的刘玄争皇位时，没有成功。后来，刘演攻下宛县、刘秀昆阳大捷，兄弟俩威名如日中天。更始帝刘玄一伙，商议借诸将会合之机，以刘玄举玉佩为号，埋伏武士击杀刘演。刘玄与各将宛城相会，刘秀警惕其中有诈，劝兄戒备，刘演一笑置之。巧在不知何故，刘玄未按计划进行。但不久，公元23年，在大臣鼓动下，刘玄逮捕并杀害刘演。刘秀强忍悲伤、韬光养晦，为不受刘玄猜忌，他向刘玄请罪，拒绝私下会见刘演部下。同时，他推辞昆阳首功，表示兄长犯上，自己也有过错，不为刘演服丧，一切如同平常。刘秀表面上若无其事，而背地里只能"打碎牙往肚子里咽"。独居时不吃酒肉，泪迹染湿枕头和衣被。部下劝他尽情哀痛，他却制止："不得乱说。"刘玄杀了不服皇威的刘演，见刘秀谦恭，反而自愧。刘秀未获罪，被拜居高位。后来刘玄见刘秀功高震主，一再妄图加害，刘秀均化险为夷。最终刘秀打败所有劲敌，成为恢复汉室的皇帝，所有跟随他的开国元勋和功臣无一例外，均得以善终。

四、大制不割，大道至简

在自然界，蜜蜂腺体分泌出蜂蜡，以累加生长之法，打造出六边形的小巢穴，同时打上盖子，并用模块之法，将六边形巢穴进行大规模集成，这种集成随遇而安、随形而形。除了要保护幼虫外，蜜蜂用蜂蜡封印辛苦酿造出来的蜂蜜，将之作为过冬时的储备粮……这一切是如此的完美、完整、高效、浑然天成。

朴散为器、大制不割。天下万物多种多样，但都是大道的投影或者化身，看似毫无关联，实际上其灵魂即大道是一体的，其特性功效均源自道的无限无边。淳朴的大道分散蕴含在万物之中，使之成为有用之器，圣人知道：道为器魂，道器合一，就能遵道而为，德行自显，而自然而然成为引领者（28）。

道几乎无法命名，其特点是朴素无华，无形无象，闻之不见，听之乏味。朴是道性、物性、众生之性。道的第一形象代表是水，道的第二形象代表是"朴"，如种子，虽微小柔弱，但含有由小向大变化的推动力和无边的生命气息，蕴含着由微小的种子成长成参天大树的可能性。生命渴望成长的力量令人震撼，如雨后春笋，可以掀翻压石，竭力生长，天下间没有什么能让这种力量退让服帖的（32）。"朴"看似平凡，实质伟大。运用永恒的、无所不能的大道，

转化人事物,就可以结出好的果实,就能获得可以使用的器具。(28)

道的朴素,就像未分化的树种、树根、树干;道的器化,就是能分化而出体现功能的树枝、树叶、果实等。果实多种多样,可以为人所用所食。因此完美的制度就应该像一株参天大树一样,浑然天成而不可分割。但各种团体组织的种种规则、法令、条例、潜规则等常常偏离大道,偏离初衷,违背初心,无限繁复,为满足不同人群的欲望而相互割裂,相互矛盾。所谓"大制不割"就是强调,伟大的制度应该对百姓没有伤害,伟大的制度本身天衣无缝,没有割裂;完善的制度,应该是道法自然,简朴完整,无为善治,不矫揉造作、支离破碎(28),要如"天网恢恢,疏而不失"(73)。

将"大制不割"的方法推而广之,就是强调整体思维,防止在割裂过程中失去人事物本来的重要关联和信息。最伟大的制造无需分割,让事物在自然生长过程中进行塑造塑性、修补复性,形成容器空间并功能化,就像蜜蜂分泌蜂蜡造蜂巢,就像让树枝藤木在生长中自然弯曲编排长成藤椅,也像三维打印增材制造各类器件或者艺术品,等等。当然"大制不割"也可以指向伟大的艺术作品是不加雕饰的;伟大的学科专业,就应该是没有割裂、不存在过分细化的,超学科、超专业,融为一体,应该因人而异,最大程度符合一个人的潜能并融会贯通;伟大的人格,圆通、豁达、朴素、低调,健全而自由,没有偏颇和割裂,无需也无法用憨厚、洒脱、狡猾、聪慧等单个或者几个割裂的特征元素去描绘。

五、勇于不敢,哀兵必胜

老子一生及其学说,都强调反战善战。老子面对战争的第一选择是反战,无论什么样的战争,最受伤害的是底层普通百姓,上层统治者战后可以握手言和,而下层百姓则生灵涂炭、家破人亡。如果不得不面对被强加的战争,就要胜战善战,所以老子面对战争的第二选择是善战,要求先胜后战、战而必胜。不能因为反对战争而丧失被动战争进而取胜的能力，也不能因为善于在战争中取胜而有恃无恐去主动发起战争，即使战争胜利了也不要得意忘形，要心存悲悯，哀悼抚恤牺牲者及其家庭，提醒天下永不再战。有勇气坚持不愿意、不敢涉及战争，坚守哀兵的处境以最终胜战，先胜后战。

老子鼓励"不战而屈人之兵"。当不得不面对战争时，也要明确，兵器是不祥的东西，要到不得已时才用（31）。双方交战，因为胜利而觉得快乐，就是在以杀人为乐，这样做的人，没有人性，不配做人（31）。只有深知兵者不祥，才能在用时谨慎，逢战必胜。中国自古就是礼仪之邦，爱好和平，从不挑起战争，但也不惧怕战争。

老子厌烦了、受够了春秋时期诸侯国之间连年血腥的战争，你抢我夺，杀戮算计。他希望天下太平，百姓安居乐业，少一些人际纠葛，保住一方安宁，无人打扰，所以无奈之下，老子的选择是"小国寡民"。国小使得国王没有欲望膨胀而称霸的野心；人口少，民众自然对争夺利益格外谨慎，宁愿通过非暴力去协调。如此各方就会想尽办法，去与大国交好、与小国和好，力求在矛盾斗争中取得和谐平衡，也就没有了发动战争的胆量和精力。"邻国相望，鸡犬之声相闻，民至老死，不相往来"（80），老子这样的思考启发了陶渊明的《桃花源记》，当然，几千年的实践证明，这些可能只是良好的愿望。

老子希望每个国家都自认为是小国，即使国大却不自以为大，只当自己是一小国而不自大；每个国家的子民都认为自己的国家人口很少，即使人口众多，民众也不自以为人多势众而盛气凌人。诸侯国君和国民能如此谦退不争，故天下莫能与之争，兵器何用？"小国寡民"是老子为嘲笑"泱泱大国，众民浩瀚"的反义代名词，老子的社会理想是"无事取天下"。

老子的军事智慧体现在不战而胜、哀兵必胜：善于为将者，尽量不要动用武力；善于作战者，尽量不要发怒出兵；善于取胜者，尽量不用与对方交手（68）。抗兵相若，哀者胜矣（69）。老子的传人孙子，著有《孙子兵法》，将这些思想发扬光大。

六、敏于未动，治于未乱

老子告诉我们，局面安定时容易维持，情势未明时容易图谋，事物脆弱时容易消解，事物微小时容易散失，要在事情未开始时就有所打算和作为，要在祸乱未发作之前就早作预防和治理（64）。这符合老子循环往复、微弱永续的观念(40)和祸福相依的观念(58)。耕作未然、未雨绸缪。

人事物往往呈现"物壮则老"的规律（30），顺利时要留心排查隐患，不让细节疏忽去干扰整体运行发展。即使在顺风顺水时，也要谨慎地拆解分析构成全体的各个局部、各个元素之间是否正常、稳定，以防止某个环节的少许失误或者偏差，逐步扩大影响，导致整体能力水平的下降。表面的一团和气，可能掩盖住了异常端倪，从而埋下停滞不前甚至危机的隐患。领导者、经营者、研究者需要有前瞻性、预警性的敏锐，不但要有危难中、逆境中发现微弱光亮的慧眼，更要有带领团队跟随微弱光亮前进的勇气，有克服困难并最终取得胜利的能力，还特别要有在平常中、在顺境中见微知著、防患于未然的智慧和警觉（64）。

多人方能合抱的参天大树，长成于细小的幼芽；九层的伟岸高台，堆垒于一块块不起眼的土坯；千里的遥远之行，开始于足下每一步。在这些演变渐进的过程中，需要严格遵守规律，可以小步快走、加速迭代，但不可擅自更改，跳过步骤。如果肆意妄为、拔苗助长，就会导致失败；如果偏执极端、无视抗拒，就会失去对局势的控制。老子说，参天大树、九层高台，都是积累出来的，绝不是无中生有，也并非天降神迹、坐井观天能等来，而是靠积极的态度和行动获得的，这个获得是靠不争，所谓不争就是让道去争（64）。

新陈代谢无可阻挡，而往往伴随的是泥沙俱下、鱼龙混杂和良莠不齐，这时候培养锻炼出只可意会不可言传的慧眼和悟性就非常重要。新生事物和伟大颠覆,都是从萌芽开始的,所以需要独具慧眼看到其成长为参天大树的潜力,并给予及时的关注、扶持。伟大的新发现和发明创造在最初的时候,往往不为人们所理解,甚至被诋毁,得不到重视,其未来价值容易被世俗的人们所忽略。新事物往往依附于旧事物而产生,新旧迭代中往往是看似"弱小、无用"的新萌芽以不可抵挡之势涤荡旧物,最终取而代之。

由于得道者懂得宇宙亿万人事物总在变化,所以不固执己见和成见,而是圆通豁达、随时应变并变通,从而能遇难成祥。得道的凡人能成为圣人,圣人不会妄欲逞能,不偏执,不走极端,所以不会失败。世俗中人在做事时有一大特点,他们常在接近成功时失败,如果慎重对待终末,如同当初慎重对待起始,就不会有失败的事情。事业刚起步时,人们往往进取而谨慎,依道而行,久而久之,接近成功时,变得骄傲狂妄,甚至是逆天而行、逆道而行,最后就会走向失败。

因此,得道者所欲求的,应该是别人所不会欲求的,不稀罕自己,也不稀罕难以获得的财产宝货;能够研学别人所不学的,以便发现并纠正众人的过失,并以此辅助万事万物自然演化而不强加干涉(64)。如此遵循人事物的自然本性而不妄加干预,即使施以微扰加以微调时,也是十分小心谨慎,如此就是懂得并遵行了"天道无亲,常与善人"(79)的道理,有了大道的德修,进而能获得大道的馈赠。

七、大成若缺,自驱永续

老子身处人类历史上动荡不安的时代,即民不聊生、贵族骄奢、法令苛繁、各诸侯国冲突不止的春秋时代,他痛惜不已、壮志难酬、难有作为,但没有怀才不遇、消沉抑郁地去哀叹,而是虚怀若谷、宠辱不惊、悠哉自得地做着自己认为有价值的事情,也不在乎在当时能有多少人理解和接受,但他相信一定能泽被后世,光照万代。

他自负使命,知道自己应该做什么,开始探索大道的本质规律、大道的德行、人的良善良知。昏暗的时代可能无法躲避,而光明的内心能超越时代。

大道的第一特性是虚无,第二特性才是实有。大道的运动特点是"反者道之动"。"道"不是直线运行,而是弯曲转圈行走,不断反向往复循环,不断重复过去的故事,又不断填入新的内涵,起始于新的起点。"独立不改,周行而不殆"(25),在一处时空点上无法实现的,在下一个时空点上必定转回来,机遇必在。

事物之所以能够向前,是因为有反推力的存在。人们静下心就能感知大道的魅力,不要过多干扰人事物的发展,至多适当微扰,常常是轻轻地几次反向操作,偶尔轻轻地正向操作,让道自主运动起来,让"无"运行起来。大道的德行,"无""有"的互变,就会呈现在眼前,机遇会突然出现。人事物都会向着逆反方向发展,相反相成互变。因此,真实的世界常常呈现出:最完满的好似还有残缺一样,还有成长空间,所以作用永远不会衰竭;最充盈的好似还有空虚一样,还有发展余地,所以作用不会穷尽;最正直的好似还有弯曲一样;最灵巧的好似最笨拙的一样;最卓越的辩才,好似不善言辞一样;清静胜过躁动,寒冷胜过暑热;清静无为,天下自正(45)。

踮起脚跟是站不稳的,步子迈得太大是走不远的,眼中只有自己的人,无法明辨是非,不知道别人如何看待自己。自以为是者不受欢迎,自我夸耀者没有功绩,自高自大者不会长久。这些高调的言行从大道角度看,是残羹剩饭,甚至是赘肉恶瘤,是令人厌恶的东西,所以有道的圣贤之人是不做这样的事情的(24)。

"曲则全"(22),委曲求全、柔弱退让是一种合适的处世态度。自我为中心者,可能聪明、机敏,但往往不懂得什么是豁达圆通、从容自然、虚怀若谷、谦逊柔弱,从而远离了智慧。此外,某些人有点功绩就自我炫耀或者自我夸奖,既可能部分违背客观或者真实,又违背自然规律,也容易引起别人的嫉妒、厌恶和加害。人不可能长久处在辉煌顶端,物极必反,炫耀会招来灾祸而走下坡路。

与其偏执持守至盆满钵满,最后盈满而溢,还不如主动自制,适可而止,防止贪得无厌;炼制锤打锐剑而致锋芒毕露,但尖锐难保长久。金玉满堂,难以藏守;富贵而到骄横的地步,那就给自己留下了灾祸。事情成功圆满,就得见机而退,含藏收敛,如此才符合天道规律(9)。人要低调行事,居功贪位、过度表现必遭麻烦。知进不知退、好争喜争必招祸殃(9)。能看明白别人叫智慧,能明白自己叫聪明。能战胜别人就是有力的,能克服自己的弱点就叫刚强(33)。

"上德若谷,大白若辱,广德若不足,建德若偷,质真若渝"(41)指出,崇高上德好似能包容一切的深山峡谷,最洁白的东西反而好像有污渍,广大宏远之德好像还有不足,建德立品不事张扬好像偷师学徒,质朴纯真好像变幻无常。

"大成若缺,其用不弊"(45)的人生智慧告诉我们,最完美的成功,好像也留有缺陷,但它的作用永远不会衰竭。任何事物都不能苛求圆满,完美是相对的,留有欠缺就是留下了变化进化的余地和发展空间,就不容易僵化,可用于持续改善,保有不竭动力。太圆满、太完美,就会月满则亏,盛极而衰,走向反面。如此就可以理解,曾国藩的书房为什么名为"求缺斋"。

"无为"不是什么事都不做,没有哪个领导者真的可以无所作为而达到无不为、无不治。无为是不刻意作为,辨别大势,借势而为,协助大道,依道而为,让道而为。而不是按照自己的欲望或者理想去"设计",或者强力"扭转"。看似不费力气,看似悠然自得,实际是顺应自然而为,依据大道而为,让民众自驱前进而永续不绝。可能因为四川文化自古葆有道家哲学精神,1981年,邓小平与金庸的会见时谈及老子的治理思想,从数十年后中国的巨变中可见"无为"之重要性。

人与人交往、国与国交往中,常常需要和平消解深重的积怨或者仇恨,但必须清醒认知这必然还会留下残余的怨恨;如果一厢情愿地妄想用德善来报答怨恨，以德报怨，这怎么可以算是妥善的办法呢（79）？要小心这成为对犯错、犯罪者的鼓励和纵容！正确的做法应该是"非德非怨"，既不能简单选择原谅，也不要粗暴反击，而是要想办法化解怨恨，让彼此间的历史怨恨相忘于江湖，只记载在历史文献中。因此，对待别人的错误、罪过，合适的做法是，像有道的圣人那样保存借据，但并不以此逼迫别人偿还债务。有"德"之人就像持有借据的圣人那样宽恕但不纵容，没有"德"的人就像封建社会掌管税收的人那样苛刻压榨，甚至压逼而反。也可以说，对有德的亏欠者持有借据以示提醒，双方遵守契约；对无德的拖欠者依据彻查处办。自然规律对任何人都没有偏爱，永远帮助有德的善人。

八、先舍后得，出神入化

贪婪自私是人性的最大弱点，总想尽可能地占为己有而不知止。因为人有与生俱来的贪小便宜的天性，对白送上门的好处、轻而易举的得益，是不会拒绝的，毫无戒备，不设防线，此时，智商几乎降为零。天下没有白占的便宜，也不存在白吃的亏，对应的陷阱可能早就准备就绪。

人往往有这样的心理，如果得到一件东西需要付出代价，就会迟疑不决，反复衡量付出和回报能不能成正比，因而会心存戒备。老子提醒，先于别人有所得者，随后就会不得不遭遇失败而舍去。所以要自觉做到先舍后得，如此才可以理解并做到不舍不得，多舍多得（36）。

对一切的理解和把握，需要能够从有入无，如果明白了"无""有"的叠加、纠缠、不确定，就到达了大道的入口，进而修身不懈，就能出神入化。如果理解了"无"是大道第一性，"有"是大道第二性，就很容易理解：道即为一，一即为"神"，一心一意，全心全意，全神贯注。老子认为，得道的凡人就成为圣人，圣人能够忘我地做到全心全意、一心一意地与道同行，犹如有大道相助，从而成为天下学习的榜样（22，28）。老子忠告，顺应大道即按规律去做事，没有不成功的；顺着情绪欲望去做事，必定折腾多磨，甚至功败垂成。

功成事遂，来自每个人的自驱力，而不是仅仅源自外界的吸引或者压力。这种自驱力是自己内心对大道规律的崇敬和感悟，使自己冲破患得患失的自我设限，进而全神贯注，放下输赢，忘却自我，进入如痴如醉、收放自如、出神入化的超常状态，信念和自我融为一体，如武侠高手，亦如庖丁解牛，跟随忘我的心流。

精神和意志到达大道的境界，就会有无合一、阴阳合一、身心合一、天人合一。如"一"的无人无欲无为的状态，没有一丝涣散，没有一丝迟疑，只有矢志不移的坚定，无声好似有声，无招胜过有招，自然淳朴，功巧天成。

不急功近利，持之以恒，将心比心，先舍后得，常能出神入化；因为"舍"就是"得"，"得"就是"舍"；"得"常常意味着物质的获得，"德"常常意味着精神的获得。当我们拥抱大道，就不再纠结于舍得或者得失，而是拥有了大德这一最丰厚的回报。

诸葛亮七擒孟获，成事不留后患

道士出身的诸葛亮，用纶巾、羽扇、道袍和四轮车成功地向世人展现了一个观天知地、呼风唤雨的形象。诸葛亮南征云南，为避免与当地武装发生严重冲突，以"攻心为上，攻城为下，心战为上，兵战为下"之策，将当地酋长孟获捉住七次，又放了七次。第七次将孟获擒拿后，孟获才真正服输，不再为敌，并接纳安置蜀汉的各级官员，释放俘获的伍卒，帮助其安居乐业。诸葛亮出兵云南时，当地瘟疫疾病较多，诸葛亮及其军队就因地制宜制作茶水强身康体，这就是今天普洱茶的由来。诸葛亮过世后，四川、云南地区的人们为感恩纪念他，自发地披麻戴孝三年。因为此种装束不便打仗和农作，人们就把头巾缠于头顶，以示哀悼，久而久之，缠头巾就成为这个地区特色的民间装束。

溃不成事的失败者，意志消沉，精神涣散，遇到困难时先自我消极暗示、自我否定，并习惯性地不相信大道的存在，自暴自弃，进而被"道"抛弃。不自救者道也不救，没有了大道的加持，那就彻底失去了精气神。

出神入化有诸多诀窍。诀窍之一：专心专注而不要执着，更不能偏执，如此才可以达到柔的境界。谨记适当用力，谋事在己，成事在天，自助者天助也，顺其自然，水到渠成。如果超出大道的允许范围，刻意执着偏激，越努力，言行动作越变形，从而与希望失之交臂。因为道就是规律，人们的所谓命运就是如何正确认识规律、运用规律，不强迫规律，从而有所成功。诀窍之二：善于用"无"，有无相生，无中生有。诀窍之三：诚服于大道上德的力量、道德的力量，而不是迷信人格的力量。乾坤挪移，善用他人之力（68），无论顺力或反力，借力打力。我们需要的是跟随大道，推行大道，善于运用转化各种力量。

九、万邦自律，天下无事

概括起来，在地球上，国与国的关系主要体现在各种权力的争斗、平衡、和谐与共存。这些权力包括人权、陆权、海权、天权等。如人权，涉及保护人的基本生存发展等方面的权力；如陆权，涉及大陆领区占有；如海权，涉及海洋领区占有；天权，涉及领空或轨道占有。而在春秋战国时期，老子所在的时代，诸侯国主要争夺的是陆权。

五千年的中国史，常是分久必合，合久必分。在动荡时局下，如果出现政通人和、民富国强，都是因为强调休养生息、协调处理与和平发展。这种走向昌盛的共同秘诀，就是奉行了老子的"无为无不治"治理思想。无为绝非万事不管，而是把握先机，有先见之明，尽最大可能透析流弊，找到病源，做好防范措施，使问题不致发生，自然像没事一样。因此，"侯王若能守之，万物将自化"（37），同样大周王朝的诸侯国若能奉行"无为无不治"的政治哲学，"天下将自正"（37）。

老子之后的2500多年，由于时常缺失"无为无不治"的济世安邦理念，国际社会存在严重的权力、制度、利益、宗教、种族、意识形态、金融霸权甚至文明之争，各种冲突频发，导致全球动荡失序，难民汹涌，安全失控，贪婪盛行，妄欲霸权，我行我素。

以欲望实现为需求、不断延续的"物竞天择，适者生存"的竞争进化论理念，导致美苏争霸等权力之争、资本主义与社会主义等制度之争、民主与专制等意识形态之争，乃至身份认同等文明之争……行为上一味竞争并不择手段，将使矛盾激化为斗争，甚至最后升级为阶级战争、族群战争、国家战争、全球战争。

俄乌冲突的一大背景，就是从原有的北约与华约两大军事集团对峙，演变为当前北约与俄罗斯的对抗，还有美俄间的地缘争夺、民主专制等意识形态之争。一些国家不仅没去尽力制止纷争，反而有意利用、转嫁或助推事件升级，最终导致战争发生，危害整个国际社会。

要维护"天下之交"的国际秩序，泱泱大国要谦下随和，像大海一样接纳一切善恶是非，有"大国者下流"和"大者宜为下"的政治道德（61），而不是依靠武力和强权压迫，这样小国才愿意信服地加入大国所在体系，大小国家"各得其欲"，国际秩序才能和平自然。即便一些国家存在"自见""自是""自伐""自矜"等行为（24），只要坚持用谈判和对话而非武力方式解决，整个国际秩序包括当事国就不会遭受较大损害。

西方大国为自我欲望的"有为"和"必争"，给亚非拉等国带来深重灾难，其自身也随之消亡或衰落，如一战后消亡的奥匈帝国、奥斯曼帝国、德意志帝国和沙皇俄国，二战后衰落的大英帝国以及冷战后解体的苏联。

进入 21 世纪，美国先后发动阿富汗战争、伊拉克战争和利比亚战争，其霸权也遭遇挑战。这次俄罗斯出兵乌克兰，令众多邻近小国感到恐惧，对俄彻底失去信任。美俄等只顾大国自身的绝对安全，必定让其他小国处于绝对劣势和不安之中。如果俄罗斯战略误判，必将对俄发展进程造成实质性破坏，甚至对其政权稳定、领土利益及国家安全产生反噬效应。

"飘风不终朝，骤雨不终日"，就连"天地尚不能久，而况于人乎"（23）。因此必须依靠"从事于道者"的各国，通过"道者，同于道；德者，同于德；失者，同于失"（23），联合志同道合的国际社会成员，形成共同力量，"道法自然"，推进和平。

为继续控制欧洲安全的主导权，保证在欧经济利益，美国出于西方固有的二元对立思维，制造出俄罗斯这个"最大的战略敌人"。普京却认为，俄罗斯重新崛起，美国正衰落，应加速恢复后苏联空间的主导权，将乌克兰纳入其中是"大国复兴"的先决条件。当安保条约谈判破裂后，普京出兵乌克兰，以报复美国和北约。诱发俄乌冲突根本的因素，是继承苏联衣钵的俄罗斯，最初对美一再让步，俯首帖耳地想融入西方，四次申请加入北约被拒，觉得被美欺骗。北约却趁势将波罗的海、中东欧、巴尔干等小国拉入北约，挤压俄安全"缓冲区"，令对内对外政策深受"大俄罗斯主义"影响的普京疑虑和畏惧大增，进而诱使其武力相见。

老子强调"以无事取天下"（57），得天下不能单靠武力和军事同盟，得道多助，天下归心。老子理想的世界秩序是，和平共处，互不干涉；维护现实秩序，所有国家自我约束，民众富足安乐；不干涉他国事务，不结盟、不争霸、不打仗，世界和平安泰。

老子反对战争，用兵只求救危济难，而"不以兵强天下"。战争不符合"道"，"道"有谦下精神，自然天下"无敌"；战争的巨大破坏作用，呈现"其事好还"的前因后果效应，"师之所处，荆棘生焉"，战争结束后也"必有凶年"（30）。战争对国计民生影响巨大。在面对纷争时，各国要有自己的独立观点主张，中立而不选边站,就是"以正治国"的体现。强调双方合理安全诉求都应得到尊重,主张用外交谈判解决问题。同时防止他国借冲突而危害本国安全,慎武善战,做好充分准备。绝不轻易动武,即使用兵也是"不得已而用之",绝非争强好胜,"以退为进"并"以奇用兵"(57),绝不"轻敌",并"用人之力"以战止战。

第九章

老子修炼：超越生死、物我平等与养生

老子在中华文明史上第一次创立了完整的哲理学说，即由道立德、由自然立无为，建立了道法自然、无为上德的框架体系。更重要的是，老子在中华文明史上第一次确立了贯穿宇宙、天地、生态、人类、社会、人生的正大光明的永恒大道，并以永恒大道、天地之道为人类社会之道、个人为人处世之道设规立法。老子也告知人们观照、体悟、践行、融入大道的修炼方向和基本方法。

一、修炼步骤与依据

《老子五千言》全文短短五千余字，"无"出现了102次，"有"出现了83次，"道"出现了76次，"德"出现了44次，"圣人"出现了28次，"万物"出现了20次，"一"出现了15次，"不争"出现了8次，"自然"出现了5次，"反"出现了4次，"我不知"也出现多次。由这些字频和关键词意，可以大致了解老子的想法和思考。

"大道甚夷，而人好径。"（53）老子感慨并担忧，世人面对平坦的大道，却想投机取巧，不付出而想走捷径。老子不仅从千万年的人类历史，更从历经沧桑的人生经验归纳总结，以人生格言的方式，留下了令人警醒的生活工作智慧："富贵而骄，自遗其

咎。"（9）"知人者智，自知者明。"（33）"慎终如始，则无败事。"（64）

老子认为，过于追求金钱和地位的贪欲，是最为影响修身和养生的大敌。对于欲望，适可而止，懂得进退，主动知足，少私寡欲，恬淡名利。虚无宁静，无为善为才是最好的入世智慧。

老子提倡在道中永生，长存不亡。《老子五千言》鼓励的修炼，大概有少私寡欲、纯朴充实、超能善成、成圣见道。具体有关修炼的章节如下：

修言（33，47，56，70，71，72，81，5，2）；
修行（15，24，26，35，53，63，64）；
修为（3，9，17，18，19，29，30，31，36，45，46，48，57，58，59，60，61，69，74，75，78，80）；
修身（12，13，44，50，20，49）；
修善（8，27，43，47，54，62，66，67，68，73，79）；
修德（7，10，21，22，23，28，38，39，41，51，55，65，76）；
修道（1，4，6，11，14，16，25，32，34，37，40，42，52，77）；
修治（3、18、38、13、17、19、59、62）；
修武（31、68、69）。

《老子五千言》第2章至第4章，是修炼者的基础阅读部分；第13章至第17章是修炼进阶部分；第39章围绕"得一"的结果，强调得道有序而永续，遵循大道、对外开放、获得能量、实现熵减、增加活力，以自然生态养育和环境保护等理念作为基本的修炼切入点；第40章围绕"道"的运动、功效，说明道循环往复、反向运动的根本运动规律和微弱永续的作用特征；第41章围绕"上士"的修炼，提出符合"道隐无名"的基本形象和言行原则。以下是典型的与修炼悟道有关的章节：

第 7 章：明白"后其身而身先，外其身而身存"，无私成己，天长地久。

第 8 章：修炼认知：水近于道，上善若水，不争而成。

第 9 章：收敛锋芒，天道是成事、功遂、身退。

第 10 章：圣人自检标准是道即灵魂、物我平等、天人合一、玄览无疵、透彻见底。

第 11 章：认识无用之有用。

第 12 章：认识声色犬马的欲望之害。

第 13 章：告知修炼者如何不卑不亢，宠辱不惊，淡定从容，以道处之。

第 14 章：感悟到道之本体夷、希、微，"无状之状，无物之象"。

第 15 章：修炼得道的人，成为善为的士者，多面多能，微妙玄通，深不可识。

第 16 章："致虚极，守静笃"。静坐冥想。

第 17 章：在领导管理、协调治理上得心应手，达到太上自然。

第 19 章：绝圣弃智，见素抱朴，少私寡欲。

第 20 章：独异于聪明算计的世俗之人，珍惜大道真理。

第 22 章：委屈保全，随道而动，无人敢争。

第 26 章：日常修炼，重为轻根，静为躁君。

实验已经表明，基因是可以通过运动进行部分修饰改变的。这解释了为什么即便是同卵双胞胎，年龄增长后，健康情况也会不同。生态环境和身心运动都能带来生物表观遗传学上的变化，而且与生态环境带来的被动变化相比，运动导致的主动变化会更为明显。可见，生命在于运动。而其中有一类在中华文明发展史中比较突出的，就是重在自我精神、思维和认知升华的运动，这是身心灵统一的运动，是与天地宇宙同在同思的运动，通俗说来就是修炼。

人经过修炼而达到外貌平凡朴素，而内心平和崇高的状态，并非不可能。得道者生命力深厚旺盛，能健康长寿；精神境界超脱并高尚，超越"小我"成就"大我"，能感悟精神不死；洞察预见，智慧超群，大智若愚，和光同尘；利而不害，为而不争，功成身退；潇洒自在，豁达包容，善于化解，喜乐心态。这是能够接近天地的境界。

二、观水悟水的修炼

老子发现道之存在和作用，超出了人们的推理、想象、理解、信赖能力，难以用准确的言语文字表述，因而通过研究关注水，断言水"几近于道"，认为普通人可以通过关注身边无处不在的水，学习水的特性，而接近于道，从而解决了修炼者对道缺乏感性认识、对道认知模糊而无所适从的问题。如此道就拥有了一个形象化身，德和善的形象化身，所以"上善若水"。由水之道，以启发人们理解"无""有"大道，用大道认知天地之道，用天地之道证悟人间之道，以规范万物之道而为人们言行道德立矩。人们依照老子的建议观水悟水而修炼，就能依次提升境界。

人们争夺的原因在于资源的有限。在古代，水的供给是无限的，水可以存在的天地也是无限的，故无争；道的存在更是无限，道可以行走的空间是无限的，人们争"道"的可能性是不存在的。水的无限无争可启发人们理解体会道的无限无争，启发人们从道的无限可以实现资源的无限，即依道的规律转变思维思想，旧资源后面有新资源，旧能源后面有新能源，可以开发的极限是无限的。[43] 所以圣人之道，"为而不争"（81），即无论贫富贵贱，"为而不争"者就是"圣人"。所以，"水"这个形象代表能在许多方面发挥大道代言人的作用。

可以水比喻大道的"一"。水无处不在，形态各异，气液固状态不同；水无定形，随不一而同的物质而合，变成不一而同的生命成分，任何水的本体都是纯净的"一"。大道也无定形，不一而同。由水的"一"与不"一"，人们容易理解道的"一"与不"一"。

可用水比喻大道的"弱"。"天下莫柔弱于水，而攻坚强者莫之能胜，以其无以易之。"（78）尽管水柔弱石坚强，但滴水能穿石，石破而水无损。"柔弱胜刚强"（36），"弱之胜强，柔之胜刚，天下莫不知"（78），道的个性和水一样，也是柔弱，"弱者道之用"（40）。

可用水比喻大道的"不争"。"上善若水。水善利万物而不争，处众人之所恶，故几于道"（8）。由水的两个特性——"利万物""不争"，引申出大道的两个基本原则——"利而不害"和"为而不争"。

可用水喻大道的"无"。水无形，水无常形，气液固皆是其形。水在万千生命中是隐身的，但必不可少，没有水的地方，必成沙漠；水总是利万物，并且不声不响，顺势而流。借助于水，人们可以从"无"的角度理解道。老子强调的"无为"，不是不为，而是不要妄为，"为而不争"。老子不是禁欲，而是反对私欲、妄欲驱使下的"妄为"和抢争。"不尚贤，使民不争"（3），"少思寡欲"（19）。

三、冥想返朴的修炼

有人说，阅读理解践行《老子五千言》，感悟其深藏的奥秘，就是卸载了世俗价值观的生命修炼。因为这些大道规律和奥秘，很难用人类的语言文字准确描述和全面理解。老子及其传人庄子等，在写作著述时为此苦恼，所以在他们的文字中有许多不确定、测不准、可能性、状态叠加的描述。他们对大道的深刻理解难以用文字语言准确表达，如硬是用文字表达大道，那就离大道真实的含义很远。任何语言文字的表达，都会悄无声息地带入每个人各自的观点和习惯。比如无、玄、一、虚、静等，都是常人难以理解或者常常误解的概念。

"致虚极，守静笃。万物并作，吾以观复。夫物芸芸，各复归其根。归根曰静"（16），当今老子的传人和敬仰者所尝试的修炼，以静坐冥想为代表，冥想能对人的基因、蛋白质、细胞、大脑微观血流等产生积极影响，对人的精神情绪状态产生有益影响，对人的免疫系统等产生促进作用。这些早有严谨的科学研究成果，这里不再赘述。练功诀窍是，尽量使心灵虚怀若谷，海纳包容，排除噪声干扰而处守寂静无声；在万物都在生长发展时，得以观察循环往复。事物尽管纷纭变化，最后都会回到各自的原点，能回到此原点的叫作"静"。

以"天下万物生于有，有生于无"（40）为原则，以感悟"无"为首要，进入自然而然、道法自然的境界。"道生万物"是"道生一，一生二，二生三，三生万物"（42）的自上而下的顺向过程；而具体修炼则是回返的逆向过程，即"有"的反向过程、"反者道之动"（40）的过程。所以个人的修为、修行、修炼过程常常是练习心性从"万物到三、三到二、二到一、有即无、无即道"的过程，从有返无，从后天返先天。这就犹如宇宙天地是由大爆炸产生的形态各异的亿万人事物，我们在修炼时要由形态各异的亿万人事物返归到宇宙大爆炸前的那一刻、那一原点、那个奇点，去感知第一性原理，即大道的魅力。

循"精—气—神—虚—道"路线回归原点的修炼，此种返回过程，也犹如人们由功能细胞、组织细胞回复到干细胞的实验探索或者治疗过程。回复的目的，是修复错误、返回原点、重新出发、流程再造，以便更好地创造！这种练习就像是人们精神、灵魂的复原重塑。

器官再生置换与流程再造

如同宇宙大爆炸一样，受精卵干细胞是发育成人的"奇点"，通过此干细胞分化成体细胞、具体的功能细胞，进而长成不同的器官，如眼耳鼻喉手脚等。这些器官的细胞不一样，是不可以互通使用的。如果想培养自体器官用于自我移植置换，就需要具有多向分化多功能的干细胞，因为用脚的细胞是培养不出手的细胞的。可能的方案是，通过生物或者化学诱导，将脚的细胞逆转回溯为未分化时的干细胞，然后再从源头出发，开始流程再造，重新定向分化为手的细胞。

"夫物芸芸,各复归其根。归根曰静,静曰复命。"(16)老子讲归根曰静,是谓复命,生命本根是在宁静中恢复。世上没有绝对的静,所谓静,压缩时间尺度可以发现,也是一种缓慢的动。

根是亿万生命的源头,返还归根才是静,宁静才能复原生命。但人们怕静会怕到心慌,拼命躁动以掩盖心中的不安,结果消耗更甚。如此拼命消耗资源、能源,人类也就会走向终结。这一切错误的根本原因是,不知晓静的状态离大道最近,近到了能听到大道的呼吸声。如将大脑静下来,思想情绪静下来,智能就会在宁静中萌动起来,如同种子萌芽。处理复杂问题需静心,达至冥想境界,进而会顿悟。

水至静则形象明,心至静则智慧生。"专气致柔,能如婴儿乎?"(10)入静打坐冥想,意守专注,排除杂念,这样的行为状态如同自我放飞了一颗观察自我的虚拟的天际卫星,能如实地反省观照记录自己。最简单的静,最简单的修行,就是专注;更上一层是打坐冥想;再上一层是内观自我、观照自我。所谓专注就是,洗衣时就是洗衣,心无杂念,乃至能看到每一个纤维细部的灰尘;洗碗时就在洗碗,专注到能感触陶瓷碗面的沙粒凸起。心无旁骛,似乎耳塞目闭,心中只有所做的事情,没有他扰,没有自扰,周边无关的一切似乎都不存在。所以,日常的每时每刻、一举一动,都可以成为谨守大道、以德配天的修炼。

四、绵拳、绵掌与修炼

按照耗能和强度而言,运动健身可以分为强运动、慢运动、静运动,代表运动分别为西方体育的拳击、中国道家传统的太极拳和绵拳、道家最早创立并传给海内外各教各界的静坐冥想。而如果从健身益脑、身心灵修炼的角度评价运动的有效性,则依次为静运动、慢运动、强运动。

道家思想衍生出的内家（道家）武术，即内家拳，和道家哲学始终是一个完整体系，其中的典型为绵拳，绵拳起源于武当山，是太极拳的鼻祖。可以这么说，绵拳是原始的太极拳，目前的太极拳是表演性的舞蹈动作与绵拳刚柔相济内涵的结合。

绵拳在宋代时就有记载，相传为一僧人所传，有习绵拳者救了宋代的某一位皇帝而被御赐匾额"神拳"，此后绵拳即被称为"神拳"，又被称为"江湖黑拳"，代代相传。而绵拳拳谱《丝白经》现已佚亡，早期传承历史已无法得知。

绵拳均匀柔和、圆活连贯、刚柔相济、绵绵不绝，流行于上海等地，人称"内练一口气，外练筋骨皮"。2014年11月11日，绵拳被批准列入第四批国家级非物质文化遗产名录。

老子说："三十辐，共一毂，当其无，有车之用。埏埴以为器，当其无，有器之用。凿户牖以为室，当其无，有室之用。故有之以为利，无之以为用。"（11）人的身心灵也是如此，看得见摸得着的实体身形能给人们体验大道、修身养性带来便利，而看似不存在的精气神等没有用的"虚无"才是接近大道过程中最有用的。

绵拳的核心是摩肩，其口诀为："摩动三山六水，通过五湖四海，揉动三百六十五个骨节，打通十万八千个毛孔。"老子说："谷神不死，是谓玄牝。玄牝之门，是谓天地根。绵绵若存，用之不勤。"（6）"绵绵若存"为摩肩的关键，有心练功，无意成功；用之不勤，最终能"复归于婴儿"（28）。

与绵拳类似的还有绵掌。金庸小说中有一招化骨绵掌，被化骨绵掌击中后，人一开始没有什么感觉，但两个时辰后掌力发作，全身骨骼柔软如绵，处处寸断，苦不堪言，难以救治。这种内家功夫，其特点是外柔内刚，爆发劲力，舒展大方，动作连绵不绝，内含刚劲，外现绵柔，如棉内酝，藕断丝连，连而不断，含蓄待发，平稳如水，快捷迅猛，刚劲有力，身手合一，以意领气，气沉丹田，瞬间爆发，击以寸劲，快慢进退，把控自如，随心而欲，虚实莫测。

绵掌之所以能够外柔内刚、绵里藏针，就在于"无有入无间，善行无迹"的策略，绵绵不绝、恰到好处的施压，可以让能量波深入其里并到达特定位置，形成打击能量波动的共振聚焦，进而导致精准损伤，并留下表面平静完好的假象。

练拳健身护身是外表，悟道护道成道是本真；看似练习的是筋骨体形，其实练习的是运行血氧、得大道真谛的"无形之气"。修炼中的核心是"气贯长虹、运转周身"。老子强调"载营魄抱一，能无离乎"，就是要让魂魄阴阳合一，需要"专气致柔，能如婴儿乎"（10）。"专气"就是凝心聚气、修气，专一地修气，让气凝聚，让肉体和精神都变得像天真烂漫的婴儿一样柔软非常。这样的婴儿纯净像水晶，没有欲望，没有心机，达到大道般的无心无欲。如此，没有分别心，自然纯朴，心地柔顺，肢体柔软。达此境界，出世而见大道智慧，就修成大道了。

五、感恩静心的修炼

"天道无亲，常与善人。"（79）人生一世，须常与人为善，且心怀感恩。感恩使得人类心灵得以解放，让人从自我、自私、妄欲、狂躁中解脱出来，提升灵性。感恩之心是最灵验的药，不仅足以改变自己，而且可能改变周边，改变世界。获得感恩之心的简单直接方法就是练习学会感恩，从而成为习惯。

无从感恩是因为心中没爱。只有练习出充满欣赏与感恩之心，眼中的一切才会改变，周遭的世界才会与自己产生喜悦的共振，才会产生生命的奇迹。消极的心态、情绪、思想一定会吸引消极的一切；而积极的心态、情绪、思想一定会吸引积极的一切。

无论是父母兄弟姐妹，还是夫妻子女好友，既要感恩，也要保持距离分寸感，保留适当的自由空间，才有安全感，也才能保持距离的美感。具体距离或者空间，因人因时而异。可以尽可能近，但前提是不要导致双方的压迫感。因为距离太近，缺点会放大；自由度变小，脾气会暴躁；空间狭小导致挤压，形象会变形。

感恩能改变生命方式。花是植物的笑脸，笑是人的灵魂。要对生命中遇见的一丝一毫的美好心怀感激，哪怕再小，只要愿意去表达感激，长此以往就能练出好的习惯，拥有健康的未来。感恩训练的是大脑的"前额叶皮质"，以保留积极体验、去除消极信息，进行的是大脑的重塑重构。这对平复焦虑和情绪有诸多帮助，能让人变得有弹性，不易受到压力的伤害，还能有助于减轻慢性疼痛，获得令人神清气爽的睡眠。每日先感恩令自己感动的人事物，然后再独自进行自我训练：静心、检视、忏悔、观想，内心真诚自白："我理解你，原谅你！""对不起，请原谅我！"如果这天没遇到任何帮助，则可将感恩融化在每天每件小事之中，如对大地、苍天和空气等表达感激。喝水时，感恩水；吃饭时，感恩食物。善良的人总是快乐，感恩的人总是知足。如此尝试60天之后，就会发现一个不一样的自己和世界。

大格局、大智慧，无非就是一种平静平和的内心状态。格局越大者，越不纠缠；智慧越大者，越不贪婪。

最简单的静心修炼，就是有时的"慢生活""慢工作"，有目的地"浪费时间"，如适当的发呆、静暇、游神、休闲、聊天，就像中国传统水墨画需要笔墨留白，我们的物质世界、精神世界也需要留白，从而为宁静致远、自我救赎留下空间。

"致虚极，守静笃。万物并作，吾以观复。"（16）老子指出：做到内心平静，才可洞察出亿万人事物的根本。曾国藩说：心有多静，福有多深。一个人空明守静，终能体悟：世界上最健康的长寿药，就是静！静，让人宠辱不惊。《菜根谭》说：宠辱不惊，看庭前花开花落；去留无意，望天上云卷云舒。限制认知的往往不是别人，而是自己。"吾所以有大患者，为吾有身，及吾无身，吾有何患？"（13）与自己和解，与自己的身体和解，是一生的修行。做成最好的自己，才可能遇见更好的别人！静心的全部秘密是要成为自己的观照者，静心的灵魂就是学会怎样观照。觉知的第一步就是观照自己的身体。然后，开始觉知自己的思想。

我们的身体是属于我们自己的，但从广义讲，又不仅仅属于我们自己，我们的身体是属于远古的、大自然的、人类的。我们拥有非常类近的基因、血缘、习惯，因为机缘巧合，才有了我们每一个人，有了各种差别。

"用其光"（52）告知我们，要让人类目光难以企及得见的"大道智慧之光"在心中升起，照向我们全部的身心灵，就没有了贪婪、妄想、虚假。为人做事全面周到，方向明确，一切言行就会"复归其明"。我们的身心灵就会智慧圆满、正大光明。

"大道智慧之光"之所以能照向我们，是因为我们身体本身就像大道德行、宇宙能量、人类信息的接收机，并具备连接这些智慧与力量的按钮。而接收状态就是老子描绘的"塞其兑，闭其门，终身不勤"（52）的状态：堵戒贪婪，封闭干扰，终身无忧。有的人接收不到智慧，是因为欲望过度，制约了智慧接收，屏蔽了身体与大道和宇宙的"抱一"与信息交换，即"开其兑，济其事，终身不救"（52）：打开通道，放纵无度，终身无药可救。

老子相信人与自然间存在神奇的无形联系。几千年来随着科学技术发展，人与自然界的无形关联越来越多，比如射线、电波等被利用发展成电视、广播、通信、互联网等。接收外界的大道智慧，一定要求人至少片刻处于"清静为天下正"（45）的宁静无欲状态，即"贵食母"（20）状态。如此才能"天人合一"，幸福才会常在。"见小曰明，守柔曰强。用其光，复归其明，无遗身殃，是为习常。"（52）我们都像银河系里微小的充电电池，储电量很少，人生几十年，消耗很快。老子让我们"见小"，就是要知道自己的渺小，尽量静心、收小动作幅度、减少能量消耗。当静心不受妄欲牵扯，身体就会柔和并神清气爽，甚至出现各种神奇而不可思议的境界，故而"守柔曰强"。

当止息了妄欲贪念，身心灵合一，自性之光就会自然出现，并进而会自动补充体内的各种不足。如果自性之光持续不断并与大道智慧之光同频共振的话，输入会源源不断，人就不会出现祸根或陷入死地的情况，生命也就健康和谐了，即"无遗身殃"（52）。让我们感恩自己神奇的身体吧！它是大道天地自然的赐予。当人们突破了自我的封闭小空间，拥有内心的宁静，接收拥抱大道的智慧之光，智慧就会流经全身，进而明白自己的使命，健康与幸福就会伴随终身。

六、合于道德的修炼

老子从来不教人"人为的"价值观，并要卸载掉人们固有的成见，或者已有的世俗价值观系统，强调一切以道为根本准绳。依照道去解决问题、对待人事物，才是真正的德，如此即为道德，进而身心能永续。如果为修炼而修炼，为长寿、去病而修炼，效果不一定很好，因为这是欲念下的有为，甚至是逆天道而为；最好的修炼就是，少私寡欲、悟道为要、与道合一，修炼的顺带收获，就是长寿、去病。

老子曰："上德不德，是以有德；下德不失德，是以无德。上德无为而无以为，下德无为而有以为。上仁为之而无以为，上义为之而有以为。上礼为之而莫之应，则攘臂而扔之。故失道而后德，失德而后仁，失仁而后义，失义而后礼。"（38）

"下德无为而有以为"：虽然"无为"是源自"道法自然"，但"有以为"是有原因、有用心的。"上德无为而无以为"："无以为"是没有意识的，没有缘由、念头、用心、目的等，纯粹出于本性，到达了"自然而然"的境界，既排斥外力的迫使或者"他然"，也排除内力的自我欲使或"我然"。"无以为"的上仁，是真正的仁。"上义为之而有以为"，就是义。

修炼的第一原理，是不偏离道，才能拥有"德"，此是准则。因为"孔德之容，惟道是从"（21），即"上德""大德""孔德"守的是道的规矩。从高尚到低俗降序，依次为德、仁、义、礼等，而每个人的修炼，就应该是升序，依次为以礼明义，以义成仁，以仁养德，以德和道。

符合道德的修炼需要练就内观的能力。内观的境界，如同进入波粒二象性的量子思维状态。"当你不知道你，所以你是你；当你知道了你，你就不是你。"其含义是，当你对自己缺乏了解和把握，随波逐流，完全生活在自我的自然物性欲望之中，就是一个生物的、社会的、善恶皆备的人；当你了解把握了你自己，能细微地把握自我的用心起念，你就不再是从前那个被妄欲、贪婪、不知足等原罪所完全束缚住的自我，而是一个新的、具有多种可能性的自我，一个趋近大道，将拥有德善信慈爱的自己。

老子说："小国寡民。使有什伯人之器而不用；使民重死而不远徙。虽有舟舆，无所乘之；虽有甲兵，无所陈之。使民复结绳而用之。甘其食，美其服，安其居，乐其俗。邻国相望，鸡犬之声相闻，民至老死，不相往来。"（80）老子推崇的自然安详状态，恰恰就是与工业化、人类异化相冲突的，传统的工业社会需要人们贪婪、焦虑、亢奋、恐惧，如此便于煽动与控制。

合于道德的修炼，就是向内要种好心田，建好心境；同时向外要注意合适地为人处世，即远离聪明而不厚道之人，接近平凡而智慧之人；远离规避由自己或者他人所造成的危境、贪婪、妄欲。把平凡、平淡做到极致，就是不平凡、不平淡，就是道。好的人品、性格、习惯就是好的风水。心情好，心脏才好，心脏不是没有感情的机械泵。乐观和爱，即善良感恩、有生活目标追求、开朗豁达、乐于助人，是治疗心脏病的最好药物，而将人们送往死亡之路的常常是一时激动而不可控制的愤恨敌意。

《史记·老子列传》记载："盖老子百有六十余岁，或言二百余岁，以其修道而养寿也。"[6]老子强调：道法自然、致虚守静、知足知止、如婴纯真。心境达到恬淡，健康自然上佳。豁达大度者比内心阴暗者健康，良知德善者比恶贯满盈者健康。

老子认为，人的生命类近于天地之道。尊"道"而为，生死皆合"道",不仅承认死,更要珍视"生"。"无死地"(50)就是珍惜生命的原则,就是尊道的结果。

对道信心不足,就会失道。信道是回归大道的首要。老子教导做人修炼,首先从最底层开始,依次上升,即不动兵,反战,礼仪,仁义,下德,小我转化成大我,上德,无为无我,与道玄同。无为、不得的修行,才能让人跳出生死问题的烦恼。

人的成长是不断生长的状态,也是慢慢死亡的状态;是不断收获的状态,也是慢慢失去的状态。长大往往意味着孤单,长大往往意味着烦恼,原因在于我们习惯做加法,不愿意做少许减法,而世界很复杂,人情很纠缠。如想返老还童、返朴归真,就难了。"含德之厚,比于赤子。蜂虿虺蛇不螫,攫鸟猛兽不搏。骨弱筋柔而握固。未知牝牡之合而朘作,精之至也。终日号而不嗄,和之至也。知和曰常,知常曰明。益生曰祥。"(55)婴孩拥有一种超然、简单、纯朴和快乐。所以,我们要向婴孩学习,做足减法,剔除岁月的累加,修养性命,归真保全,回归到生命之初的喜悦圆满状态。

总而言之,道的形象代表,就是水、婴、朴。而朴,就如同粗糙而多裂纹的树皮。

善男信女与得道者谈修炼

观悟的最高境界,就是突破一切表象、幻象、假象,进入空无寂静的状态,得见并融入大道运转,无私无欲、无生无死、无牵无挂。世俗的善男信女,许多人非常虔诚,希望早点得道,于是与得道者有了一番对话。

修炼者:"我天天打坐、抄经、读经、敬拜、忏悔、祈祷,希望早点得道,能成吗?"得道者:"成不了。"修炼者:"我已如此努力,为什么成不了?"得道者:"这一切均是辅助手段,得道不能单靠冥想静坐等。"修炼者:"那您是如何得道的?"得道者:"得道者从没想过自己得道。"修炼者:"那得道者每天在想什么?"得道者:"得道者在幸福地感悟并谦卑匍匐在大道之下,在奉献服务一切中，不炫耀德行的感悟永恒永存，与宇宙天地河流山谷自然生态融为一体。得道者没有想为自己获得什么，成为什么，只想着如何无我地真心付出，成就生态和众人，帮助人们脱离苦难、烦恼和生死恐惧。"修炼者又问："天天想得道，而得不了道，因为太偏执于想得到。那我舍己，这不就得道了？"得道者："不！为得道而去舍，不是真正的舍，隐含着得失之心、交换之心。"修炼者："那该如何舍？"得道者："若你还有舍得心，认为舍便是得，说明你是好人，但未达道者境界，还不是真正的舍。得道者首先舍弃的是'我欲'，就能看见世界的真相；随后舍弃的是'功德福寿'，感知到大道的运行和无形；最后服从的是'道欲'，德行内外就会降落在你身上，并由里而外地呈现出来。具体而言，就是不为自己，服膺大道，超脱实诚，积德行善，物我平等。做到朴素若拙、无为不争、功成身退，不执着、偏执、执迷于形形色色的虚假表象。舍下私心和欲望，生活、工作、修行中，全然付出，无求无期，烦恼将越来越少，逐渐进入清静，回归道德自性，会顿悟到万事万物都是你的化身。知道自己从哪来，到哪去，没有死亡恐惧，那时低层次的二元独立意识消失，对生命充满尊重和爱！回归道德自性的瞬间，会发现一切都不用解释，因为所有的言语文字描述，都是一种扭曲，偏离了真相。回归道德自性时，成为一个点燃生命之光的人，自照并照人。内心充满愉悦和光明，有一种发自灵魂和细胞的快乐！"

参考文献

[1] 许琦敏."有之以为利,无之以为用"[N].文汇报,2016-05-05.

[2] 波特兰·罗素.中国问题[M].田瑞雪,译.北京:中国画报出版社,2019.

[3] 阿诺德·汤因比.人类与大地母亲[M].徐波,译.上海:上海人民出版社,2019.

[4] 李约翰.中国科学技术史:第二卷 科学思想史[M].何兆武,译.北京:科学出版社,2018.

[5] 陈健.天道之祖:老子的故事[M].北京:华文出版社,1997.

[6] 王崇静.老子的传说[M].银川:宁夏人民出版社,2006.

[7] 郦道元.水经注:卷23[M].陈桥驿,叶光庭,叶扬,译.陈桥驿,王东,注.北京:中华书局,2020.

[8] 司马迁.史记:卷63[M].北京:中华书局,2009.

[9] 秦新成,刘升元.老子的传说[M].郑州:海燕出版社,1999.

[10] 秦新成,刘升元.老子传[M].北京:中国社会出版社,2005.

[11] 翟应征,谷连民.老子与洛阳[M].中共洛阳市老城区委,老城区人民政府,2005.

[12] 谭伟雄.老子[M].北京:中华书局,2019.

[13] 杜先福,刘官银,秦照明.苌弘演义[M].成都:电子科技大学出版社,2011.

［14］余世存.老子传［M］.海口：海南出版社，2010.

［15］鲍鹏山，衣抚生.老子传［M］.合肥：安徽人民出版社，2019.

［16］方勇.庄子［M］.北京：中华书局，2015.

［17］张兴海.圣哲老子［M］.郑州：河南文艺出版社，2007.

［18］张帆.论语［M］.北京：北京燕山出版社，2002.

［19］王肃.孔子家语［M］.杨博，译.北京：北京联合出版公司，2015.

［20］王天海，杨秀岚.说苑［M］.北京：中华书局，2019.

［21］方勇.孟子［M］.北京：中华书局，2015.

［22］United Nations Environment Programme, Parliament of the World's Religions. Faith for Earth: A Call for Action[R]. Nairobi：UNEP，2020.

［23］高长武.20世纪80年代末90年代初邓小平对中国国际战略的思考［J］.理论学刊，2013（9）：14-19.

［24］泰勒·本沙哈尔.幸福的方法：哈佛大学最受欢迎的幸福课［M］.汪冰，倪子君，译.北京：中信出版社，2013.

［25］亚伯拉罕·马斯洛.动机与人格［M］.3版.许金声，译.北京：中国人民大学出版社，2012.

［26］埃尔温·薛定谔.薛定谔生命物理学讲义［M］.赖海强，译.北京：北京联合出版公司，2017.

［27］吉姆·艾尔-哈利利，约翰乔·麦克法登.神秘的量子生命［M］.侯新智，祝锦杰，译.杭州：浙江人民出版社，2016.

［28］亚历山大·温特.量子心灵与社会科学［M］.祁昊天，方长平，译.上海：上海人民出版社，2021.

［29］吴海威.浅析"精致的利己主义者"［C］.// 教育部基础教育课程改革研究中心.2021年基础教育发展研究高峰论坛论文集，2021：312-313.

［30］赵国求.老子"道"自然观的科学属性［J］.武汉工程职业技术学院学报，2005（3）：49-56，87.

［31］卡普拉.物理学之道：近代物理学与东方神秘主义［M］.4版.朱润生，译.北京：中央编译出版社，2022.

［32］冯友兰.中国哲学史新编：上卷［M］.北京：商务印书馆，2020.

［33］列夫·托尔斯泰.列夫·托尔斯泰文集：第15卷［M］.冯增义，宋大图，倪蕊琴，等，译.北京：人民文学出版社，1989.

［34］李曙华.三生万物："3"是宇宙常数吗？［J］.系统辩证学学报，1997（4）：34-37.

［35］侯志华.毛泽东为啥爱读《道德经》［J］.政府法制，2011（5）：37.

［36］傅国涌.金庸眼中的邓小平［J］.领导文萃，2013（24）：53-57.

［37］王华玲，红娟.《道德经》的世界性［N］.光明日报，2020-04-18（11）.

［38］理查德·加纳罗，特尔玛·阿特休勒.艺术：让人成为人［M］.11版.郭峰，张萌，译.北京：北京大学出版社，2023.

［39］本杰明·霍夫.小熊维尼之道［M］.赵永华，王一鸣，译.重庆：重庆大学出版社，2011.

［40］陈成吒.先秦老学考论［D］.上海：华东师范大学，2014.

［41］森舸澜.为与无为：当现代科学遇上中国智慧［M］.史国强，译.北京：现代出版社，2018.

［42］ADAMAS G S, CONVERSE B A, HALES A H, et al.People systematically overlook subtractive changes［J］.Nature，2021，592（7853）：258.

［43］罗安宪.老子"水几于道"思想解说［J］.社会科学战线，2022（6）：9.

［44］陈鼓应.老子今注今译［M］.北京：商务印书馆，2003.

［45］杨鹏.杨鹏解读《道德经》［M］.上海：上海社会科学院出版社，2017.

［46］汤漳平，王朝华.老子［M］.北京：中华书局，2014.

附 录

一、源自《老子五千言》的成语

天长地久　天大地大　出生入死　祸福相倚　知足常乐　慎终如始
自胜者强　知足者富　上善若水　天网恢恢　大器晚成　金玉满堂
哀兵必胜　暴风骤雨　轻诺寡信　寡信轻诺　知者不言　言者不知
和光同尘　视之不见　听之不闻　恍恍惚惚　六亲不和　芸芸众生
目迷五色　多言数穷　少私寡欲　少思寡欲　余食赘行　见素抱朴
以德报怨　玄之又玄　有无相生　前后相随　不言之教　功成身退
功成不居　功遂身退　功成事遂　无知无欲　宠辱若惊　宠辱不惊
绝圣弃智　绝仁弃义　企者不立　跨者不行　道法自然　知雄守雌
知白守黑　知荣守辱　大方无隅　多藏厚亡　知足不辱　知止不殆
大成若缺　其用不弊　大盈若冲　其用不穷　大直若屈　大巧若拙
大辩若讷　不行而知　不见而明　不为而成　为学日益　为道日损
深根固柢　长生久视　不争之德　被褐怀玉　木强则折　小国寡民
邻国相望　虚怀若谷　相差无几　相去几何　无中生有　无为自化
无为而治　天道好还　听而不闻　天道无亲　恬淡无欲　疏而不漏
受宠若惊　思归其雌　若存若亡　如登春台　戎马生郊　若烹小鲜
去泰去甚　去甚去泰　飘风骤雨　狂风骤雨　民不畏死　来者不善
善者不来　进寸退尺　佳兵不祥　俭故能广　鸡犬相闻　将夺固与
进道若退　涣然冰释　祸福倚伏　福倚祸伏　根深蒂固　革凡成圣
独异于人　大音希声　不可名状　抱朴含真　自然天性　兵强则灭

被褐怀珠　安居乐业　不皦不昧　甘食好衣　无名之朴　淡而无味
若存若亡　绵绵不绝　方而不割　廉而不刿　直而不肆　光而不曜
明道若昧　进道若退　夷道若类　上德若谷　大白若辱　建德若偷
质真若渝
广德若不足

天网恢恢，疏而不漏　将欲歙之，必故张之　将欲弱之，必故强之
将欲废之，必故兴之　将欲取之，必故与之　合抱之木，生于毫末
九层之台，起于累土　信言不美，美言不信　善者不辩，辩者不善
知者不博，博者不知　有德司契，无德司彻　天道无亲，常与善人
千里之行，始于足下　知人者智，自知者明
鸡犬之声相闻，老死不相往来
祸兮福所倚，福兮祸所伏

二、《道德经》校核本

《道德经》有各式各样的流传版本，这些版本经过这样那样的擅自修改、文字替代，但总体而言，这些版本的基本大意和思维方式是一致的，大同小异。本书《老子五千言》采用的是通行版，鉴于此版本比较容易获得，所以在此不再单列。

基于《道德经》的战国郭店楚简各版、西汉马王堆帛书各版、流传的东汉王弼通行版、当代陈鼓应校订版[44]、当代杨鹏校订版[45]、汤漳平及王朝华译注版[46]，依照我所理解的老子原意，进行各版本的对照甄别取舍，尽量核定复原出可能接近原始意义的《道德经》版本，可为笔者校核本，文责自负。全文如下：

1.道，可道，非恒道；名，可名，非恒名。无名，天地之始；有名，万物之母。故，恒无欲，以观其妙；恒有欲，以观其徼。此两者，同出异名，同谓之玄，玄之又玄，众妙之门。

2.天下皆知美之为美，斯恶已；皆知善之为善，斯不善已。有

无相生，难易相成，长短相形，高下相盈，音声相和，先后相随。是以圣人处无为之事，行不言之教，万物作而弗始，为而弗恃，功成而弗居。夫唯弗居，是以弗去。

3. 不尚贤，使民不争；不贵难得之货，使民不为盗；不见可欲，使民不乱。是以圣人之治，虚其心，实其腹；弱其志，强其骨。常使民无知无欲。使夫智者不敢为而已。为无为，则无不治。

4. 道冲，而用之或不盈。渊呵，似万物之宗。锉其锐，解其纷，和其光，同其尘。湛呵，似或存。吾不知其谁之子也，象帝之先。

5. 天地不仁，以万物为刍狗；圣人不仁，以百姓为刍狗。天地之间，其犹橐籥与？虚而不屈，动而愈出。多闻数穷，不若守中。

6. 谷神不死，是谓玄牝。玄牝之门，是谓天地根。绵绵若存，用之不勤。

7. 天长地久。天地所以能长且久者，以其不自生，故能长生。是以圣人退其身而身先，外其身而身存。不以其无私与？故能成其私。

8. 上善若水。水善利万物而不争，居众人之所恶，故几于道。居善地，心善渊，予善天，言善信，政善治，事善能，动善时。夫唯不争，故无尤。

9. 持而盈之，不若其已。揣而锐之，不可长保。金玉盈室，莫之能守。富贵而骄，自遗其咎。功遂身退，天之道也。

10. 载营魄抱一，能毋离乎？专气致柔，能婴儿乎？修除玄览，能毋疵乎？爱民治国，能无为乎？天门开阖，能为雌乎？明白四达，能毋智乎？生之畜之，生而弗有，为而弗恃，长而弗宰。是谓玄德。

11. 三十辐共一毂，当其无，有车之用；埏埴以为器，当其无，有器之用；凿户牖以为室，当其无，有室之用；故，有之以为利，无之以为用。

12. 五色使人目盲；五音使人耳聋；五味使人口爽；驰骋畋猎，使人心发狂；难得之货，使人行妨。是以圣人之治也，为腹不为目，故去彼取此。

13. 宠辱若惊，贵大患若身。何谓宠辱若惊？宠为下也，得之若惊，失之若惊，是谓宠辱若惊。何谓贵大患若身？吾所以有大患者，为吾有身。及吾无身，吾有何患？故，贵为身于为天下，若可以托天下矣；爱以身为天下，若可以寄天下矣。

14. 视之不见，名曰微；听之不闻，名曰希；搏之不得，名曰夷。此三者不可致诘，故混而为一。一者，其上不皦，其下不昧，寻寻呵不可名，复归于无物。是谓无状之状，无物之象，是谓惚恍。随之不见其后，迎之不见其首。执古之道，以御今之有。以知古始，是谓道纪。

15. 古之善为士者，必微妙玄达，深不可识。夫唯不可识，故强为之容：豫乎，其如冬涉川；犹乎，其如畏四邻；俨乎，其如客；涣乎，其如释；混乎，其如朴；沌乎，其如浊。孰能浊以静者，将徐清。孰能安以动者，将徐生。保此道者不欲盈，是以能蔽而新成。

16. 致虚恒也，守静笃也。万物并作，吾以观其复也。天道芸芸，各复其根。归根曰静，静曰复命。复命曰常，知常曰明。不知常，妄作凶。知常容，容乃公，公乃王，王乃天，天乃道，道乃久，没身不殆。

17. 太上，下知有之；其次，亲而誉之；其次，畏之；其次，侮之。信不足，安有不信，犹乎其贵言也。成事遂功，而百姓曰我自然也。

18. 故大道废，安有仁义；智慧出，安有大伪；六亲不和，安有孝慈；邦家昏乱，安有正臣。

19. 绝智弃辩，民利百倍。绝伪弃诈，民复孝慈。绝巧弃利，盗贼无有。三言以为辨不足，或令之有所属：视素抱朴，少私寡欲。绝学无忧。

20. 唯之与呵，相去几何？美与恶，相去何若？人之所畏，亦不可以不畏。恍呵，其未央哉！众人熙熙，若飨于太牢，而春登台。我独泊，其未兆，若婴儿未孩；累呵若无所归。众人皆有余，而我独若遗。我愚人之心也，蠢蠢呵！俗人昭昭，我独昏昏。俗人察察，我独闷闷。忽呵其若海，望呵其若无止。众人皆有以，我独顽以鄙。

吾欲独异于人，而贵食母。

21.孔德之容，唯道是从。道之为物，唯恍唯忽。忽呵恍呵，其中有象；恍呵忽呵，其中有物；幽呵冥呵，其中有精；其精甚真，其中有信。自今及古，其名不去，以顺众父。吾何以知众父之然？以此。

22.曲则全，枉则正；洼则盈，敝则新；少则得，多则惑。是以圣人执一，以为天下牧。不自见，故明；不自视，故彰；不自伐，故有功；不自矜，故能长。夫唯不争，故天下莫能与之争。古之所谓"曲则全"者，岂虚言哉！诚全归之。

23.希言自然。飘风不终朝，骤雨不终日。孰为此者？天地。天地尚不能久，而况于人乎？故从事而道者，同于道；德者，同于德；失者，同于失。同于德者，道亦德之；同于失者，道亦失之。

24.炊者不立，跨者不行。自见者不明，自视者不彰，自伐者无功，自矜者不长。其在道也，曰：余食赘形。物或恶之，故有道者弗居。

25.有状混成，先天地生，寂呵寥呵，独立不改，可以为天下母。未知其名，字之曰道，吾强为之名曰大。大曰逝，逝曰远，远曰返。道大，天大，地大，人亦大。国中有四大，人居一。人法地，地法天，天法道，道法自然。

26.重为轻根，静为躁君。是以君子终日行，不离辎重。虽有环观，燕处超然。奈何万乘之主，而以身轻天下？轻则失根，躁则失君。

27.善行无辙迹，善言无瑕谪，善数不用筹策，善闭无关楗而不可开启也，善结无绳约而不可解也。是以圣人恒善救人，而无弃人，恒善救物，故无弃物。是谓曳明。故善人者，善人之师；不善人者，善人之资。不贵其师，不爱其资，虽智大迷。是谓要妙。

28.知其雄，守其雌，为天下溪。为天下溪，恒德不离，复归于婴儿。知其荣，守其辱，为天下谷。为天下谷，恒德乃足，复归于朴。知其白，守其黑，为天下式。为天下式，恒德不忒，复归于无极。朴散则为器，圣人用之，则为官长。故大制无割。

29. 将欲取天下而为之，吾见其不得已。天下神器，不可为也，不可执也。为者败之，执者失之。物或行或随，或嘘或吹，或强或挫，或培或堕。是以圣人去甚，去奢，去太。

30. 以道佐人主者，不以兵强天下，其事好还：师之所居，楚棘生之。善有果而已，毋以取强焉。果而弗矜，果而弗伐，果而弗骄，果而不得已，是谓果而不强。物壮则老，是谓不道，不道早已。

31. 夫兵者，不祥之器。物或恶之，故有道者弗居。君子居则贵左，用兵则贵右，故兵者不祥之器，非君子之器，不得已而用之，恬淡为上。胜而勿美，若美之者，是乐杀人。夫乐杀人，则不可得志于天下矣。吉事尚左，凶事尚右。偏将军居左，上将军居右，言以丧礼居之。故杀人众，则以悲哀泣之；战胜，则以丧礼居之。

32. 道恒无名。朴虽微而天地弗敢臣。侯王若能守之，万物将自宾。天地相合，以降甘露，民莫之令而自均安。始制有名，名亦既有，夫亦将知止。知止所以不殆。譬道之在天下也，犹川谷之于江海。

33. 知人者智，自知者明；胜人者有力，自胜者强；知足者富，强行者有志。不失其所者久，死而不亡者寿。

34. 大道泛呵，其可左右。万物恃之以生而不辞，成功遂事而弗名有。衣养万物而弗为主，则恒无欲，可名于小。万物归焉而弗为主，可名为大。是以圣人之能成大也，以其不为大，故能成其大。

35. 执大象，天下往。往而不害，安平太。乐与饵，过客止。故道之出言，淡呵其无味也，视之不足见，听之不足闻，用之不足既也。

36. 将欲歙之，必固张之；将欲弱之，必固强之；将欲夺之，必故予之；将欲去之，必故与之。是谓微明。柔弱胜刚强。鱼不可脱于渊，国之利器不可以示人。

37. 道恒无为，侯王能守之，万物将自化。化而欲作，吾将镇之以无名之朴。夫亦将知足。知足以静，万物将自定。

38. 上德不德，是以有德；下德不失德，是以无德。上德无为而无以为，上仁为之而无以为，上义为之而有以为。上礼为之而莫之应，则攘臂而扔之。故失道而后德，失德而后仁，失仁而后义，失义而后礼。夫礼者，忠信之薄，而乱之首。前识者，道之华，而愚之始。是以，大丈夫居其厚，不居其薄；居其实，不居其华。故去彼取此。

39.昔之得一者：天得一以清，地得一以宁，神得一以灵，谷得一以盈，万物得一以生，侯王得一以为正。其致之也。谓天毋已清，将恐裂；地毋已宁，将恐废；神毋已灵，将恐歇；谷毋已盈，将恐竭；万物毋已生，将恐灭；侯王毋已贵以高，将恐蹶。故必贵而以贱为本，必高矣而以下为基。夫是以侯王自谓曰孤、寡、不谷。此其贱之本与？非乎？故致数誉无誉。是故，不欲琭琭如玉，硌硌如石。

40.返也者，道之动也；弱也者，道之用也。天下之物生于有，有生于无。

41.上士闻道，仅能行之；中士闻道，若闻若无；下士闻道，大笑之。弗大笑不足以为道。是以建言有之曰：明道若昧，进道若退，夷道若类。上德若谷，大白若辱，广德若不足，建德若偷，质真若渝。大方无隅，大器慢成，大音希声，天象无形。道隐无名。夫唯道，善始且善成。

42.道生一，一生二，二生三，三生万物。万物负阴而抱阳，冲气以为和。人之所恶，唯孤、寡、不谷，而王公以自称也。物或损之而益，或益之而损。故人之所教，我亦教人，强梁者不得其死，吾将以为学父。

43.天下之至柔，驰骋乎天下之至坚。出于无有，入于无间。吾是以知无为之有益也。不言之教，无为之益，天下希能及之矣。

44.名与身孰亲？身与货孰多？得与亡孰病？甚爱必大费，厚藏必多亡。故知足不辱，知止不殆，可以长久。

45.大成若缺，其用不敝。大盈若冲，其用不穷。大直若屈，大巧若拙，大辩若讷。燥胜寒，静胜热，清静为天下正。

46. 天下有道，却走马以粪。天下无道，戎马生于郊。罪莫厚乎甚欲，咎莫险乎欲得，祸莫大于不知足。故，知足之为足，此恒足矣。

47. 不出于户，以知天下；不窥于牖，以知天道。其出弥远者，其知弥少。是以圣人不行而知，不见而明，弗为而成。

48. 为学者日益，为道者日损。损之又损，以至于无为。无为而无不为。将欲取天下，恒无事；及其有事，不足以取天下矣。

49. 圣人恒无心，以百姓心为心。善者，善之；不善者，亦善之：得善。信者，信之；不信者，亦信之：得信。圣人之在天下，歙歙焉，为天下浑心。百姓皆注其耳目焉，圣人皆孩之。

50. 出生入死。生之徒，十有三；死之徒，十有三；而民生生，动皆之死地之十有三。夫何故也？以其生生。盖闻善执生者，陵行不避兕虎，入军不被兵革。兕无所投其角，虎无所措其爪，兵无所容其刃。夫何故也？以其无死地焉。

51. 道生之而德畜之，物形之而器成之。是以万物莫不尊道而贵德。道之尊，德之贵，夫莫之爵而恒自然。道生之，德畜之，长之育之，亭之毒之，养之覆之。生而弗有，为而弗恃，长而弗宰，是谓玄德。

52. 天下有始，以为天下母。既得其母，以知其子。既知其子，复守其母，没身不殆。塞其兑，闭其门，终身不侮。启其兑，济其事，终身不救。见小曰明，守柔曰强。用其光，复归其明，无遗身殃，是谓习常。

53. 使我介有知，行于大道，唯施是畏。大道甚夷，而民好解。朝甚除，田甚芜，仓甚虚，服文采，带利剑，厌饮食，货财有余，是为盗夸。盗夸，非道也！

54. 善建者不拔，善抱者不脱，子孙以祭祀不绝。修之身，其德乃真；修之家，其德乃余；修之乡，其德乃长；修之邦，其德乃丰；修之天下，其德乃博。故以身观身，以家观家，以乡观乡，以邦观邦，以天下观天下。吾何以知天下然哉？以此。

55.含德之厚者，比于赤子。蜂虿毒蛇弗螫，攫鸟猛兽弗搏。骨弱筋柔而握固，未知牝牡之合然朘怒，精之至也。终日号而不嗄，和之至也。知和曰常，知常曰明，益生曰祥，心使气曰强。物壮则老，是谓不道。不道早已。

56.知之者弗言，言之者弗知。塞其兑，闭其门，锉其锐，解其纷，和其光，同其尘，是谓玄同。故不可得而亲，亦不可得而疏；不可得而利，亦不可得而害；不可得而贵，亦不可得而贱。故为天下贵。

57.以正治邦，以奇用兵，以无事取天下。吾何以知其然也？夫天下多忌讳，而民弥叛；民多利器，而邦滋昏；人多智，而奇物滋起；法物滋章，盗贼多有。是以圣人之言曰：我无事而民自富，我无为而民自化，我好静而民自正，我欲不欲而民自朴。

58.其政闷闷，其民淳淳；其政察察，其民缺缺。祸，福之所倚，福，祸之所伏。孰知其极？其无正也。正复为奇，善复为妖。人之迷也，其日固久！是以，圣人方而不割，廉而不刺，直而不肆，光而不耀。

59.治人事天，莫若啬。夫唯啬，是以早服，早服是谓重积德。重积德则无不克，无不克则莫知其极，莫知其极，可以有国。有国之母，可以长久，是谓深根固柢、长生久视之道也。

60.治大国，若烹小鲜。以道立天下，其鬼不神。非其鬼不神，其神不伤人。非其神不伤人，圣人亦不伤人。夫两不相伤，故德交归焉。

61.大邦者，下流也，天下之牝也，天下之交也。牝恒以静胜牡，为其静也，故宜为下也。故大邦以下小邦，则取小邦；小邦以下大邦，则取于大邦。故或下以取，或下而取。大邦者不过欲兼畜人，小国不过欲入事人。夫两者皆各得所欲，故大邦者宜为下。

62.道者，万物之主。善人之宝，不善人之所保。美言可以市，尊行可以加人。人之不善，何弃之有？故立天子，置三卿，虽有拱璧以先四马，不若坐进此道。古之所以贵此道者何也？不谓"求以得，有罪以免"与？故为天下贵。

63. 为无为，事无事，味无味。大小多少。图难乎于其易也；为大乎于其细也。天下之难，作于易；天下之大，作于细。是以，圣人终不为大，故能成其大。夫轻诺者必寡信，多易必多难。是以，圣人犹难之，故终于无难。

64. 其安也，易持也。其未兆也，易谋也。其脆也，易泮也。其微也，易散也。为之于其未有，治之于其未乱。合抱之木，生于毫末；九层之台，作于累土；千里之行，始于足下。为之者败之，执之者失之。圣人无为，故无败；无执，故无失。人之败也，恒于其且成而败之。临事之纪，慎终若始，则无败事矣。是以，圣人欲不欲，不贵难得之货；学不学，复众之所过。是故圣人能辅万物之自然而弗敢为。

65. 故曰：古之为道者，非以明民，将以愚之也。民之难治，以其智多。故以智治邦，邦之贼；不以智治邦，邦之福。恒知此两者，亦稽式。恒知稽式，此谓玄德。玄德深矣远矣，与物反矣，乃至大顺。

66. 江海所以为百谷王，以其善为百谷下，是以能为百谷王。圣人之在民前，以身后之；其在民上，以言下之。其在民上，民弗重；其在民前，民弗害。天下乐推而不厌。以其不争，故天下莫能与之争。

67. 天下皆谓我道大，大而不肖。夫唯不肖，故能大。若肖，久矣其细也夫！我恒有三宝，持而葆之：一曰慈，二曰俭，三曰不敢为天下先。夫慈故能勇；俭故能广；不敢为天下先，故能成事长。今舍其慈且勇，舍其俭且广，舍其后且先，则必死矣。夫慈，以战则胜，以守则固。天将建之，若以慈垣之。

68. 善为士者不武，善战者不怒，善胜敌者不与，善用人者为之下。是谓不争之德，是谓用人之力，是谓配天，古之极也。

69. 用兵有言："吾不敢为主而为客，不敢进寸而退尺。"是谓行无行，攘无臂，执无兵，乃无敌矣。祸莫大于轻敌，轻敌近丧吾宝。故抗兵相若，则哀者胜矣。

70. 吾言甚易知，甚易行。天下莫之能知，莫之能行。言有宗，事有君。夫唯无知也，是以不我知。知我者希，则我者贵。是以圣人被褐而怀玉。

71. 知不知，尚也。不知不知，病也。圣人不病，以其病病，是以不病。

72. 民不畏威，则大威至。毋狎其所居，毋厌其所生。夫唯毋厌，是以毋厌。是以圣人自知不自见，自爱不自贵。故去彼取此。

73. 勇于敢者则杀，勇于不敢者则活。此两者，或利或害。天之所恶，孰知其故？天之道，不争而善胜，不言而善应，不召而自来，姗然而善谋。天网恢恢，疏而不失。

74. 若民恒不畏死，奈何以死惧之？若民恒是畏死，而为奇者，吾得而杀之，夫孰敢矣？若民恒且必畏死，则恒有司杀者。夫代司杀者杀，是谓代大匠斫也。夫代大匠斫者，希有不伤其手矣。

75. 人之饥，以其上食税之多，是以饥。百姓之不治，以其上之有为也，是以不治。民之轻死，以其上求生之厚也，是以轻死。夫唯无以生为者，是贤贵生。

76. 人之生也柔弱，其死也恒仞坚强。万物草木之生也柔脆，其死也枯槁。故曰：坚强者死之徒，柔弱微细者，生之徒。是以兵强则不胜，木强则恒兢。强大居下，柔弱微细居上。

77. 天之道，其犹张弓也，高者抑之，下者举之；有余者损之，不足者补之。故天之道，损有余而益不足；人之道，则不然，损不足以奉有余。孰能有余而以取奉天下乎？唯有道者乎？是以，圣人为而弗恃，功成而弗居，若此其不欲见贤也。

78. 天下莫柔弱于水，而攻坚强者莫之能先，以其无以易之也。弱胜强，柔胜刚，天下莫不知，莫能行。故以圣人之言云：受邦之垢，是谓社稷之主；受邦之不祥，是谓为天下王。正言若反。

79. 和大怨，必有余怨；报怨以德，安可以为善。是以圣人执左契，而不以责于人。故有德司契，无德司彻。夫天道无亲，恒与善人。

80. 小邦寡民。使有十百人之器而毋用，使民重死而不远徙。虽有车舟，无所乘之；虽有甲兵，无所陈之。使民复结绳而用之。

甘其食，美其服，安其居，乐其俗。邻邦相望，鸡犬之声相闻，民至老死，不相往来。

81.信言不美，美言不信。善者不辩，辩者不善。善者不多，多者不善。知者不博，博者不知。圣人不积，既以为人，己愈有；既以与人，己愈多。故天之道，利而不害；圣人之道，为而弗争。

三、《金人铭》

周以前的箴铭，以黄帝名义流传下来的《金人铭》最为有名。它用金人三缄其口的形象来警告世人莫妄言、莫妄为，慎言慎为，明察秋毫，前瞻有备。以金铭表示万世之则。

我古之慎言人也。
戒之哉！戒之哉！
无多言，多言多败；
无多事，多事多患。
安乐必戒，无行所悔。
勿谓何伤，其祸将长；
勿谓何害，其祸将大；
勿谓何残，其祸将然。
勿谓不闻，天神伺人。
荧荧不灭，炎炎奈何；
涓涓不壅，将成江河；
绵绵不绝，将成网罗；
青青不伐，将寻斧柯。
诚能慎之，福之根也。
曰是何伤，祸之门也。
强梁者不得其死，好胜者必遇其敌。
盗憎主人，民怨其上。

君子知天下之不可盖也，
故后之下之，使人慕之。
执雌持下，莫能与之争者。
人皆趋彼，我独守此。
众人惑惑，我独不从。
内藏我知，不示人技。
我虽尊高，人莫害我。
夫江河长百谷者，以其卑下也。
天道无亲，常与善人。
戒之哉！戒之哉！

后　记

　　日有所思，夜难长眠，凌晨醒来，无法入睡。窗外漆黑一片，已是风声雨声交织的入冬时节。与其怕白天工作无精打采而强迫自己再次入睡，还不如起身伏案工作，抓紧时间，完成这最后的写作，也算是完成了一个心愿。

　　搁笔细想，关上电脑深思：几十年的大学行政领导生涯，几十年的科研教学育人生涯，几十年的人生经验阅历，我都已经逐渐淡忘，好像没有什么是印象特别深刻或者颇有收获的。但目前为止，我的人生所经历的一切，让我完成了一件这一生中可能最大的事情：基本看懂了《老子五千言》，即《道德经》；并在老子精神的激励下，将几千年来古今中外众多名家所理解的老子及其思维含义呈现在读者面前。

　　老子的学说，犹如让我们回到了"元宇宙"，回到了"鸿蒙"，来到了"灵境"；如同开"天眼"、打开"第三只眼"，看到了"虚无"与"实有"；如同圆弧循环、说远又近、互变互生，同时又让我们降临凡间，践行道德，和光同尘。2022年的所有经历，均一一证明老子学说的预见性、超前性、可靠性。即便如此，我也为这一年发生的许许多多悲喜而瞠目结舌；同时，不忘辛勤工作，迎接又一年春暖花开的到来。

　　无论我们是在"有"的世界里，还是在"无"的世界里，我们永远在道的规范下轮回转化，遵道悟道当然是永远的本分和主张。呼与吸共存，循环递进，就是活力所在，呼出对大道的体悟，吸入别人对大道的感悟，就能不断进化。大道无涯，我生有涯，愿与诸君共悟同修，愿与读者一起道说天下。

我要早早地让道耀天下，德进万家，善送吉祥！我希望"送礼不如送道"将来能成为永远的时尚。

虽说年底快到，但疫情与社会情形仍在互动变化。

——2022年11月28日凌晨散记，初稿

可就在新年即将到来，本书即将完成之时，12月23日，如惊天霹雳，我突然失去了一位亲密的挚友。他学术卓越、多才多艺、勇于担当，是著名的药学院士。正当壮年，他领导并与合作者共同研发的抗新冠病毒的两款新药正等待上市批准，曙光已现，他却骤然离世，使我陷入无限悲痛！

2022年，我们承受和失去的已经太多太多了。我正在庆幸过不了几天，这一年即将结束，新年即将到来。真的没想到，最后竟然还失去了我最珍贵的挚友！我伤心欲绝、夜夜流泪！彼此约定的风花雪月、风轻云淡、世外桃源何以得现？一年前，即2021年12月，他用优美的书法手写了我校核的《道德经》，并赠送给我。他还谦虚地和我说，这次匆忙，写得尚不够满意，等到有空时，他将再次认认真真地重写一遍。未曾想，这已永远不可能！我没有告诉挚友我在写这本书，我是想写好并出版此书后，在第一时间赠送给他，并请他指正。我希望到时给他一个意料之外的惊喜，现在看来，这已成了不可实现的愿望。

人们常说："为众人抱薪者，不可使其冻逝于风雪；为世界辟路者，不可使其困顿于荆棘。"救人者首先要自救！他的英年早逝，使我想起老子托付给后人的使命。我要站出来，要将老子的"道"当成礼物，送给亿万民众、千家万户，送给每一个人。这当然让我有了更强烈的紧迫感，我要在一切没有变得无可挽回时就未雨绸缪，要加紧此书的写作出版，减少一些之后的人生遗憾。笔者期盼并相信老子思维，能够救自己、救亲友、救民族、救文明、救人类、

救自然！

与第一次世界大战、第二次世界大战、冷战时期不同，瘟疫、战争、民粹、极端、愚昧、贪婪在同一时期在全球每一个角落叠加震荡，并在无处不在的网络、人工智能、基因编辑、合成生物学等高科技的加持下，对人类文明的威胁更甚于任何时候。人类似乎正在走向自我毁灭的道路，此时好像唯有经过几千年风浪的老子，能够悲天悯人地帮助人类……

2022年12月31日早晨5:00，醒来无法入睡，立即起床，开始书稿的最后修改，到深夜23:45方才收笔结稿。此书正式写作整整花费了一年，从元旦到年底的最后时刻，心情和感悟随着今年的一切跌宕起伏，感恩有老子在我内心帮我把关，否则我无法完成这一切。感慨这是灰暗的一年，缺少美好的一年，永不想回忆的一年……

忙了一天，看着外孙女灿烂的笑脸，想起老子类似"婴孩如道"的话语，我心中才有了迎接未来的一丝暖意。希望否极泰来，希望每个人的2023年都比2022年幸福吉祥！

花费一年的写作，终于基本完成。新的一年又将开始，明天是公历新年，后是阴历春节。

——2022年12月31日 23:45，正式稿

我们绝大多数人均染疫而病，甚至大病一场，而身边的一些亲朋好友因为瘟疫及其关联的原因而永远留在了这个岁末年初的冬天。众人从此深切感悟到，过去的岁月静好，并不是可以一直拥有，惨痛的教训应引以为戒。感谢我英年早逝的挚友！你常说的话"忠言逆耳、良药苦口"，你用自己的生命为人世间留下了最后的礼物：数个获准上市的广谱的抗新冠病毒良药，为人类面对眼前这一恶魔，留下了天道之剑！

疫情三年的血的教训，丧失众多生命和活力的教训，永远不能

忘怀。我们如不对人类自身的根本缺陷,如妄欲、贪婪、不知足等保持警醒,如对天道、地道缺乏敬畏,无形不可见的大道平衡之手必将会重现降临,那人类离下一次另一类全球瘟疫或者灾难,就不会太远。

——2023 年 1 月 31 日,补修终稿